유럽 지도

- 🔵 수도
- 🔴 도시

아이슬란드 · 레이카비크

노르웨이 · 오슬로
베르겐

북해

덴마크 · 코펜하겐

아일랜드 · 더블린

영국
에딘버러
옥스퍼드 · 케임브리지
런던

네덜란드 · 암스테르담

벨기에 · 브뤼셀

독일
베를린
프랑크푸르트
뒤셀도르프
하이델베르크
뮌헨

룩셈부르크

프랑스 · 파리
보르도
툴루즈
마르세유

스위스 · 베른
인터라켄

모나코

이탈리아
밀라노
베네치아
볼로냐
피사
피렌체

포르투갈 · 리스본

스페인 · 마드리드
바르셀로나
그라나다

지중해

유럽여행
버킷리스트
101

유럽여행 버킷리스트 101

지은이 손봉기
펴낸이 안용백
펴낸곳 (주)넥서스

초판 1쇄 발행 2014년 4월 15일
초판 8쇄 발행 2016년 1월 5일

출판신고 1992년 4월 3일 제311-2002-2호
04044 서울시 마포구 양화로 8길 24
Tel (02)330-5500 Fax (02)330-5555
ISBN 978-89-98454-26-5 13980

저자와 출판사의 허락 없이 내용의 일부를
인용하거나 발췌하는 것을 금합니다.
저자와의 협의에 따라서 인지는 붙이지 않습니다.

가격은 뒤표지에 있습니다.
잘못 만들어진 책은 구입처에서 바꾸어 드립니다.

www.nexusbook.com
넥서스BOOKS는 (주)넥서스의 실용 전문 브랜드입니다.

여행 전에 꼭 읽어야 할

유럽여행
버킷리스트
101

손봉기(투어야여행사 대표) 지음

넥서스BOOKS

Prologue

유럽 배낭여행을 인솔한 지 20년이 되었다.
이 책은 그 삶의 작은 증거물이다.

유럽 여행에 대한 정보는 기존 정보 책자나 인터넷에서 넘쳐난다.
하지만 현지에서 유럽을 여행하는 여행자들을 만나면 안타까울 정도로 시간과 비용을 헛되이 소비하는 경우를 자주 본다. 넘쳐나는 정보를 나의 여행 스타일에 맞게 정리하지 못해서이다.

내 스타일에 맞는 유럽 여행 정보를 골라내기 위해서는 풍부한 지식과 현지 경험, 그리고 전체를 보는 시야가 필요한데, 기존 유럽 정보들은 지극히 개인적인 취향의 관광지와 먹거리 등에 대한 이야기나 판에 박은 듯 똑같은 관광지 설명에 그치고 있다. 나무만 보고 숲을 보지 못하는 경우이다.

이 책은 20년간 유럽을 누비면서 넘쳐나는 정보의 홍수 속에 불필요한 부분을 잘라내고, 유럽 여행에서 반드시 보고 먹고 즐겨야 할 것들에 대해서 깊고 풍부한 해설과 지식을 담았다.

여행을 통해 사람과 아름다운 세상을 몸으로 체험하고자 하는 것이 모든 여행을 나서는 사람들의 바람일 것이다. 유럽 여행을 계획하는 분들에게는 손에 잡힐 듯 구체적인 정보를 미리 맛보아 실제 여행에 나섰을 때는 천편일률적인 무미건조한 여행에서 탈피하여 풍요롭고 아름다운 나만의 여행을 만드는 길잡이가 될 것이다. 그들의 길에 이 책이 조금이라도 도움이 되기를 바란다.

끝으로 이 책을 만드는 데 도움을 주신 출판사 관계자분들과 저와 함께 아름다운 여행을 만들고 있는 투어야여행사 식구들 그리고 사진을 제공하고 정리해 주신 동료 김현호 씨, 허발 씨에게 감사를 드린다.

저자 손봉기

Contents

영국
1 런던 　내셔널 갤러리 • 12
2 런던 　노팅힐과 샤갈 • 18
3 런던 　대영 박물관 • 22
4 런던 　런던의 뮤지컬 공연 • 32
5 런던 　셜록 홈스 박물관 • 42
6 런던 　런던 박물관 지구 • 46
7 런던 　켄싱턴 궁전과 로열 앨버트 홀 • 50
8 런던 　타워 브리지 야경과 피시앤칩 • 54
9 런던 　해리 포터 스튜디오 • 58
10 런던 　국회의사당과 민주주의 • 62
11 런던 근교 　그리니치 천문대 • 66
12 런던 근교 　옥스브리지 • 70
13 스코틀랜드 　애든버러 • 73

프랑스
14 남부 　마르세유 • 78
15 남부 　카르카손 • 81
16 남부 　보르도 • 84
17 남부 　앙제 • 88
18 롱샹 　롱샹 성당 • 91
19 파리 근교 　루앙 성당과 보바리 부인 • 94
20 파리 근교 　베르사유 궁전 • 98
21 파리 근교 　몽생미셸 수도원 • 102
22 파리 근교 　오베르 쉬르 우아즈 • 106
23 파리 　파리의 달팽이 요리 • 109
24 파리 　개선문과 샹젤리제 거리 • 113
25 파리 　라데팡스 • 116

26 파리 **루브르 박물관** • 121
27 파리 **유람선 바토무슈** • 130
28 파리 **오랑주리 미술관** • 133
29 파리 **오르세 미술관** • 136
30 파리 **퐁피두 센터와 마레 지구** • 141

스페인
31 그라나다 **알람브라 궁전** • 146
32 마드리드 근교 **톨레도** • 150
33 바르셀로나 근교 **몬세라트 수도원** • 153
34 바르셀로나 **가우디** • 156
35 바르셀로나 **성가족 성당** • 160
36 바르셀로나 **바르셀로나 분수 쇼** • 165
37 바르셀로나 **빠에야** • 169
38 바르셀로나 **열정의 플라멩코** • 172

벨기에 39 브뤼셀 **그랑플라스 광장과 오줌싸개 동상** • 176
네덜란드 40 암스테르담 **고흐 미술관** • 180
41 암스테르담 **섹스 박물관** • 184
42 암스테르담 **잔세스칸스** • 188
덴마크 43 코펜하겐 **인어공주 동상** • 192
독일 44 노이스 **인젤 홈브로이히 미술관** • 195
45 노이스 **랑엔 재단** • 198
46 라인강 근교 **라인강 유람선** • 201
47 독일 일주 **로맨틱 가도** • 205
48 퓌센 **노이슈반슈타인 성** • 209
49 뮌헨 **렌바흐하우스와 칸딘스키** • 213

50 뮌헨　호프브로이하우스 • 217
51 하이델베르크　하이델베르크 • 220

스위스
52 알프스　알프스를 걷다 • 226
53 융프라우요흐　유럽의 지붕 융프라우요흐 • 230
54 인터라켄　인터라켄 레포츠 • 234
55 인터라켄　퐁뒤 • 238
56 마이언펠트　하이디 마을 • 241

이탈리아
57 남부　나폴리에서 포지타노까지 • 246
58 로마　바티칸 박물관 • 250
59 로마　성 베드로 성당 • 257
60 로마　로마 야경 • 261
61 로마　로마 제국의 역사 • 266
62 로마　포로 로마노 • 271
63 베네치아　리알토 다리와 산마르코 광장 • 275
64 베로나　베로나 오페라 페스티벌 • 279
65 피렌체　두오모와 미켈란젤로 광장 • 282
66 피렌체　메디치 가문 • 286
67 피렌체　천국의 문 • 290
68 피사　피사의 사탑 • 293

노르웨이
69 베르겐　피오르 • 298
70 오슬로　뭉크의 '절규' • 302

스웨덴	71 스톡홀름	감라스탄과 스톡홀름 시청사 • 305
	72 스톡홀름	초호화 유람선 실자라인 • 308
핀란드	73 헬싱키	템플리아우키오 교회 • 311
폴란드	74 크라쿠프	비엘리츠카 • 314
체코	75 체스키	체스키 크룸로프 • 318
	76 프라하	프라하에서 만찬 즐기기 • 322
	77 프라하	바츨라프 광장 • 326
	78 프라하	천문시계탑 • 330
	79 프라하	카를 교와 프라하 성 야경 • 334
	80 프라하	카프카 • 339
	81 프라하	현대 미술관 • 342
오스트리아	82 브레겐즈	브레겐즈 오페라 페스티벌 • 346
	83 빈	벨베데레 궁전과 클림트 • 349
	84 빈	슈니첼 식도락 • 353
	85 빈	음악의 도시 빈 • 356
	86 찰츠부르크	찰츠캄머구트 • 361
헝가리	87 부다페스트	부다페스트 야경 • 366
슬로베니아	88 블레드	블레드 호수 • 370
크로아티아	89 두브르브니크	두브르브니크 구시가 • 374
	90 스플리트	디오클레티아누스 궁전 • 378
	91 플리트비체	플리트비체 국립 공원 • 383

유럽,	92 유럽의 자유 여행 성공법 • 388	
아는만큼	93 유럽과 기독교 • 392	
보인다	94 유럽의 건축사 • 397	
	95 유럽의 미술사 • 402	
	96 유럽의 음악사 • 408	
	97 유럽의 역사 • 413	
	98 유럽의 쇼핑 즐기기 • 418	
	99 유럽의 맥주 • 423	
	100 유럽의 와인 • 427	
	101 유럽의 카페 • 431	

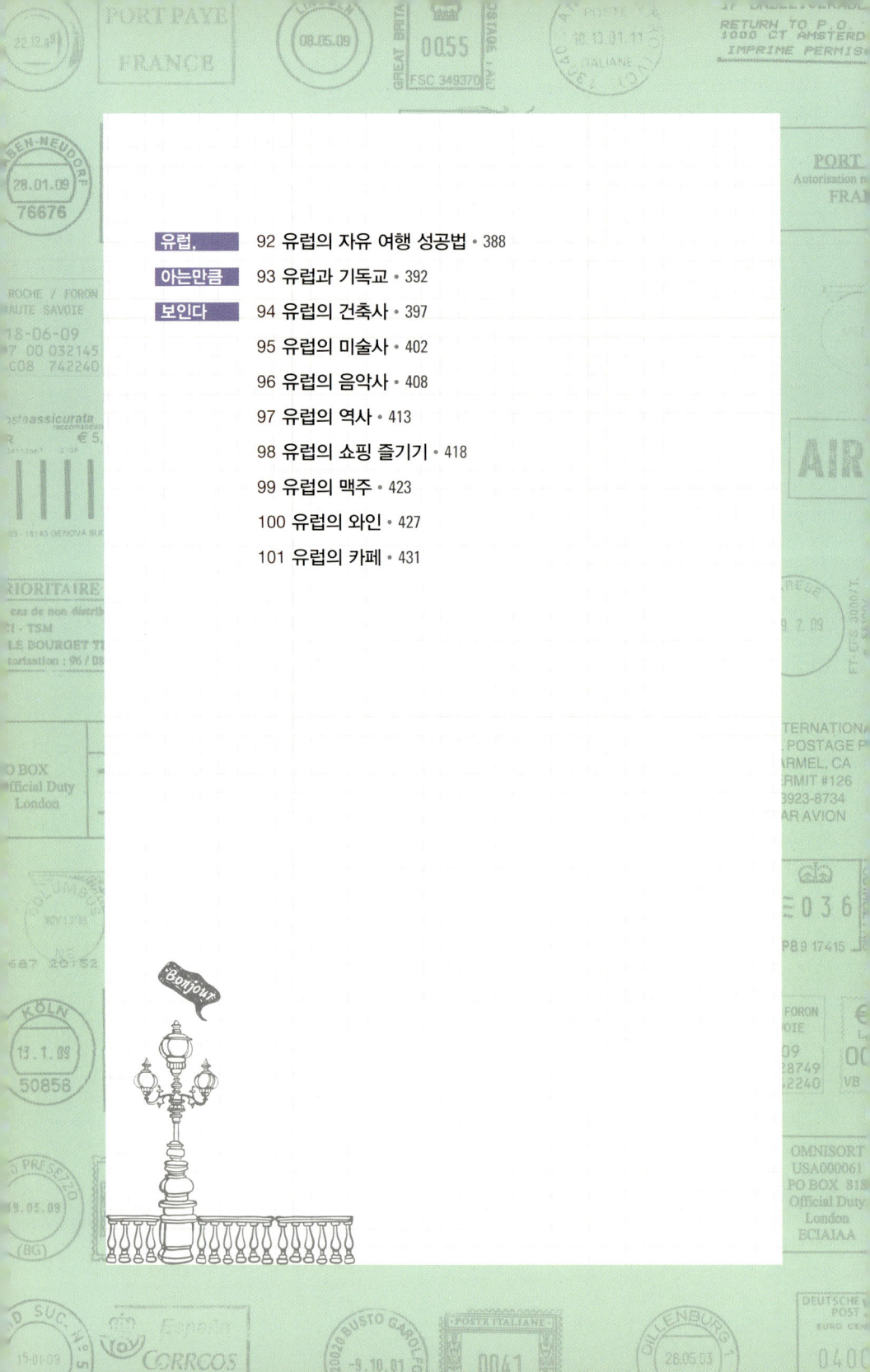

영국

England

01 런던:
내셔널 갤러리 The National Gallery

● 　유럽 지역 여행에서 가장 감동적인 곳이 어디인지 물으면 '스위스'라고 대답하는 하는 사람이 많다. 그만큼 스위스는 매력적인 곳이다. 하지만 이런 스위스의 매력을 뒤로하고 '런던'이라고 하는 여행자도 꽤 있다. 유럽 여행을 계획하는 많은 사람이 첫 방문지로 런던을 선택하고, 첫 방문 도시의 인상은 강렬하게 남게 마련인지라 런던을 먼저 떠올리는 것이다. 그중에서도 런던 내셔널 갤러리가 단연 으뜸으로 손꼽힌다.

　내셔널 갤러리는 여행자가 조금만 관심을 가지면 놀라운 감동을 느낄 수 있는 곳이다. 다른 미술관과 달리 이곳은 기독교를 주제로 하는 중세 시대의 상징적인 회화에서 원근법과 명암법을 가미하여 사실성과 인간에 중시하는 르네상스 시대의 회화로 변화는 과정을 명확하게 보여준다. 또한 사실적인 르네상스 회화에서 다시 화가의 주관과 감정이 투영된 근대 인상파 회화로 변화하는 과정도 자연스럽게 보여주어, 서양 미술사

| 내셔널 갤러리

를 한눈에 볼 수 있다.

내셔널 갤러리에서 유명한 대표적인 작품은 얀 반 아이크의 〈아르놀피니 부부의 초상〉이다. 개성 넘치는 다른 작품으로 보티첼리의 〈비너스와 마르스〉와 루벤스의 〈파리스의 심판〉을 꼽을 수 있다.

아르놀피니 부부의 초상

● 이 작품은 이탈리아의 상인 아르놀피니와 조반니 체나미의 결혼식 장면이다. 그림 곳곳에 숨은 상징들이 결혼식의 의미를 되새겨 준다. 바닥의 강아지는 충실함, 신랑 신부의 맨발은 신성함, 샹들리에 위의 촛불은 경건함, 창가의 과일은 원죄를 상징한다. 신랑과 신부 뒤로 보이는 볼록

| 아르놀피니 부부의 초상
얀 반 아이크의 작품

거울에는 예수의 10개 고난상이 그려져 있고 옆에 묵주도 보이는데 각각 고난과 순결을 의미한다.

　신성한 결혼식을 통해 신랑 신부는 어떤 고난이 있더라도 서로 충실히 살 것을 약속하는 작품에서 세밀한 유화의 특성을 마음껏 감상할 수 있다. 신부의 옷은 잔털까지 세밀히 묘사되어 있고, 얼굴에서는 고집 세고 잘 토라질 것 같은 그녀의 성격이 그대로 보인다. 구도적인 면에서도 뛰어나다. 세부 묘사로 산만해지기 쉬운 이 작품에서 신랑 신부를 화면 앞으로 바짝 클로즈업시켜 깊숙한 공간을 만들어내고 창에서 들어오는 빛을 통해 모든 사물을 하나로 연결시켜 조화를 이룬다.

　루브르 박물관에 있는 얀 반 아이크의 또 다른 작품 〈롤랑 재무상과 함께 있는 마돈나〉를 보면 작품 속 배경에서 손톱만큼도 안 되는 다리 위의 사람들을 만 배로 확대해도 선명하게 보인다고 한다. 사물의 정밀한 세부 묘사와 빛의 조절로 뛰어난 사실성과 공간을 묘사한 이 작품은 당대에 격찬을 받았다.

비너스와 마르스

● 　작품은 전쟁의 신 아레스(마르스)와 바람을 피우고 불안해하는 아프로디테(비너스)의 모습을 그렸다. 투구와 창으로 잠든 남자가 아레스임을 알 수 있고, 옆에서 큰 소라를 불며 창과 투구를 가지고 장난을 치는 인물들은 사티로스이며 주색을 상징한다.

　아프로디테의 남편은 대장장이의 신 헤파이스토스인데 그는 추남이었다. 아프로디테는 잘생긴 아레스와 바람을 피우는데 이 사실이 발각되어서 수모를 당하고 에로스를 낳게 된다.

　이 작품은 당시 혼례용 물품을 보내는 함을 장식하는 데 쓰였는데, 바

| 비너스와 마르스
아프로디테의 머리카락과 하얀 드레스의 주름이 섬세하게 표현되어 있다.

람을 피우지 말라는 경고의 메시지를 담고 있다. 그러나 경고의 의미를 담고 있는 작품치고는 전체적으로 흐르는 시적인 정서와 장식적인 곡선이 매우 매혹적이다. 특히 아프로디테의 윤기 있는 머리카락과 입고 있는 하얀 드레스의 잔잔한 주름이 무척이나 아름답다.

파리스의 심판

● 루벤스의 대표 작품 중 하나인 〈파리스의 심판〉은 트로이 왕자 파리스가 제우스의 전령 헤르메스로부터 금 사과를 받아 아프로디테에게 주는 모습을 묘사하고 있다.

작품의 왼쪽에 있는 여인이 지혜와 전승의 여신 아테나이다. 그 옆이 아프로디테이고 그녀의 아들 에로스가 보인다. 가운데에 모피 코트를 걸치고 공작새를 데리고 있는 여신이 헤라이며 세 여인의 오른쪽에는 신의 전령 헤르메스와 파리스가 앉아 있다. 파리스의 앞과 뒤에 사냥개와 양 떼를 그려 그가 목동임을 표현하고, 헤르메스는 날개 달린 모자와 뱀이 감긴 지팡이로 신의 전령임을 나타냈다. 이 작품의 세 여인상 위 구름 속에는 세 여인의 아름다움에 질투의 불을 태우고 있는 노파가 보인다.

| 파리스의 심판
왼쪽부터 지혜와 전승의 여신 아테나이고, 그 옆에 아프로디테이고 그녀의 아들 에로스가 보이고, 이어서 모피 코트를 걸치고 공작새를 데리고 있는 여신이 헤라이다.

세 여신은 가장 아름다운 여신에게 주어지는 금 사과를 받기 위해 파리스에게 뇌물 공세를 편다. 헤라는 권력과 부를, 아테나는 지혜와 전승을, 아프로디테는 세상에서 가장 아름다운 여인을 아내로 맞게 해주겠다는 약속을 한다.

파리스는 당시 강국이었던 트로이의 왕자였기 때문에 권력과 부, 지혜와 전승보다는 '아름다운 여인'이라는 유혹에 빠져 아프로디테에게 금 사과를 준다. 이때부터 미의 여신은 아프로디테가 되었으며 금 사과는 그녀의 상징이 되었다.

아프로디테를 선택한 파리스의 운명은 불행했다. 그가 약속 받은 아름다운 여인은 적국인 그리스의 왕비였으며 그가 왕비를 몰래 데려오면서 양국 간에 전쟁이 일어난다. 전쟁은 10년 동안 지속되는데 이때 등장하는 것이 '트로이의 목마'이다. 트로이 사람들은 목마를 승리의 상징인 줄 알고 성 안으로 들여놓는데, 그들은 목마 속에 그리스 군인이 숨어 있으리라고는 미처 몰랐다. 늦은 밤에 몰래 목마에서 빠져나온 그리스 군인이 성문을 열어 아군이 들어오는 길을 열어 줌으로써 긴 전쟁은 그리스의 승리로 끝났다.

인류사에 남을 사과가 3가지 있다. 성경에 나오는 이브의 선악과와 그리스 신화에 나오는 아프로디테의 황금 사과 그리고 만유인력의 법칙을 밝힌 뉴턴의 사과이다. 이 사과들이 공통적으로 상징하는 것은 '무엇인가를 안다는 것' 즉 '지식'의 깨달음이다. 아담과 이브가 선악과를 먹고 죄를 알게 되고, 아프로디테의 황금 사과는 아름다움을 정하는 기준이 되었으며, 뉴턴은 떨어지는 사과를 통해 만유인력의 법칙을 알게 되었다.

사과가 의미하는 지식은 영원한 진리를 아는 것으로 영원성과 불멸성을 가진다. 21세기 최고의 혁신가, 스티브 잡스의 애플도 연장선 상에 있다. 애플의 심벌을 보면 한 입 베어 먹은 사과 모양인데 이것은 인간이 도달할 수 있는 지식의 끝을 맛보겠다는 의미를 나타낸다고 한다.

플러스 α

시대에 따라 신관 → 서관 → 북관 → 동관 순으로 감상하면 좋다.

신관 1260~1510년 르네상스 이전 및 초기
주요 작품 : 신관 56전시실 얀 반 아이크 〈아르놀피니 부부의 초상〉, 58전시실 보티첼리 〈비너스와 마르스〉, 62전시실 벨리니 〈로렌다 총독의 초상〉

서관 1510~1600년 초기 북방 르네상스 및 후기 이탈리아 르네상스 작품
주요 작품 : 서관 2전시실 레오나르도 다빈치 〈성안나와 함께한 성모자〉, 〈암굴의 성모〉, 4전시실 한스 홀바인 〈대사들〉, 8전시실 브론치노 〈사랑과 시간의 알레고리〉, 미켈란젤로 〈매장〉

북관 1600~1700년 네덜란드와 플랑드르를 중심으로 17세기 바로크 대표 작품
주요 작품 : 북관 23전시실 렘브란트 〈벨사살의 연회〉, 〈사스키아〉, 〈자화상〉, 29전시실 루벤스 〈파리스의 심판〉, 〈수잔나 룬데〉, 30전시실 카라바지오 〈엠마오에서의 저녁 식사〉

동관 1700~1920년 인상파와 영국 회화 작품
주요 작품 : 동관 34전시실 윌리엄 터너 〈전함 테메르호의 최후〉, 콘스터블 〈건초마차〉, 35전시실 윌리엄 호가스 〈유행에 따른 결혼〉, 41전시실 제인 그레이 〈사형 집행〉, 앵그르 〈무시아트 부인〉, 43전시실 마네 〈튈르리 공원의 음악회〉, 모네 〈수련〉, 44전시실 르누아르 〈우산〉, 쇠라 〈아르니에르의 물놀이〉, 45전시실 세잔 〈대수욕도〉, 고흐 〈해바라기〉

찾아가는 길

지하철 노던 선 Northen Line 을 타고 채링 크로스 Charing Cross 역에서 하차하면 트라팔가 광장에 있다.
개장 시간: 10:00~18:00 (수요일 ~21:00)   휴일: 1/1, 12/24~26

02 런던:
노팅힐 Notting Hill

● 파란 하늘 밑으로 파스텔 톤 집들이 도열하며 시원한 바람이 여행자들의 발걸음을 재촉하는 노팅힐 Notting Hill은 언제나 활기차다. 거리에 늘어선 포토벨로 마켓 Portobello Market에는 다양한 가죽 제품과 아기자기한 액세서리와 기념품 그리고 영국 특유의 도자기들이 여행자들의 눈을 즐겁게 한다. 주말 벼룩시장에 가게들이 빽빽히 들어설 때면 발 디딜 틈 없이 인산인해를 이룬다.

| 아이스크림 가게 젤라또 미오

노팅힐 역을 나서면 오렌지색 자동차에 피자를 전시한 피자집 아란치나 Arancina와 송아지를 전시한 아이스크림 가게 젤라또 미오 Gelato Mio를 발견할 수 있다. 두 집 모두 특이한 장식과 맛으로

여행자들을 통해 입소문을 타면서 유명해진 집들이다.

두 식당을 지나 포토벨로 마켓에 들어서면 시장 곳곳에 금방 구운 파르페와 하얀 크림 위로 빨간 딸기가 장식된 와플 그리고 갖가지 토핑으로 화려하게 장식된 컵케이크가 여행자를 유혹한다. 와플이나 컵케이크를 맛보고 싶은 여행자라면 초입에 있는 허밍버드Herming Bird를 추천한다. 많은 마니아를 확보하고 있는 이곳에서 부드럽고 달콤한 레드벨벳

| 노팅힐 벼룩시장
벼룩시장이 열리는 주말에는 인파가 몰려 북적대고 활기가 넘친다.

을 맛보면 새삼 노팅힐이 더욱 사랑스럽게 보인다.

또 다른 유명한 식당은 오토랭기Ottorenghi이다. 시장과 약간 떨어져 있어 찾기가 쉽지 않지만 세계적으로 유명한 음식을 먹고 싶다면 그 정도 불편은 감수해야 한다. 첼시에서 유명한 베이커 앤 스파이스BAKER & SPICE의 헤드 셰프인 오토랭기가 차린 곳으로 샐러드 전문점이다. 테이크아웃을 전문으로 하는 이 식당의 메뉴는 샐러드와 코스 요리밖에 없다. 이곳에 들러 화려하면서 건강에 좋은 재료를 사용한 치킨 또는 비프 샐러드나 흰 양파 수프 또는 밀로 만든 빵을 맛보게 되면 찾기 어려워서 길을 헤맨 것쯤은 바로 용서가 된다.

포토벨로 마켓에는 다양하고 유명한 가게들이 많다. 그중 단연 눈에 띄는 것은 캐시 키드슨Cathy Kidsons과 필론Pylones이다. 이곳에서는 세계적

| 노팅힐 서점
영화 〈노팅힐〉 속에 등장하여 유명세를 떨친 서점

인 디자이너들이 창의적인 아이디로 만든 컬러풀한 색깔의 일반 생활용품을 저렴하게 구입할 수 있다.

 노팅힐Notting Hill이 우리에게 널리 알려진 것은 줄리아 로버츠와 휴 그랜트가 출연한 1999년 영화 〈노팅힐〉 때문이다. 당시 영화 타이틀이자 배경으로 사용된 노팅힐과 포토벨로 마켓은 감미로운 영화 속 주제곡 'She'와 함께 로맨틱한 이미지로 남아 있다. 그래서 이곳을 방문한 사람들이 가장 많이 찾는 곳이 영화 속 두 주인공이 운명적인 만남을 한 노팅힐 서점이다. 여행 전문 서점인 노팅힐 서점은 안으로 들어서면 각 나라별 여행 책자와 지도가 눈에 띈다. 현재 이곳은 경영상 적자가 심각해 폐업 위기에 직면해 있는데, 많은 사람이 도와서 지금은 겨우 연명을 하고 있다는 안타까운 소식이 들려온다.

 이 밖에도 유명한 서점이 많다. 노팅힐 서점 바로 맞은편에 있는 요리 서점 북스 포 쿡Books for Cooks이 대표적이다. 이 서점의 창립자인 하이디는 음식이 인간에게 끼치는 영향을 깨닫고 많은 사람과 요리에 대해서 나누고 싶어 직접 요리책 전문 서점을 열었다. 빨간 앞치마를 두른 사장님이 반기는 이곳에는 '테스트 키친'이 마련되어 있다. 이곳에서 매일 아침 한 가지 레시피를 골라 포토벨로 마켓에서 구입한 신선한 재료로 요리를 하고 그 음식에 대해서 이야기를 나누는 시간을 가질 수 있다.

노팅힐의 또 다른 명물 서점은 옥스팜 북스Oxfam Books로 영국을 대표하는 중고 서점이다. 이곳에서는 고전 서적을 비롯하여 문학 위인 전기 및 유머까지 다양한 중고 책이 있고, 아울러 CD, DVD 및 각종 음악 관련 책을 판매한다. 가격은 1파운드부터 시작해 부담 없이 런던의 소중한 추억이 깃든 선물을 사기에 더할 나위 없이 좋다.

 플러스 α

노팅힐은 금요일 오전 7시부터 일요일 오후 4시까지 이루어지는 벼룩시장이다. 영화 〈노팅힐〉의 서점을 방문하여 기념 사진을 찍을 목적이라면 언제든 방문해도 상관없지만 활기찬 벼룩시장을 구경하고 싶다면 반드시 주말에 방문해야 한다.

 찾아가는 길

지하철 순환선Circle Line, 지역선District Line, 중앙선Central Line을 타고 노팅힐 입구Notting Hill Gate 역에서 내려 출구를 나와서 오른쪽 길로 들어서면 팸브리지 로드Pembridge road가 보이고 첫 번째 삼거리를 지나 두 번째 삼거리를 지나면 왼쪽에 시장이 보인다.

03 런던:
대영 박물관 British Museum

- 세계 최초의 국립 박물관인 대영 박물관은 크게 고대(아시리아, 이집트, 그리스, 로마)와 서구(중세 유럽, 영국) 그리고 이슬람과 동양(한국, 일본, 중국, 인도), 아프리카, 대영 도서관 6개 관으로 구분된다.

이중 고대 아시리아인들의 도전과 아름다움에 대한 성과를 볼 수 있는 아시리아 유물 전시관(1층 6~10번 전시실)과 모든 서양 문명의 근원을 만들었던 고대 그리스인들의 정신을 담은 파르테논 전시실(1층 18번 전시실) 그리고 3,000년 전 죽음에 대한 불안을 극복하며 행복한 삶을 영위한 고대 이집트인들의 삶과 지혜를 담은 이집트 전시관(1층 4전시실 로제타스톤, 2층 61~66번 전시실 이집트 미라관)이 대영 박물관의 하이라이트이다.

대영 박물관은 2000년 밀레니엄을 맞아 박물관 중앙에 있던 정원을 없애고 실내로 밀레니엄 홀을 만들어 관람객의 이동 편의를 도모했다. 밀레니엄 홀에서 대영 박물관 정문으로 가면 오른쪽으로 소지품을 맡기

| 대영 박물관 전경
오른쪽_2000년 밀레니엄을 맞아 박물관 중앙에 있던 정원을 없애고 어디든지 다 통하는 큰 홀을 만들어 관람객의 편의를 도모했다.

는 데스크가 있고, 그 맞은편에 동판이 있다. 동판에는 대영 박물관의 주요 기부자 이름과 기부 연도가 적혀 있다. 맨 왼쪽 세 번째 줄에 1753년 대영 박물관의 창시자 한스 슬론 백작의 이름이 있으며, 연도별로 따라가 보면 1992년 코리아 파운데이션, 즉 한국 정부와 1998년 한광호라는 한국인 이름도 보인다. 2008년에는 삼성전자, 2009년에는 대한항공도 보인다.

아시리아 전시관

● 6전시실이 아시리아관이다. 이곳에 들어서면 맞은편에 인간의 머리를 한 날개 달린 거대한 동상 라마수가 있다. 라마수는 지혜를 상징하는 사람의 머리와 용맹을 상징하는 독수리의 날개, 성실을 상징하는 짐승의 몸을 가진 상상의 동물이다. 라마수는 메소포타미아의 왕궁 문을 지키는 수호신이다.

라마수를 지나 거대한 성문을 통과하면 아시리아 님루드 궁전의 부조 벽화가 전시되어 있다. 베일에 싸였던 아시리아 문명은 지진으로 사라졌다가 지층 상승으로 다시 떠오르면서 세상에 알려졌다. 사후 세계를 숭배하는 이집트 문명과 달리 아시리아 문명에서는 현실 세계의 치열한 삶의 장면을 표현하였다.

7전시실 입구 쪽의 오른쪽 벽을 보면 영생의 열매를 받는 왕의 모습이 눈에 들어온다. 메소포타미아 문명에서 왕의 위상을 짐작하게 하는 벽화로, 신이 영생의 나무에서 딴 열매를 왕에게 주는 장면이다. 왕의 권위를 신에게서 부여 받은 것임을 보여주는 것으로 왕과 신의 손목에 시계가 있는 것으로 보아 아시리아는 지금으로부터 3천 년 전 태음력을 사용할 정도로 문명이 진보했다는 사실을 알 수 있다.

7전시실에서 왼쪽 10전시실로 이동하면 우리가 미술책에서 자주 보던 〈사자 사냥〉을 만나 볼 수 있다. 니네베 궁전에서 출토한 것으로, 기원전 645년경 아시리아의 아슈르바니팔 왕이 지닌 용맹성을 만백성에게 보여주려고 제작한 궁전 벽화이다. 당시 아시리아에는 사자가 너무 많아 왕은 적뿐 아니라 사자로부터도 부족을 지켜야 했다. 〈사자 사냥〉은 왕의 건재함과 용맹성을 보여주는 동시에 백성을 통치하는 수단이기도 했다. 왕의 칼을 맞아 피가 솟구치고 얼굴의 핏줄까지 생생하게 표현된 사자의 모습은 유명한 부조 벽화이다. 동물에 대한 섬세한 관찰과 사실적 묘사가 뛰어난 예술 작품이다.

| 사자 사냥
왕에게 칼을 맞은 사자의 모습이 피가 솟구치고 얼굴에 핏줄까지 보이는 생동감 넘치는 부조 벽화이다.

다시 7전시실로 돌아와 왼쪽 벽의 전투 장면을 보면 독수리 날개를 단 조그만 수호신이 보인다. 어떤 적의 공격에도 왕을 보호하고 전쟁을 승리로 이끄는 신이다. 전투 장면 중앙 부분에 성문을 부수는 전차와 물속에서 산소통을 이용한 수군들의 침투 장면이 보인다. 전차를 움직이는 동력은 지금의 배터리 원리를 사용했으며, 산소통은 소, 양, 돼지의 내장을 이용해 지금의 산소통과 똑같은 원리로 만들었다.

이집트 로제타스톤

4전시실은 이집트 전시관이다. 4전시실 중앙 유리관에 둘러싸인 로제타스톤은 길이 1.25m, 너비 0.7m, 두께 0.28m인 검은 돌로 이루어져 있다. 로제타스톤이 어떤 의미를 가지고 있기에 세계적으로 많은 관광객들이 이 돌 앞에서 열광을 하는 것일까?

로제타스톤은 1799년 나폴레옹 원정군이 알렉산드리아에서 동쪽으로 60km 떨어진 로제타 마을에서 도트풀이라는 병사가 발견했지만 1801년 알렉산드리아 전투에서 프랑스군이 영국군에 패하여 지금 현재 대영 박물관에 전시되어 있다.

처음 이집트 문명을 접하면서 유럽인들에게 큰 문제가 있었다. 이집트의 유적과 유물을 눈으로 볼 수는 있지만 거기에 담긴 속뜻은 알 수 없었다. 무덤 안의 벽화나 탑에 새겨진 이집트 상형문자의 단 한 글자도 해독할 수 없었기 때문이다. 바로 그때 4000년이

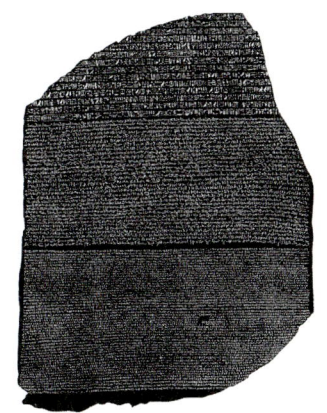

| 로제타스톤
같은 내용이 이집트 상형문자, 이집트 민중 문자, 그리스어의 세 가지 문자로 기록되어 있다.

나 쓰였던 상형문자를 푼 단 하나의 열쇠가 로제타스톤이다.

검은빛 현무암으로 만들어진 로제타스톤은 각기 다른 세 가지 언어의 문자로 새겨져 있다. 첫째 단 14행은 이집트 상형문자, 둘째 단 32행은 이집트 민중 문자, 셋째 단 54행은 그리스어로 새겨져 있다. 그때까지 잘 알려진 셋째 단의 그리스어를 번역해 보니 기원전 196년에 이집트 신관들이 프톨레미 왕의 공덕을 찬양한 글이었는데, 로제타스톤에 같은 내용을 세 가지 문자로 써놓은 것을 알게 되자 학자들은 기쁨을 감추지 못했다. 그리스어를 아는 이상 나머지 두 가지 문자를 푸는 일은 쉬울 것이니, 이집트 문명의 수수께끼를 풀기란 시간 문제라고 보았다. 언어·역사·고고학을 연구하는 영국과 프랑스 학자가 모두 이 일에 매달렸다.

그들은 이집트의 문자를 뜻글자인 표의문자로 보고 거기에서 상징적인 의미를 찾아 해석하려고 애썼다. 예를 들어 매는 왕을 상징하고 연꽃은 포로를 상징한다고 믿었다. 하지만 몽땅 엉터리였다. 1822년 샹폴리옹은 마침내 이집트 상형문자가 표의문자가 아니라 우리말이나 영어처럼 소리글자 즉 표음문자라는 것을 알게 되었다.

1822년 9월 14일 샹폴리옹은 27개나 되는 파라오(왕)의 이름을 해독하게 되는데 그날 아침까지 그는 파라오 이름 25개를 풀었다. 마지막 남은 2개를 놓고 씨름하던 그에게 한 가지 생각이 떠올랐다. M과 SS까지 풀고 앞에 놓인 태양 그림 문자에 태양신 Ra(라)라고 놓고 거기에 이집트어에서 가끔 생략되는 모음 E를 집어넣자 RAMSES가 되었다.

"아, 이것은 저 유명한 람세스 대왕의 이름이 아닌가!"

2m도 안 되는 이 조그만 돌덩이 하나로 인해 마침내 신비에 쌓인 이집트 문명이 세상으로 나오게 되는 순간이었다. 샹폴리옹의 나이 겨우 서른하나일 때이다.

당시 교황청은 샹폴리옹의 해석에 극심한 반대를 했다. 샹폴리옹의 해석이 맞다면 기원전 2000년경에 일어났던 노아의 홍수 기간에 이집트의 유물이 건재했다는 사실이 증명되고 이것은 당시 세상을 지배하던 기독교적 세계관에 치명적인 흠집을 내는 것이기 때문이다.

모든 사실을 비밀로 한다는 조건으로 교황청의 허락을 얻은 샹폴리옹은 이집트로 건너가 연구를 하지만 병을 얻어 영국으로 돌아와 얼마 후 죽는다.

로제타스톤이 오늘날 우리에게 중요한 것은 베일에 싸여 있던 이집트 문명을 밝혀 주는 결정적인 열쇠이자 우리 존재의 기원을 밝혀주는 최초의 역사적 상징이기 때문이다.

이것은 당시 지배적이었던 창조설, 즉 지구상의 모든 생물체는 신의 뜻에 의해 창조되고 지배된다는 신 중심주의의 학설을 뒤흔드는 결정적인 증거를 제시하며 새로운 시대를 열었다.

그리스 파르테논 전시실

● 로제타스톤을 지나 18전시실로 들어서면 파르테논 신전 조각들을 만나 볼 수 있다.

16세기 터키 군대가 그리스를 침공한 뒤 파르테논을 화약 창

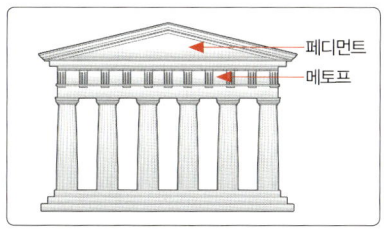

| 파르테논의 구조

고로 쓰는 과정에서 폭발 사고가 발생했다. 이로 인해 파르테논 주변 땅바닥에 방치돼 있던 조각상들을 당시 영국 대사 엘긴이 거금을 들여 그리스 정부로부터 구매한 뒤, 영국 의회가 다시 조각들을 사들여 대영 박물관에 소장하면서 '엘긴 마불'이라고 부르게 되었다.

신전 조각을 살펴보기 전에 기억해야 할 건축 용어로 페디먼트와 메토프, 프리즈가 있다. 페디먼트Pediment는 건물 입구 위와 지붕 사이에 자리한 삼각형의 장식을 한 건물 벽으로 가장 중요한 상징물을 조각해 놓았다. 다음으로 메토프Metop는 삼각형 벽 바로 아래에 신전 외벽을 마감 장식한 사각형 벽을 말하고, 프리즈Prize는 메토프 안쪽에 있는 사각형의 마감 장식을 말한다. 파르테논의 모든 조각품은 이 세 곳에 몰려 있다.

[동쪽 페디먼트] 대영 박물관의 하이라이트 18전시실로 들어가 아테나 여신의 탄생을 묘사한 동쪽 페디먼트부터 살펴보자. 18전시실로 들어서서 오른쪽 끝에 보이는 조각상들이다.

동쪽 삼각형 벽 조각상들은 하루를 열었다 마감하는 태양을 이끄는 말에 초점을 맞추면서, 여러 신이 지켜보는 가운데 물속에서 무장한 채로 서서히 부상하는 아테나 여신의 탄생 장면을 묘사하고 있다. 가장 왼쪽에 태양을 이끄는 헬리오스의 말 옆으로 비스듬히 누워 손목이 잘린 신이 디오니소스이며, 그 옆으로 옷자락까지 섬세하게 묘사된 세 명의 여신은 오른쪽부터 청춘의 여신 헤베, 대지의 여신 데메테르와 그녀의

| 동쪽 삼각 지붕 밑에 있는 조각상
왼쪽_팔이 잘리고 비스듬히 누워 있는 것이 디오니소스이고, 오른쪽부터 청춘의 여신 헤베, 대지의 여신 데메테르와 그녀의 딸 페르세포네이다. **오른쪽**_삼미신의 모습이다. 오른쪽에 비스듬히 누운 미의 여신 아프로디테와 그녀의 어머니 디오네 그리고 불과 화로의 여신 헤스티아이다.

딸 페르세포네이다. 중앙에는 무장한 채 탄생하는 아테나 여신의 조각상이 있었으나 지금은 유실됐다.

아테나 여신 오른쪽에 있는 아름다운 세 명의 여신은 오른쪽부터 비스듬히 누운 미의 여신 아프로디테와 그녀의 어머니 디오네 그리고 불과 화로의 여신 헤스티아이다. 조각상 중 이 세 여신이 가장 아름답다고 하여 '삼미의 여신'이라 부른다. 마지막으로 오른쪽 끝에 보이는 말의 두상은 달의 여신 셀레네의 2륜 전차를 끄는 말이다. 벌린 입, 커진 코, 뒤로 젖힌 귀가 밤새 달을 싣고 달린 피로감을 사실적으로 묘사하고 있다.

[프리즈] 동쪽 페디먼트 조각들을 감상하고 계단을 내려오면 왼쪽으로 기원전 490년에 그리스와 페르시아의 전쟁에서 사망한 그리스 병사 192명의 영혼을 기리고 있는 기마 행렬 조각상이 보인다. 기마 행렬 맞은편에 아테나 여신의 탄생을 축하하기 위해 아테네로 향하는 신과 인간들의 행렬인 〈판 아테나 행렬〉을 볼 수 있다.

왼쪽 끝부분에 제사장인 할아버지와 소년이 아테나 여신에게 바치기 위해 신성한 겉옷을 들고 아테네 시내를 거쳐 신전으로 걸어가는 모습이 보인다. 제사장 오른쪽으로 먼저 날개 달린 장화를 신고 여행 모자를 무릎에 올려 놓은 전령의 신 헤르메스가 보이며, 그 옆으로 다정하게 어깨에 손을 대고 술잔을 들고 있는 디오니소스, 그리고 지하의 신에게 딸을 빼앗겨 슬픔에 잠긴 채 오른손으로 턱을 괴고 있는 대지의 신 데메테르도 보인다. 그녀의 손에는 딸을 찾아 지하를 헤맬 때 사용했던 횃불이 들려 있다. 데메테르의 오른쪽으로 발꿈치에 창 조각이 보이는 전쟁의 신 아레스가 있으며, 그 옆으로 헤라와 제우스가 있다.

[서쪽 페디먼트] 아테나와 포세이돈의 경합 장면이 조각되어 있다. 그리스 신화에서 모든 도시들은 한 명의 신을 주신으로 섬겼다. 아테네

시민들은 자신들에게 필요한 것을 주는 신을 아테네의 수호신으로 결정하는 경합을 벌인다. 포세이돈은 아크로폴리스 정상에 샘물을 솟게 만들어 바다를 지배할 수 있는 힘을 제시했고, 아테나는 아크로폴리스의 큰 신전에 올리브 싹을 틔우는 기적을 일으키며 올리브를 제시했다. 이중에서 아테네 시민은 올리브를 선택해 아테나를 아테네 수호신으로 결정했다.

 해상 무역 국가였던 아테네 시민들은 왜 바다를 지배할 힘을 거부하고 올리브 나무를 선택했을까? 당시 지중해 사람들에게 올리브는 중요한 영양원으로, 그것을 통째로 갈거나 오일로 만들어 먹었다고 하지만 아테네 시민이 올리브 나무를 선택한 이유는 따로 있다. 고대 지중해에서 올리브 열매는 나무 다음으로 많이 쓰인 연료로 그 옛날 그리스에서 등잔불을 밝히는 것이 올리브 열매였다. 이는 지적 능력이 무지의 암흑을 물리치듯이 아테네인들은 정신적 가치를 물질적 가치보다 우선시한 것을 알 수 있다. 기원전 5세기 그들은 황금 시대를 열었다.

이집트 미라관

- 59전시실 이집트 미라관은 2층에 있다. 이곳에는 식물 줄기의 껍질을 벗겨내어 종이 용도로 쓰인 파피루스와 파피루스에 기록한 사후 세계의 안내서 〈사자의 서〉를 감상할 수 있다.

 많은 미라가 있는 미라관의 백미는 〈네바문의 사냥〉이다. 무덤 벽화의 주인공인 네바문은 신이 내려준 밀 경작지의 서기로 최고의 지위와 부를 겸비한 사람이었다. 네바문은 나일 강가의 늪 지대에서 작은 배를 타고 그의 어린 딸과 부인 하셉수트와 함께 사냥을 즐기고 있다. 벽화 중앙에 우뚝 솟아 있는 네바문은 다리를 크게 벌려 걸으면서 영원한 행복과 영원한 젊음을 상징하고 있다. 주위의 기름진 늪은 부활과 에로틱함을,

많은 동물들과 장식들은 부를 상징한다. 여기서 사냥은 혼돈을 넘어 질서와 진리를 찾았다는 의미를 가진다. 당시 사냥을 하며 자유로운 시간을 보내는 장면의 무덤 장식은 무덤 주인이 사후에도 현세의

| 네바문의 사냥
벽화 중앙에 다리를 벌리고 우뚝 솟아 있는 네바문은 신이 내려준 밀 경작지의 서기로 최고의 지위와 부를 겸비한 사람이었다.

행복이 계속되기를 바란다는 염원을 담고 있다. 죽음이 끝이 아니라 새로운 시작으로 인식하는 이집트인들의 세계관이 고스란히 담겨 있다.

 플러스 α

유럽의 박물관들은 작품 수가 매우 방대하기 때문에 준비 없이 무조건 방문한다면, 고달픈 관광지로 전락하게 된다. 박물관을 효과적으로 감상하기 위해서는 각 박물관의 하이라이트 작품을 잘 선정하고 그것에 대한 풍부한 해설과 효과적인 이동 동선을 계획해야 한다.

대영 박물관의 효과적인 이동 동선은 1층 메소포타미아 문명의 아시리아관(6~10번 방) → 이집트관(4번 방) → 파르테논 신전 등 그리스관(12~20번 방)을 거쳐서 2층으로 이동 후 이집트 미라관(61~65번 방)→한국관(63번방에서 복도로 나가면 됨) → 중세 유럽관(69~73번 방) 순으로 돌고 다시 1층 1번 방으로 이동하면 대영 박물관이 자랑하는 계몽주의 시대의 지적 유물들을 감상할 수 있다.

박물관 음성 해설 파일은 **www.tourya.com**에서 무료로 다운 받을 수 있다.

 찾아가는 길

지하철 노던 선 Northen Line **토틀햄 코트 로드** Tottenham Court Road 역에서 하차한다.
개장 시간: 10:00~17:30 (목·금요일 ~23:30)   마지막 입장: 폐관 45분 전   휴일: 연중무휴

04 **런던:**
런던의 뮤지컬 공연

● 요즘에는 런던 뮤지컬 공연을 보기 위해 유럽 여행을 간다는 말이 나올 정도로 런던 뮤지컬은 유럽 여행의 필수 코스로 여겨진다. 파리에서 해질녘 센 강 유람선을 타지 않으면 파리를 본 것이 아닌 것처럼 런던 뮤지컬은 런던 여행의 하이라이트이다.

뮤지컬의 매력은 관객의 상상력을 넘어선 생동감 넘치는 화려한 무대에 있다. 눈앞에서 펼쳐지는 세계적인 배우의 연기는 어디서도 얻을 수 없는 감동을 선사한다. 뮤지컬을 보고 나서 극장을 나서면 마주하는 모든 광경이 더 없이 사랑스러워지고 삶이 황홀해진다.

뮤지컬의 최고봉으로 불리는 〈오페라의 유령 Phantom of The Opera〉은 1986년 10월 런던에서 초연한 이래 현재까지 장기 공연중이다. 2011년까지 25년 동안 누적 관객 1억 3천 명, 수익금 6조3천억 원의 성과를 올렸다. 런던에서 빅 4로 분류되는 뮤지컬은 〈오페라의 유령〉, 〈맘마미아〉, 〈레미제

| 〈오페라의 유령〉 공연 극장　　　　| 뮤지컬 티켓 판매소

라블〉, 〈빌리 엘리어트〉이다.

뮤지컬의 최고봉 〈오페라의 유령〉

● 　천사 같은 목소리와 기형적인 얼굴을 가진 오페라의 유령이 노래를 부르던 크리스틴을 보고 사랑에 빠지면서 오페라는 시작된다. 유령은 그녀의 사랑을 얻으려고 하지만 실패하자 크리스틴을 납치한다. 크리스틴을 구하기 위해 유령의 지하 미로까지 뒤따라온 연인 라울이 함정에 빠져 위험에 처하자, 크리스틴은 그를 구하기 위해 오페라의 유령에게 키스를 한다. 이에 충격을 받은 유령은 그들을 풀어준다. 경찰이 유령의 지하 미로를 덮쳤을 때는 이미 오페라의 유령이 쓰던 흰 가면만이 남아 있을 뿐이었다.

　〈오페라의 유령〉의 백미는 유령이 크리스틴을 납치한 뒤 지하 호수에서 배를 타고 노를 저어 가는 장면이다. 무대 깊숙한 곳에서 크리스틴과 유령을 태운 배가 등장하면 순식간에 무대 전체가 안개 자욱한 호수로 변한다. 푸른 물안개 속에 마법처럼 솟아난 수백 개의 촛불 사이로 배가 꿈결처럼 나아간다. 분명 마루판이었던 무대가 완벽하게 호수로 바뀌고

　배가 빙판 위를 미끄러지듯 우아하게 지나가자 관객들은 황홀함에 넋을 잃는다. 이 호수를 연출하기 위해 드라이아이스 250kg과 연기 머신 10대를 동원한다고 한다.
　관객들을 사로잡는 또 다른 장면은 1막 끝부분 샹들리에가 떨어지는 장면이다. 수많은 유리구슬로 장식된 1톤 무게의 초대형 샹들리에가 객석 위로 떨어지는 순간에 관람객들도 철렁 가슴이 내려앉는 듯한 놀라운 경험을 한다. 이 밖에 거울 속에서 오페라의 유령이 갑자기 튀어나오는 장면이나 순식간에 이쪽 끝으로 사라졌다가 저쪽 끝에서 나오는 장면, 그리고 마지막 흰 가면만 남기고 사라지는 장면 등 공연 내내 볼거리가 넘친다.
　〈오페라의 유령〉이 전 세계 사람들을 사로잡는 또 다른 이유로 무대 아래에서 관현악단이 직접 연주하는 아름다운 선율과 세계적인 가수들의 매혹적인 노래를 꼽을 수 있다.

타이틀 곡 〈오페라의 유령〉의 도입부에서 오르간의 힘찬 연주가 극장 안에 가득 울려퍼지면 온몸에 전율이 감돈다. 또한 수십 개의 촛불 속에서 오페라의 유령이 부르는 '밤의 노래'와 크리스틴과 라울의 러브 송 '그대에게서 바라는 것은 오직 사랑 뿐' 등 감미로운 멜로디가 극장 안에 흐르면 모두 숨을 죽인 채 황홀경에 빠져든다.

　　〈오페라의 유령〉은 1986년 런던 올리버상 3개 부문에서 수상한 이후, 1988년에 뉴욕 토니상에서 7개 부문을 수상하는 등 뮤지컬 메이저 상만 50개 이상을 휩쓸었다. 이 대단한 뮤지컬을 만든 사람은 앤드류 로이드 웨버로 많은 사람들이 좋아하는 〈캣츠〉, 〈에비타〉, 〈텔 미 온 어 선데이〉 등 수많은 히트작을 만든 뮤지컬의 대부이다. 그는 1992년 영국 왕실로부터 남작 작위를 받았다.

사랑의 대 서사시 뮤지컬 〈레미제라블〉

● 　〈오페라의 유령〉이 여성적인 아름다움을 지닌 대서정시라면, 〈레미제라블Les Miserables〉은 남성적이고 웅장한 사랑을 전하는 대서사시이다. 프랑스 혁명이 배경인 이 뮤지컬은 장엄한 음악과 무대를 바탕으로 남녀의 애절한 사랑을 이야기하면서 근원적인 인간의 구원을 약속하는 숭고한 사랑을 보여준다.

　　1800년 초반 혼란기의 프랑스, 빵 한 조각을 훔친 죄로 극심한 강제 노역에 시달린 뒤 풀려난 장발장은 성당에서 다시 도둑질을 한다. 하지만 성당의 신부는 경찰에게 자신이 준 것이라고 말하여 장발장을 위기

에서 구해 주고, 이에 크게 뉘우치고 감동을 받은 장발장은 평생 남을 위해 살아가겠다고 결심한다. 이를 믿지 않는 가베르 경감은 장발장을 뒤쫓고, 쫓기는 몸이 된 장발장은 수양딸 코제트와 함께 은둔 생활을 한다. 세월이 흘러 숙녀가 된 코제트는 프랑스 혁명에 동조하는 마리우스와 사랑에 빠지고, 장발장은 혁명이 일어나 부상당한 마리우스를 등에 업고 하수도 구멍을 통해 구사일생으로 탈출한다. 그 후 코제트와 마리우스를 결혼시키고, 자신의 모든 재산을 그들에게 남긴 뒤 기구한 운명을 마감한다는 내용이다.

〈레미제라블〉에서 돋보이는 것은 파리 뒷골목 빈민가의 무대가 순식간에 성벽 높이의 바리케이트로 변신하는 장면이다. 5톤 무게의 거대한 무대 위에서 정부군과 혁명군이 치열한 총격전을 벌이고 곧이어 웅장한 오케스트라의 연주와 함께 혁명군이 한 명씩 죽어가는 모습이 비장함을 느끼게 한다. 에포닌이 마리우스의 품 안에서 죽은 곳도, 장발장이 혁명군에게 잡힌 가베르 경감을 풀어 주는 곳도 바로 이 무대이다.

화약 연기와 붉은 조명의 무대를 천천히 회전시키는 이 원형 회전 무대 기법이 이 작품에서 최초로 사용되었으며 이후 많은 뮤지컬에서 차용되었다.

〈레미제라블〉이 많은 사랑을 받는 이유는 화려한 무대 외에도 주옥같은 음악과 노래가 많기 때문이다. 그중 가장 인상적인 부분은 코제트와 사랑에 빠진 마리우스를 짝사랑하는 거지 소녀 에포닌이 부르는 'On My Own(내 힘으로)'이다.

고요한 무대 위 카리스마 넘치면서도 애절한 에포닌의 노래가 끝나면 관객들은 기립 박수로 화답한다. 그런데 바로 이어지는 장면에서 에포닌은 마리우스의 연애 편지를 코제트에게 전해주고 돌아오다 정부군의 총에 맞는다. 그리고 그녀가 마리우스의 품에 안겨 "내 걱정은 하지 마, 이렇게라도 너의 품에 안기니까 행복해."라고 말한 뒤 죽는다. 관객들은 그 절절함과 슬픔에 한숨짓고 눈물을 흘린다.

가슴 시리면서도 아름다운 남녀 간의 사랑 외에도 숭고한 사랑의 감동을 전하는 장면은 뮤지컬 마지막 부분에 있다. 수양딸 코제트에 대한 사랑을 통해 일생 동안 선행을 실천하고 헌신한 장발장이 죽어가고 그 죽음 뒤로 합창이 나온다.

Take my hand and lead me to salvation. 나의 손을 잡고 구원으로 이끈다.
Take my love for love is everlasting. 헌신에 대한 나의 사랑은 영원할 것이다.
And remember the truth that once was spoken. 전해 내려오는 진실을 기억하라.
To love another person is to see the face of God.
당신이 다른 사람을 사랑한다면 신을 만나게 된다.

공연이 끝난 후 모든 관객들은 기립 박수와 환호성을 보내며 감동에서 헤어나지 못해 공연장을 떠나지 못한다.

레미제라블은 전 세계 38개국 223개 도시에서 22개 언어로 무려 4만 회의 공연이 이루어졌고, 그동안 누적 관람객은 약 6000만 명에 이른다.

'엄마야' 뮤지컬 〈맘마미아〉

- '맘마이아 MAMMA MIA'는 이탈리아어로 내(Mi)와 엄마(Mamma)의 합성어인 '엄마야'라는 뜻으로 영화로도 널리 알려져 있고, 아름다운 그리스의 산토리니를 배경으로 한다.

스무 살 소피는 결혼식을 계기로 친아버지를 찾으려 한다. 하지만 그 과정에서 정말 중요한 것은 아버지가 아니라 자신과 자신을 사랑하는 사람들이라는 것을 깨닫고 결혼식을 포기한 뒤 약혼자와 여행을 떠난다는 내용이다.

뮤지컬의 매력은 현장성이다. 바로 눈앞에서 아름다운 무대를 배경으로 춤추고 노래하기 때문이다. 그 생생함이 우리를 사로잡는다. 화려하면서도 다이내믹한 무대 장치 그리고 라이브 연주와 음악은 우리에게 영화나 소설에서 결코 맛볼 수 없는 극적인 황홀함을 제공한다. 그 대표적인 뮤지컬이 바로 〈맘마미아〉이다. 특히 공연 마지막 부분에서는 마치 아바 공연장에 온 듯이 관객 모두가 자리를 박차고 일어나 흥겨운 음악과 아름다운 장면에 취해 춤추고 노래하며 열광한다. 만약 그곳에 당신이 있다면 왜 〈맘마미아〉가 런던에서 최단 기간에 사상 초유의 3,000만 관객을 동원했는지 알 수 있을 것이다.

〈맘마미아〉는 뮤지컬 내내 1980년대 전 세계를 주름잡았던 전설의 그룹 아바의 주옥같은 노래가 역동적인 배우와 어우러져 신나는 무대를 쉼 없이 선사한다. 극중에서 결혼식 전날 도나가 소피의 머리를 빗어 주며 부르는 노래 '내 곁을 떠나가네'는 모든 관객의 마음을 울리는가 하면, 동갑내기 세 아줌마가 화려한 의상을 입고 절정의 에너지를 내뿜으

며 부르는 '댄싱 퀸'은 공연장 분위기를 흥겨움을 넘어 광란의 수준으로 끌어올린다.

세계를 열광시킨 〈빌리 엘리어트〉

● 　산업혁명의 어려운 시절, 한 소년이 모든 어려움을 이겨내고 춤으로 자신의 꿈을 이루는 과정을 담은 뮤지컬이다. 이 작품은 제63회 토니상 시상식에서 총 15개 부문 가운데 작품상 · 연출상 · 남우 주연상 · 안무상 · 대본상 · 조명상 등 10개 부문을  수상해 화제를 낳았다. 이는 지난 20년 동안 영국 뮤지컬이 토니상에서 거둔 가장 빛나는 성적이다. 이러한 성과를 올리는 데 기여한 무대를 꼽으라면 단연 1부의 화난 춤 Angry Dance 부분과 2부 중간의 전기 Electricity 장면이다.

　1부 '화난 춤' 부분은 로얄 발레단의 뮤지션에 응시할 수 없게 된 빌리가 그 절망감에 사로잡혀 자신의 모든 분노를 폭발시키는 장면이다. 강렬하면서 섬뜩한 음악과 함께 무대는 빨강과 검정빛으로 빌리를 감싼다. 그는 수많은 경찰의 방패로 이루어진 절망의 벽에서 처절하고 치열하게 몸부림친다. 처절함이 아름다움으로 승화되는 장면을 보고 싶다면 〈빌리 엘리어트 Billy Elliot〉를 추천한다.

　2부 중간에 연출되는 '전기' 부분은 빌리가 로얄 발레단에서 인터뷰하는 장면이다. 심사관이 빌리에게 "춤출 때 어떤 느낌을 받니?" 하고 물었다. 이에 빌리는 "잘 모르겠어요. 하지만 무엇인가 전기처럼 찌릿한 것을 느껴요. 하늘을 나는 것처럼 자유로워져요."라고 대답했고, 그 순간 혼자 남은 빌리 뒤로 청년이 된 빌리가 나타나 거울에 비친 것처럼 함께 춤을 추는 장면이 펼쳐진다. 그리고 잠시 조명이 어두워졌다가 밝아지면 어린 빌리는 청년이 된 빌리의 손을 잡고 진짜 하늘을 날고 있다. 환상적인 무대에 관객들은 할 말을 잃고 넋이 나간 채 무대로 빨려든다. 아무리 좁은 장소라도 상상만 하면 무엇이든 창조할 수 있다는 런던 뮤지컬의 진수를 보여준다.

세 시간이 넘는 공연을 전적으로 이끌어 가는 주인공 빌리는 고작 10대 초반이다. 이렇게 힘든 역할을 맡을 소년을 찾기란 쉽지 않다. 주인공인 빌리는 발레는 물론이고 재즈 댄스, 탭 댄스 등 모든 댄스에 탁월한 실력을 지녀야 하고, 변성기를 지나지 않은 목소리로 노래도 잘 불러야 하며, 키가 너무 크거나 작아도 안 된다.

이런 조건을 가진 소년을 뽑으려고 제작진은 온 영국을 샅샅이 뒤졌지만 찾지 못했다.

그 후 제작진은 빌리 아카데미를 설립해 주인공을 키우기로 결정하고 전국에서 신청자를 받았는데 3,000명의 지원자가 몰려들었다. 그중 20명을 선별하여 치열한 훈련을 거친 뒤에야 뮤지컬 첫 막을 올릴 수 있었다. 주인공 빌리를 만드는 데 총 제작비의 반을 사용했다고 하니 그 어려움이 얼마나 컸는지 짐작하고 남는다. 현재도 빌리를 양성하는 빌리 아카데미는 계속된다. 현재 런던에서만 16명의 새로운 빌리가 탄생했다.

 **플러스 α**

런던에서 뮤지컬 표를 구입하는 방법은 2가지이다. 먼저 극장에 가서 직접 표를 구입하는 방법으로 수수료 없이 정가에 구입할 수 있다. 두 번째로는 런던 레스터 광장에 있는 티켓 에이전시 창구에서 구입하는 방법으로 당일표가 남아 있으면 반값에 구입할 수 있다. 그러나 인기 있는 뮤지컬은 대부분 표가 남아 있지 않는 경우가 많다. 여기서 다음 날 표를 구입할 경우 15~30% 이상의 수수료를 지불해야 한다. 요금은 좌석에 따라 15(3만 원)~60파운드(12만 원)로 다양하다.
티켓 구입 홈페이지 www.ticketmaster.co.uk

 찾아가는 길

오페라의 유령
- 상연 극장: Her Majesty's Theatre
- 개장 시간: 월~토 19:30 / 화 · 토요일 14:30 추가 공연, 일요일 공연 없음.
- 찾아가는 법: 지하철 피카딜리 서커스Piccadilly Circus 역
- 홈페이지: www.thephantomoftheopera.com

레미제라블
- 상연 극장: Queens Theatre
- 개장 시간: 월~토 19:30 / 수 · 토요일 14:30 추가 공연, 일요일 공연 없음.
- 찾아가는 법: 섀프츠버리 애비뉴Shaftesbury Avenue, W1 지하철 레스터 스퀘어Leicester Squre 역
- 홈페이지: www.lesmis.com

맘마미아
- 상연 극장: Novello Theatre
- 개장 시간: 월~토 19:30 / 수 · 토요일 14:30 추가 공연, 일요일 공연 없음.
- 찾아가는 법: 지하철 코벤트 가든Covent Garden 역
- 홈페이지: www.mamma-mia.com

빌리 엘리어트
- 상연 극장: Victoria Palace Theatre
- 개장 시간: 월~토 19:30 / 수 · 토요일 14:30 추가 공연, 일요일 공연 없음.
- 찾아가는 법: 지하철 빅토리아Victoria 역

05 런던:
셜록 홈스 박물관 The Sherlock Holmes Museum

● 지하철 베이커 스트리트 Baker street 역에 내리면 〈셜록 홈스의 모험〉에 나오는 여러 가지 사건 장면이 지하철역 벽을 도배하고 있다. 승강장에서 에스컬레이터를 타고 올라가다 보면 역의 벽면은 모두 셜록 홈스 모습을 담은 타일로 장식되어 있다. 또한 역을 나서면 가장 먼저 눈에 띄는 것은 거대한 셜록 홈스의 동상이다. 그의 트레이드 마크인 모자를 쓰고 손에 파이프를 들고 있다. 그는 소설 속 가상 인물이지만, 세상의 어떤 유명한 인물 못지않게 뜨거운 환대를 받는다.

실재하지 않지만 세상에서 가장 유명한 주소 '런던 베이커가 221번지 B호'로 찾아가면 셜록 홈스 박물관이 있다. 박물관의 실제 주소는 239번지이지만 언제나 검은 망토에 런던 경찰복을 입은 안내원이 있어 찾기 쉽다. 박물관으로 입장하려면 먼저 1층에 있는 기념품 가게에서 표를 구입하여 박물관 입구로 돌아와 입장해야 한다. 박물관이 좁아서 항상 많은 사람이 줄을 서지만 오래 기다리지 않고 입장할 수 있다.

4층으로 구성되어 있는 박물관에 입장하면 2층에는 셜록 홈스와 왓슨 박사가 추리하면서 사건을 풀어나갔던 거실과 홈스의 침실이 화려한 빅토리아 양식으로 꾸며져 있다. 거실 소파에는 그가 즐겨 사용하던 파이프와 모자, 돋보기가 놓여 있고 소파 옆 테이블에는 홈스가 한 번씩 연주하던 바이올린이 보인다. 소파에 앉아 홈스의 모자를 쓰고 기념 사진을 찍는 것은 박물관에 입장한 사람만이 가질 수 있는 특권이다.

당시의 복장을 한 아가씨의 안내로 3층으로 올라가면 홈스의 사진만이 걸려 있는 텅 빈 거실이 나타난다. 그 옆으로 가방을 연 채 쓰러져 있는 밀랍 인형이 나타나는 것을 시작으로 4층과 5층에는 셜록 홈스 시리즈에 나오는 여러 가지 장면들을 재현해 놓았다. 각각의 밀랍 인형에서 사건과 결부된 인물들의 다양한 표정이 여러 가지 소품과 함께 재미와

| 셜록 홈스 박물관
왼쪽_박물관의 실제 주소는 239번지이지만 언제나 검은 망토에 런던 경찰복을 입은 안내원이 있어 찾기 쉽다.
오른쪽_베이커 스트리트 역 입구에 셜록 홈스의 동상이 서 있다.

| 여러 가지 밀랍 인형
셜록 홈스 시리즈의 여러 가지 장면을 재현해 놓은 밀랍 인형

생동감을 가져다준다.

입장료를 내면 표 대신 주는 리플렛의 머리말에 다음과 같이 적혀 있다.

"I have it here in my museum."

〈셜록 홈스의 모험〉에 수록된 〈푸른 보석 Blue Carbuncle〉에서 홈스가 한 이야기다. 그의 이야기처럼 관람자들이 박물관을 샅샅이 살핀다면 이곳 어느 구석에서 푸른 보석을 발견할지도 모른다.

박물관 관람을 마치고 1층 기념품 가게로 가면 셜록 홈스가 쓰던 승마 모자와 파이프, 그리고 홈스의 모습이 새겨진 기념 동전과 지갑, 연필 등을 구입할 수 있으며 주변에 있는 그의 이름을 딴 레스토랑에서 간편하고 맛있는 식사를 즐길 수도 있다.

플러스 α

박물관 관람을 마치고 지하철역으로 돌아오면 맞은편에 마담투소가 보인다.
프랑스 출신 투소 부인이 프랑스 혁명에서 죽은 많은 유명인들을 밀랍 인형으로 만드는 작업을 하면서 시작되었다. 이곳에는 현존하는 세계 정치가와 영화 스타, 유명 운동 선수의 밀랍 인형이 있어서 마치 실물과 마주 대하고 있는 듯한 즐거운 착각에 빠지게 한다. 특히 유명 캐릭터로 구성된 3D 영화관과 런던 택시를 타고 1844년 런던 대화재부터 1960년 광란의 런던까지 중요한 사건을 직접 경험하는 전시관은 독특한 재미를 선사한다.

찾아가는 길

지하철 버컬루 선Bakerloo Line 베이커 스트리트Baker street 역에서 하차한다.
개장 시간: 09:30~18:00   마지막 입장: 폐관 30분 전
휴일: 12/25

06 **런던:**
런던 박물관 지구

- 런던의 박물관 하면 대부분 대영 박물관을 먼저 떠올릴 것이다. 이 밖에도 둘러보아야 할 박물관 지구가 있다. 사우스 켄싱턴South Kensington에 위치한 이곳을 방문한다면 런던 지역 박물관의 다양성과 거대한 규모에 여행자들은 놀란다. 이 박물관 지구에는 빅토리아 앤 앨버트 박물관, 자연사 박물관, 과학 박물관이 있다.

빅토리아 앤 앨버트 박물관

- 세계 최대의 공예 장식 박물관인 빅토리아 앤 앨버트 박물관Victoria and Albert Museum은 영국 왕립 박물관 중의 하나로, 중세부터 근대에 걸친 유럽 미술을 중심으로 동양 미술 작품에 이르기까지 광범위한 유물을 소장하고 있다. 빅토리아 앤 앨버트 박물관은 1층 유럽과 아시아 유물 전시관, 2층 영국과 중세 시대 유럽 전시관, 3층 재료 및 기술 전시

관, 4층 근대 영국 전시관, 5층 세미나실, 6층 가구 전시관으로 구성되어 있다. 이 중 여행자가 방문해야 하는 곳은 1층 빅토리아 시대부터 현대까지 패션의 흐름을 보여주는 패션 전시실과 2층 영국의 왕족과 귀족들이 사용했던 가구들을 보여주는 영국 전시실, 그리고 3층 다양한 보석이 전시되어 있는 보석 전시실과 6층 가구 전시실이다. 특히 6층 가구 전시실과 3층 보석 전시실은 빅토리아 앤 앨버트 박물관의 하이라이트이다.

6층 가구 전시실은 빅토리아 시대 런던의 중후하고 화려한 가구부터 현대의 세련된 가구 중 가장 유명한 작품만을 선별하여 전시한 곳이다. 작품마다 모니터가 있어 영상으로 가구의 특징과 아름다움을 생생하게 전달해 주어 지루하지 않게 볼 수 있다.

3층의 보석 전시실에는 바로 탄성이 나올 정도로 세상에서 흔히 볼 수 없는 크고 화려한 보석들이 전시되어 있어 박물관을 찾는 사람들이 빠트리지 않고 들르는 곳이다.

| 박물관 지구
왼쪽_ 빅토리아 앤 앨버트 박물관
오른쪽 위, 아래_ 자연사 박물관

자연사 박물관

- 길이 26m로 지구상에서 가장 긴 공룡 디플로도쿠스가 입구에 전시되어 있는 자연사 박물관Natural History Museum은 세계 최대의 규모로 크게 생물을 전시하는 라이프 갤러리Life Galleries와 무생물을 전시하는 어스 갤러리Earth Galleries로 나누어지며 관람객의 편리를 돕기 위해 전시물 종류에 따라 그린 존, 블루 존, 레드 존, 오렌지 존으로 나뉜다.

  가장 인기 있는 블루 존Blue Zone에서는 지구에 살았던 다양한 생명에 대한 궁금증을 풀어주는 곳으로 특히 공룡관Dinosaurs에서는 다양한 공룡 화석 외에 살아 움직이는 티렉스와 거대한 티라노사우루스 등 생생한 공룡 체험을 할 수 있다. 공룡관 외에 블루 존의 또 다른 볼거리는 동물관Mamais으로 사자, 호랑이, 곰 등 살아 움직일 듯한 박제화된 동물들과 지구상에서 가장 큰 포유류인 흰 긴 수염고래를 실제 크기로 만날 수 있다. 이 밖에 2층에 있는 레드 존 지구의 보물관Earth's Treasury에서 다양한 지구의 광물 속에 아름답게 빛나는 진주, 다이아 등 진기한 보석들을 감상할 수 있어 인기가 많다.

과학 박물관

- 시간과 공간을 초월하는 런던 과학 박물관The Science Museum은 매년 30만 명의 학생들이 찾아와 과학을 직접 체험하는 살아 있는 과학 교과서와 같은 곳이다. 1층과 2층에는 동력과 에너지 전시관이 있고, 3층은 빛과 비행에 관련된 과학 전시관, 4층과 5층은 의학 역사 전시관Medical History으로 구성되어 있다. 이중 관람자들에게 특히 인기 있는 곳은 고대 이집트 시대부터 현대까지 다양한 의학 발달 과정을 실물로 보여주는 4층과 5층의 의학 역사 전시관, 하늘을 날고자 하는 인간의 집념을 보여

주는 역사적인 사진과 실물 형태의 비행기가 전시되어 있는 3층 비행 전시관이다. 박물관을 나오기 전에 지하층에 있는 우주 공간과 실물 크기의 수많은 자동차와 비행기를 감상하고 우주와 과학에 관련된 3D 아이맥스 영화를 한 편 보고 마무리하면 후회 없는 알찬 일정이 될 것이다.

 플러스 α

박물관 지구는 매우 광대하여 며칠에 걸쳐 보아도 끝이 없다. 일반인이라면 빅토리아 앤 앨버트 박물관의 보석 전시관과 가구 전시관을 추천하고, 어린이나 학생이라면 자연사 박물관의 공룡 전시실을 추천한다. 박물관 지구에서 식사는 지하철역 위로 나오면 각국별로 다양하고 저렴한 식당들이 많으니 굳이 비싼 박물관 식당을 이용할 필요가 없다.

 찾아가는 길

지하철 피카딜리 선 Picadelly Line 사우스켄싱턴 Southkensington 역에서 하차한다.
개장 시간: 10:00~17:50   마지막 입장: 폐관 20분 전
휴일: 12/24~26

07 런던:
켄싱턴 궁전 Kensington Place 과
로얄 앨버트 홀 Royal Albert Hall

● 런던에는 세계에서 가장 큰 공원 중 하나로 하이드 파크가 있다. 공원 왼쪽으로 켄싱턴 가든이 이어지고 그 중앙에 울타리 없는 연못이 있어 오리와 백조들이 자연스럽게 사람들과 어울린다. 연못 반대편으로 보이는 큰 저택이 켄싱턴 궁전 Kensington Place 이다. 해가 지지 않는 영국을 건설한 빅토리아 여왕이 자라난 곳이며 비운의 왕세자비 다이애나가 살았던 곳이기도 하다. 궁전 정문에는 아직도 다이애나를 기리는 꽃들이 진열되어 있어 그녀에 대한 영국 국민들의 끊임없는 그리움을 알 수 있다.

켄싱턴 궁전에서 연못을 지나 오른쪽으로 내려오면 거대한 금빛 조각상이 나타난다. 앨버트 동상이다. 빅토리아 여왕은 1837년 즉위하여 1901년까지 '해가 지지 않는 영국'을 만든 여왕이다. 키가 작고 그다지 예쁘지 않은 외모의 그녀는 잘생긴 독일 왕자인 앨버트 공에게 반해 오랜 구애 끝에 그와 결혼한다. 빅토리아 여왕이 결혼할 때 하얀 드레스를

| 켄싱턴 궁전

입었는데 이것이 현재의 웨딩드레스의 유래가 되었다고 한다.

빅토리아 여왕과 앨버트 공 모두 무뚝뚝한 성격으로 살가운 관계는 아니었으나 서로 진심으로 이해하며 화목한 가정을 꾸렸다. 정치적으로도 진보적인 앨버트 공은 보수적인 빅토리아에게 많은 영향을 끼쳤다.

빅토리아 여왕은 남편 앨버트 공의 외조를 받아 나라를 잘 다스렸고, 앨버트는 의회와 균형을 잃지 않도록 빅토리아에게 많은 조언을 했다. 한때 앨버트는 영국 의회의 불신과 의혹의 대상이 되기도 해 크림 전쟁이 일어났을 때 국가 기밀을 빼돌렸다는 혐의로 런던탑에 감금되기도 하였다.

앨버트가 추진한 사업 중에 가장 성공한 것은 1851년에 있었던 런던 박람회였다. 전 세계의 11만 2천여 점의 작품을 5월 1일부터 141일 동안 전시하면서 6백만 명이 넘는 관람객이 참석했다. 박람회로 막대한 돈을 벌어들인 앨버트 공은 '문화 영국'을 외치며 세계 최고의 콘서트 홀을 짓고자 공사를 시작한다.

당시 빅토리아 여왕의 아들 에드워드 7세는 여배우와의 스캔들을 일으켜 국민들로부터 빈축을 샀다. 몹시 화가 난 여왕은 왕자를 불러 야단을 쳐서 학교로 돌려보냈고, 앨버트 공은 아들을 달래기 위해 학교로 찾

| 로얄 앨버트 홀
5천 석 규모의 콘서트 홀로 매년 '프롬'이라는 음악 축제를 개최한다.

아갔다가 비를 맞게 된다. 이때 장티푸스에 걸려 1861년 42세의 젊은 나이에 사망한다.

  여왕은 깊은 슬픔에 빠져 신경쇠약과 우울증에 시달리며 윈저 궁 깊숙이 은둔해 5년 동안 상복을 입고 두문불출했다. 후에 실의를 이겨낸 빅토리아 여왕은 런던으로 돌아와 남편이 착공하다가 중단된 콘서트 홀 공사를 다시 진행하여 1871년에 완성한다. 콘서트 홀 이름은 남편의 이름을 따서 '로얄 앨버트 홀'이라고 짓고, 맞은편에 거대한 남편의 동상을 만들어 남편에 대한 그리움을 달랬다고 한다.

  로마의 원형 경기장에서 영감을 받은 로얄 앨버트 홀은 원래 3만 명 수용 규모의 거대한 원형 관중석으로 계획되었으나 재정적인 이유로 5천 석 규모로 축소되었다. 앞으로 기울어져 있는 좌석, 거대한 오르간 연주대와 양 옆의 수백의 성가대 좌석, 오케스트라 무대 등 앨버트 홀은 완벽한 음악 연주와 감상을 위한 최고의 설비를 갖추고 있다. 로얄 앨버트 홀은 클래식부터 현대 음악까지 연주하는 세계적인 음악 홀로서 매년 7~9월 사이에 '프롬Proms'이라는 음악제를 열어 전 세계의 클래식 유행을 결정한다.

| 앨버트 공 금동상
로얄 앨버트 홀 건너편에 있다.

 플러스 α

매년 7월에서 9월 사이에 열리는 BBC 프롬 축제 기간에 런던을 방문하는 여행자라면 로얄 앨버트 홀에서 열리는 클래식 콘서트에 꼭 참석해 보자. 프롬은 Promenade Concert의 약자로 1895년 콘서트가 시작되었을 때 공연을 돌아다니면서 볼 수 있었던 것에서 유래되었다. 누구나 자유롭게 최고급의 클래식을 즐길 수 있도록 만든 행사이고, 정장이 아닌 청바지를 입고 입장 가능하다. 표는 앨버트 홀에 가면 바로 예매할 수 있으며 1층 무대 앞 주변 입석은 5파운드로 매우 저렴하여 빨리 매진된다.
www.bbc.co.uk/proms

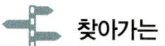 **찾아가는 길**

지하철 중앙선 Central Line 퀸즈웨이 Queen's Way 역 또는 순환선 Circle Line 하이 켄싱턴 스트리트 High Kensington Street 역에서 하차하여 켄싱턴 가든 입구로 가면 된다.

08 런던:
타워 브리지 Tower Bridge 야경과 피시앤칩 Fish & Chips

● 런던에서 야경으로 유명한 아름다운 타워 브리지Tower Bridge는 빅토리아 시대인 1894년에 완공되었다. 당시 런던의 동쪽지역이 매우 혼잡하여 템스 강을 가로지르는 새로운 다리 건설의 필요성이 대두되었다. 이에 1876년에 처음으로 타워 브리지에 대한 계획이 고안되어 8년간의 공사 끝에 1894년 완공되었으며, 지금은 런던의 상징이 되었다.

다리가 건설되기 전 디자인에 대한 논쟁이 많았으나 바로 옆에 있는 런던탑Tower of London과 조화를 이루기 위해 빅토리아 고딕 스타일을 택하게 되었다. 많은 사람이 고리타분한 디자인이라며 싫어했지만, 시간이 지남에 따라 런던의 가장 유명한 볼거리로 자리 잡았다. 템스 강의 가장 하류에 있는 타워 브리지는 배가 지나가면 다리 상판을 들어 올릴 수 있는데 상판을 올렸을 때 높이가 40m에 이른다. 다리를 완성한 이후 한 번도 고장이 없었다고 한다. 다리의 사진을 잘 찍기 위해서는 다리를 건너

| 타워 브리지의 야경

런던 시청으로 가야 한다. 20세기 최고의 건축물 중의 하나인 런던 시청 앞에서 런던탑과 더불어 장관을 이루는 타워 브리지의 드라마틱한 사진을 찍을 수 있다. 반드시 해가 완전히 진 후 방문해야 제대로 된 야경을 감상할 수 있다.

 런던탑 내부를 관람하려면 오후 5시(겨울 4시) 이전에 가야 한다. 런던탑은 원래 왕실의 성이었으나 정치범의 투옥, 고문, 처형 등이 거듭되어 비극의 무대가 된 곳으로 왕실의 보물과 고문 도구들이 전시되어 있다. 특히 세계 최대 다이아몬드인 '아프리카 별'이 유명하다.

 타워 브리지의 야경을 보면서 저녁 식사를 하기에 좋은 곳으로 웨더스푼 Wetherspoon 식당을 추천한다. 식당은 1층과 2층으로 되어 있으며 주문 방법은 테이블을 정하고 카운터에 가서 요리를 주문하고 돈을 지불한다. 이때 테이블 번호를 알려주면 식사를 가져다준다. 물론 맥주 등 음

| 피시앤칩과 기네스 맥주

료수는 주문과 함께 바로 내어 준다. 식당 한편에는 여러 가지 소스를 준비해 놓았는데 식사를 기다리면서 가져와 스스로 세팅을 하면 된다. 웨더스푼 식당은 영국 전역에 위치한 유명 체인 식당으로 다양한 메뉴를 갖추고 있으며, 그중 피시앤칩Fish & Chips은 직접 만들어 갓 튀겨서 나오는 음식으로 입안에서 씹히는 바삭함과 깔끔한 뒷맛이 수준급이다.

피시앤칩 외에 추천 음식은 치킨 시저 샐러드와 함께 먹는 라자냐를 들 수 있다. 시저 샐러드는 파르마 치즈와 양상추와 구운 빵 조각을 옛날 황제들이 즐겨 먹는 드레싱으로 맛을 낸 샐러드이다. 이태리 대표 음식인 라자냐는 넓고 납작한 판 모양의 파스타로 토마토와 레드 와인을 곁들인 소고기와 베이컨, 허브 소스와 치즈를 층층이 쌓아 오븐에 구운 요리이다.

식사와 함께 영국을 대표하는 흑맥주 기네스를 곁들이면 풍미를 더한다. 풍부한 거품이 특징인 기네스는 알코올 도수 5도 정도의 맥주로 쌉싸래하지만 쓴맛이 느껴지지 않고 고소하면서 커피 같은 진한 맛이 느껴진다.

플러스 α

피시앤칩은 대구, 가자미, 광어 등을 튀겨서 튀긴 감자와 함께 나오는 영국의 대중 음식이다. 산업혁명 이후로 런던 및 맨체스터에서 일하는 공장 노동자들은 집으로 돌아가 점심 먹을 시간이 부족했다. 또한 1860년 증기선에 의해 트롤 어업이 가능해 많은 양의 생선을 공급할 수 있게 되었다. 이러한 두 가지 조건에 의해서 탄생한 것이 피시앤칩이다. 제2차 세계 대전 이후 피시앤칩 식당이 늘어나면서 도시 주민들이 손쉽게 먹을 수 있게 되었고, 이제는 영국을 대표하는 서민 음식이 되었다. 피시앤칩은 보통 전문 식당보다는 포장마차나 패스트 푸드점 등에서 서서 먹거나 집으로 가져가 먹는 음식이었는데 최근에는 생선 값이 비싸지면서 고급 음식으로 변하고 있다.

찾아가는 길

지하철 순환선Circle Line과 지역선District Line을 이용해서 타워힐Tower Hill 역에서 하차한다.

09 런던: 해리 포터 스튜디오 Harry Porter Studio

● 근래에 전 세계적으로 남녀노소 가리지 않고 흥행에 성공한 작품으로 〈해리 포터〉 시리즈를 빼놓을 수 없다.

영화 〈해리 포터〉는 런던을 배경으로 많은 장면을 찍었다. 〈해리 포터와 죽음의 성물〉에서 해리와 론, 헤르미온느가 데스 이터death eater들에게 습격을 당한 머글 카페 장면은 피카딜리 서커스Picaddily Circus에서 촬영되었으며 〈해리 포터와 혼혈 왕자〉에서 사악한 마법으로 출정하다 무너지는 장면은 밀레니엄 브리지Millennium Bridge에서 촬영되었다. 〈해리 포터와 불사조 기사단〉 역시 런던의 명물 런던아이London Eye를 배경으로 촬영하였다.

해리 포터 시리즈에서 가장 유명한 런던의 명소는 킹스크로스St.Kings Cross역이다. 1852년에 세워진 이 역은 매년 4,700만 명이 이용하는 런던 교통의 중심지이자 파리로 넘어가는 유로스타 역과 연결되어 있어 많은 여행자들이 찾는다. 킹스크로스 역에는 해리가 마법 학교 호그와트로 가기 위해 이용하는 9와 3/4 플랫폼이 있다. 실제 벽돌 벽에 반쯤 박혀 있는 이동 카트가 벽 속으로 들어가는 순간을 재현하고 있어 킹스크로스 역을 찾는 여행자라면 누구나 기념 사진을 찍는 곳이다.

| 킹스크로스 역
호그와트로 가는 9와 3/4 플랫폼

〈해리 포터〉 시리즈는 영국의 작가 조앤 K. 롤링이 쓴 판타지 소설이다. 1997년에 처음 출간되어 지금까지 67개 언어로 번역되어 4억 5천만 부 이상 판매되었으며, 2001년에 워너 브러더스가 첫 영화를 제작하고 2011년 7월 초에 마지막 편이 개봉되면서 10년 대장정의 마침표를 찍었다. 영화만으로도 70억 달러가 넘는 수입을 거두었다.

영화의 인기를 반영하여 2012년 3월에 해리 포터 런던 스튜디오가 완성되었다. 단일 영화만을 테마로 만들어진 세계 최초의 스튜디오이다. 스튜디오를 방문하면 입구에 해리 포터가 살았던 계단 밑 방이 나오고

| 해리 포터 박물관 내부
왼쪽_호그와트 식당 **오른쪽**_호그와트 교장 알버스 덤블도어의 재현 모습

이곳을 지나 입장하면 영화관이 나온다. 이곳에서는 특수 촬영을 이용해 찍은 해리 포터의 박진감 넘치는 여러 장면을 보여준다. 영화는 호그와트 마법 학교 식당으로 가는 큰 문이 나오면서 끝난다. 조금 후 영화 속의 문이 실제의 문이 되어 열리고 문 안으로 호그와트 식당과 대강당이 펼쳐진다. 대강당에는 영화 속에서 연출되었던 테이블과 그릇 그리고 잔이 놓여 있고 강당 앞으로 알버스 덤블도어, 세베루스 스네이프, 사이빌 스킬로니 등 밀랍으로 만든 담당 교수들이 서 있다.

다음 세트장으로 이동하면 호그와트로 가는 길과 호그와트 마법 학교 미니어처 등 다양한 볼거리가 넘친다. 특히 그린핀도르 기숙사와 마법부 그리고 비밀의 방 등 영화에 사용된 세트장에서 생동감 있게 해리 포터를 느낄 수 있다. 가장 눈길을 끄는 것은 마법 빗자루 체험이다. 마법 빗자루 체험은 마법 빗자루를 타고 특수 촬영된 영상 속을 체험할 수 있는 곳으로 마법 학교의 가운을 입고 마법 빗자루 위에 앉으면 어느덧 해리 포터와 함께 마법의 학교 위를 날고 있는 자신을 영상 속에서 발견하게 된다.

두 번째 스튜디오를 빠져나와 밖으로 나가면 해리 포터가 살았던 런던 프리벳 가의 집과 해리 포터가 타고 런던을 종횡 무진했던 2층 버스, 호그와트로 가는 무너지는 다리가 기다린다. 이곳 야외 식당에서 파는 맛있는 버터 맥주를 맛보자.

세 번째 스튜디오로 들어서면 영화에 사용되었던 각종 가면과 길가의 세트장들이 나오고 마지막으로 마법 지팡이를 파는 다이애건 앨리 가게가 환상적으로 연출되어 있다. 특히 이곳에 있는 위즐리 형제의 빨간 장난감 가게에서는 입체적으로 움직이며 관람자의 눈길을 사로잡는 빨간 모자 아저씨를 볼 수 있다. 세 번째 스튜디오의 마지막 코스는 호그와트의 미니어처이다. 희미한 빛 속에 펼쳐진 호그와트 미니어처는 보는 순간 그 섬세함과 사실감에 감동한다. 미니어처 주변에 모니터가 있어 40일 동안 미니어처 제작 과정과 제작 후 어떻게 촬영되어 영화에 사용되었는지를 소개해 흥미를 더한다.

| 호그와트로 가는 무너지는 다리

〈해리 포터〉 시리즈의 내용을 모른다면, 여행을 떠나기 전에 영화를 보거나 소설을 읽고 간다면 더욱 재미있게 관람할 수 있다.

해리 포터 런던 스튜디오 예약 사이트 www.wbstudiotour.co.uk

 찾아가는 길

• **기차 타고 가는 법**
런던 유스턴 London Euston 역에서 기차를 타고 와포드 정션 Warford Junction 역에서 하차(20분 소요) 후 셔틀 버스 Mullany's Coaches를 이용한다.
〈셔틀버스 이용〉
매 30분마다 운행, 15분 소요, 스튜디오 티켓 또는 예약 확인 메일(booking confirmation) 필수
요금: 편도 1.5파운드, 왕복 2파운드(투어 시작 45분 전에는 도착해야 한다.)

• **런던 시내에서 직행 버스를 타고 가는 법**
매일 3회 운행하며 출발시간 15분 전까지 탑승 완료, 1시간 30분 소요
오전 10시 투어 – 빅토리아 출발 오전 8시, 스튜디오 출발 오후 1시 30분
오후 1시 투어 – 빅토리아 출발 오전 11시, 스튜디오 출발 오후 4시 30분
오후 4시 투어 – 빅토리아 출발 오후 2시, 스튜디오 출발 오후 7시 30분
버스 요금: 어른 55파운드, 어린이(5-15세) 50파운드, 패밀리(어른 2,어린이 2) 189파운드
버스 타는 곳: 런던 빅토리아 스테이션 Golden Tours Visitor Centre Victoria
직행 버스 Golden Tours Coach 예약: www.goldentours.com/partner/wbstudiotour

10 런던:
국회의사당 House Of Parliament 과 민주주의

● 흔히 런던의 대표적인 이미지로는 빨간 2층 버스와 검은 모자, 빨간 제복을 입은 근위병 그리고 빅 벤이 있는 국회의사당을 떠올린다. 그 중 런던을 여행하고 나면 가장 기억에 많이 남는 것이 빅 벤이다. 파리 여행자가 에펠탑을 보고야 비로소 파리에 왔음을 실감하듯, 런던 지하철 역을 나서는 순간 바로 보이는 거대한 빅 벤 Big Ben을 보면서 런던 여행의 전율을 느낀다.

20세기 최고의 건축물 중의 하나인 런던아이와 함께 템스 강변에 있는 국회의사당 House Of Parliament을 제대로 보기 위해서는 웨스트민스터 브리지를 건너 런던 아이 London Eye가 있는 맞은편으로 가야 한다. 이곳에 서면 템스 강 위로 장엄하게 펼쳐져 있는 국회의사당의 전체 모습을 볼 수 있다.

의회 민주주의를 전 세계에 심어 놓은 런던 국회의사당은 원래 웨스

| 국회의사당

왼쪽_국회의사당 앞 공원 **오른쪽**_빅 벤은 큰 종이라는 뜻에서 빅과 시계탑의 설계자였던 벤자민의 앞 글자에서 유래한다.

트민스터 사원Westminster Abbey과 함께 웨스트민스터 궁전의 일부였다. 당시 목조 건물이던 웨스트민스터 궁전은 1843년 대화재로 유실되었다가 1848년 수학자이자 건축가 찰스 베리가 설계하여, 48년간의 공사 끝에 지금의 모습을 갖추게 되었다. 빅 벤이 있는 시계탑은 하원을 상징하는 것으로 벤자민 홀이라 불리며 반대편에 우뚝 솟은 빅토리아 타워는 상원을 상징한다. 빅 벤이라는 이름은 큰 종이라는 뜻에서 빅Big과 시계탑의 설계자였던 벤자민Bensamin의 앞 글자에서 유래되었으며, 제2차 세계대전 당시 나치의 폭격에도 보존되어 영국인들에게 희망의 상징이 되었다.

 국회의사당 정문을 지나면 의사당 앞마당에 있는 올리버 크롬웰Olive Kromwell 동상이 있다. 크롬웰 동상은 길 건너 맞은편, 세인트 마가렛 교회의 뒷문에 있는 찰스 2세의 흉상과 서로 마주보며 영국 민주주의의 역사를 함축적으로 나타내고 있다.

 영국은 절대주의 왕권의 영향에서 벗어난 1215년에 왕이 마그나 카르타를 승인한 이후 무소불위의 권력을 휘두르는 군주는 사라졌다. 민주주의의 기본이 되는 마그나 카르타에는 영주와 주교, 귀족의 동의가 있어야만 왕이 세금을 징수할 수 있다고 규정돼 있었다. 규정의 위반 여부는 고위 귀족회의가 감시했고, 세월이 흐르면서 이 회의는 둘로 나뉜 영국식 의회로 자리 잡았다. 고위 귀족과 주교는 상원, 시골의 기사와 시민은 하원에 속하게 되었다.

마그나 카르타 이후 17세기 초까지 모든 왕은 의회와 협력해야 한다는 규정을 잘 지켰지만, 1625년 찰스 1세가 왕이 되자 상황은 돌변했다. 찰스 1세는 신에게 선택받은 지배자는 자기 마음대로 통치할 수 있다고 주장하며 의회와 대립했다. 왕과 의회의 갈등은 내전으로 이어지고 의회 편 군대는 급진적 청교도이자 자신을 '신의 전사'라 칭하는 올리버 크롬웰이 지휘했다. 두 차례의 결전에서 승리를 거둔 크롬웰은 자기와 뜻을 같이하지 않고 왕과 협상하고 싶어하는 사람들을 의회에서 쫓아내고 왕을 재판에 회부해 사형 선고를 내렸다.

1649년 1월 30일 찰스 1세는 런던의 궁전 앞에서 참수됐다. 세계 역사상 처음으로 국민의 봉기가 왕의 생명을 앗아간 사건이었다. 그 후 영국은 크롬웰을 정부 수반으로 하는 공화정을 선포했지만 얼마 못 가 그 또한 과거의 왕과 마찬가지로 의회와 국민의 권리에는 관심이 없다는 사실이 드러났다. 1653년 그는 종신 호국경 자리에 올랐고, 군대를 이용해 독재자처럼 나라를 다스렸다. 크롬웰은 더 나아가 국왕의 자리를 넘보았으나 1658년에 병사하였다. 사인은 인플루엔자였다. 크롬웰의 사후 호국경으로서 권력은 그의 아들인 리처드 크롬웰에게 넘어가지만 크롬웰식 공화정에 염증을 느낀 국민은 다시 왕을 원해 1660년에 찰스 2세를 국왕으로 맞이한다. 왕정 복고 후 왕을 시해했다는 명목으로 찰스

1세가 죽은 1월 30일에 크롬웰의 시신은 무덤에서 꺼내어져 부관참시가 행해지고, 그의 추종자들도 교수형을 당한다.

영국인은 왕을 원하면서도 강력한 의회를 통해 왕권을 견제하고자 하였다. 1660년 왕이 된 찰스 2세는 의회의 권리를 지키겠다고 맹세했지만 그 역시 무소불위의 권력을 추구했다. 하지만 의회의 압력에 의해 찰스 2세의 뒤를 이은 제임스 2세는 프랑스로 도망쳤고, 윌리엄과 메리가 왕위에 오르며 권리장전에 서명했다. 권리장전은 영국 의회와 시민에게 기본권을 보장하며 법원의 판결 없이는 누구도 처형하거나 감금할 수 없게 했다. 1689년 당시 이런 기본권의 확정은 혁명적 사건이었다. 유럽 대륙에서 대부분의 나라들이 프랑스의 루이 14세의 모델에 따라 절대 왕정을 펼치던 시기, 영국은 의회를 중심으로 한 새로운 권리와 지도력을 쟁취했다. 그것은 우리가 현재 누리는 민주주의 평등 사회의 단초가 되었다.

플러스 α

국회의사당 뒤로 있는 웨스트민스터 브리지를 건너면 런던의 명물 런던아이가 나온다. 여기서부터 템스 강을 따라 런던 현대 미술관 데이터모던을 지나 런던 시청까지의 강변길은 여름이면 환상적인 산책로로 변한다. 산책로를 걷다 보면 런던 탑, 타워 브리지, 밀레니엄 브리지 등 고색창연한 런던의 건물들이 줄지어 나오고, 곳곳에서 펼쳐지는 거리 예술가들의 연주는 산책로를 찾는 여행자들로 하여금 시간을 잊게 한다.

찾아가는 길

지하철 지역선 District Line 또는 순환선 Circle Line 웨스트민스터 Westminster 역에서 하차한다.

11 런던 근교: 그리니치 천문대 Greenwich Observatory

● 런던 근교의 그리니치 Greenwich는 수풀이 우거진 여름이면 거대한 공원으로 변모한다. 드넓게 펼쳐진 푸른 잔디 위로 많은 사람이 삼삼오오 모여 푸른 초원과 햇살을 즐긴다. 여름도 좋지만 다른 계절에도 많은 여행자가 이곳을 찾는 이유는 볼거리가 넘치기 때문이다. 1869년 스코틀랜드에서 건조된 963톤 규모의 영국에 유일하게 남아 있는 쾌속 범선 커티삭 호를 비롯해 나폴레옹을 무찌른 넬슨 함대의 전략과 위용을 느낄 수 있는 국립 해양 박물관, 회화 작품을 전시하고 있는 퀸즈하우스 등이 이곳에 있다. 물론 하이라이트는 그리니치 왕립 천문대이다.

그리니치 천문대는 1675년 찰스 2세 때 만들어졌다. 1930년대, 런던 시가지가 스모그와 먼지, 고층 건물 등 공해가 심해 관측이 곤란해지자 천문대는 1945년 그리니치 남쪽 서섹스 주 허스트몬슈로 이전하였다. 1970년에 천문대는 다시 카나리아 제도의 라팔마스로 옮겨 관측 업무

| 그리니치 천문대
오른쪽_그리니치 천문대에서 가장 인기 있는 지구본으로 경도에 따라서 시간을 표시한다.

를 수행하였고, 1990년에 천문대 본부를 케임브리지Cambridge로 옮겼으나 그리니치 천문대라는 명칭은 계속 사용하고 있다.

그리니치 천문대는 17~18세기에 서양이 전 세계를 지배하는 결정적인 계기를 제공하는 상징적인 의미를 가진다. 당시에는 경도를 정확하게 측정하는 방법을 몰라 정확한 해양 지도를 만들 수 없었다. 항해 중 불쑥 나타난 섬에 충돌하여 난파되기도 하고 흔히 알려진 길로만 가다가 해적에게 당하기도 하는 등 많은 어려움을 겪었다. 이에 정확한 경도를 알아내기 위해 상금을 걸고 공모한 결과 많은 시계공과 학자들이 참여했다.

마침내 어떠한 기상에도 정확하게 경도를 알려주는 해상 시계를 시계공 존 해리슨이 만들었다. 목수의 아들로 태어난 그는 독학으로 기계학을 배웠다. 당시 최고의 시계는 윌리엄 클레멘트가 만든 탈진기를 사용

| 해상 시계 H-3
세계 최초로 해상에서 경도에 따른 정확한 시간을 알려주는 시계로 존 해리슨이 발명하였다.

해 만든 것이었는데 온도 차에 따라 시간이 달라지는 문제점이 있었다.

1726년 해리슨은 온도 차에 영향 받지 않는 시계를 발명했으며 태엽을 감는 도중에도 시계가 계속 움직이게 하는 장치도 발명하였다. 그는 1761년 해상에서도 정확한 경도 시계 H-3호를 만들었으며 다음 해 정밀도가 높고 휴대가 간편한 항해용 시계 H-4호를 완성했다. 이 시계는 자메이카까지 대서양 횡단 항해를 하는 61일 동안 5초의 오차밖에 없었다. 그러나 해양 시계 발명자가 학자가 아닌 하찮은 시계공이라는 논란에 싸여 발명 당시에는 인정을 받지 못하다가 1777년에야 공로를 인정받아 상금을 받았다.

해상 시계로 서구 사회는 경도에 입각한 정확한 시간을 측정하여 지도를 만들 수 있었고, 이를 바탕으로 해상을 누비며 세계를 지배할 수 있었다. 그리니치 박물관에는 당시에 만들었던 해양 시계 H-1부터 H-4를 전시해 놓고 있으며 시계는 아직도 작동되고 있다.

천문대에 입장하면 천문대 정원이 나온다. 정원에는 시간으로 세계의 동서를 나누는 본초 자오선이 있다. 그 위로 다리를 벌리고 서서 사진을 찍으려는 방문자들이 북적인다. 본초 자오선을 지나 천문대에 입장하면 시계와 천문 관측 기기들이 전시되어 있다.

이곳에서 해리슨이 최초로 개발한 해상 시계와 본초 자오선에 있는 표준시에 따른 전 세계 시간을 알 수 있는 지구본을 볼 수 있는데 본초 자오선이 북극점을 지나 영국, 프랑스, 스페인, 알제리, 토고, 가나를 지나 다시 북극점으로 이어지는 것을 확인할 수 있다. 아쉬운 것은 우리나라와 일본 사이의 바다인 동해가 'SEA OF

| 본초 자오선
천문대 정원에 있는 본초 자오선에서 기념 사진을 찍는 관광객

JAPAN'으로 표기되어 있다는 점이다. 국제 지도 제작 협회에 일본이 우리보다 먼저 등록해서 그렇다고 한다.

　마지막 방문지는 천체를 관찰할 수 있는 거대한 천체 망원경이다. 아이작 뉴턴 망원경이라고 하는 이것은 지름만 249cm로 천체 관측과 시각 측정에 사용되었다.

　천문대를 내려와서 해양 박물관과 커티삭 호 전시관을 놓치지 말고 방문하자. 해양 박물관에서는 영국 해양 기술의 총본산인 다양한 종류의 선박 모형들을 꼼꼼하게 볼 수 있으며, 커티삭 호 전시관에서는 사람을 압도하는 거대한 범선의 내부 구조와 아름답게 조형된 전시관의 세련미를 즐길 수 있다.

 플러스 α

역으로 돌아오는 길에 센트럴 마켓에 방문해 보자. 센트럴 마켓은 책과 골동품 그리고 각종 먹거리를 파는 벼룩시장이다. 여행자의 출출한 배를 채워 주는 것은 물론 다양한 물건들이 아기자기한 볼거리를 제공한다.

 찾아가는 길

런던 시내에서 약 30분 거리에 있는 그리니치를 방문하려면 하룻동안 런던 지하철과 버스를 마음대로 탈 수 있는 런던 일일권 One Day Travel Card이 편리하다. 지하철 타워 힐 Tower Hill 역에서 나와 왼쪽으로 가면 타워 게이트웨이 Tower Gateway 역이 나온다. 2층으로 올라가서 DLR백튼 DLR Beckton 행 경전철을 타고 두 번째 정류장인 라임하우스 Limehouse 역에서 내려 그 플랫폼에서 다시 루이스햄 Lewiseham 행 경전철로 갈아타고 커티삭 Cutty Sark 역에서 내리면 된다.

개장 시간: 10:00~17:00　　　　　　　마지막 입장: 16:30
휴일: 12/24~26

12 런던 근교:
옥스브리지 Oxbridge

● 영국인들의 자존심이자 오랫동안 경쟁 관계를 유지하고 있는 영국을 대표하는 대학 도시로 옥스퍼드와 케임브리지가 있다. 두 도시 모두 세계적인 명문 대학 도시이다. 명문 대학의 낭만과 전원 풍경의 평화로움을 맛보고 싶은 여행자라면 옥스퍼드와 케임브리지를 방문하자.

옥스퍼드Oxford와 케임브리지Cambridge 두 대학의 학풍은 매우 대조적이다. 옥스퍼드가 인문학, 법학, 사회학 등에 강세를 보인다면, 케임브리지는 자연과학에서 최고인 대학이다. 우리나라에서 연세대와 고려대를 연고대라고 부르듯 이곳에서는 두 대학을 합쳐서 옥스브리지Oxbridge라고 부른다. 두 대학은 영국을 대표하는 라이벌로 매년 벌어지는 두 대학의 조정 경기를 보기 위하여 10만 명이 넘는 인파가 템스 강으로 몰려든다.

'소(OX)가 개울(FORD)을 건너다'라는 뜻을 가진 옥스퍼드의 하이라이트는 크라이스트 처치 컬리지Christ Church College이다. 이곳은 200년 동안

| 옥스브리지
왼쪽_옥스퍼드 대학 오른쪽_케임브리지 대학

무려 13명의 영국 수상을 비롯해 수많은 유명 인사를 배출해 냈으며 우리에게 잘 알려진 〈이상한 나라의 앨리스〉의 저자인 루이스 캐롤이 수학 교수로 재직하였다. 특히 이곳에 많은 여행자들이 찾는 이유는 영화 〈해리 포터〉의 배경이 된 곳이기 때문이다. 〈해리 포터〉에서 부엉이가 날았던 호그와트 마법 학교의 대연회 장면을 찍은 곳이 바로 이곳 대강당으로 현재 학생 식당으로 사용하고 있다. 실제로 보면 생각보다 작은 크기라 실망할 수도 있으나, 양쪽 벽면에 걸려 있는 학교 출신 유명 인사의 초상화와 고딕 양식의 식탁에 가지런히 놓인 접시와 포크들이 자아내는 분위기는 영화 속 감동을 느끼기에 충분하다. 아직도 이곳에서는 교수들과 학생들이 함께 식사를 한다는 사실이 생동감을 더한다.

캠^{Cam} 강의 다리라는 뜻의 케임브리지는 전원 풍경이 뛰어난 곳으로 우아하고 섬세한 대학 건물들이 즐비해 있어 펀딩^{Punting}을 즐기며 이색적인 아름다움을 만끽하기에 적합하다. 펀딩이란 칼리지와 칼리지 사이를 흐르는 얕은 강바닥을 노 대신 기다란 창대로 강바닥을 밀어서 운행하는 일종의 유람선이다. 천천히 흘러가듯 내려가는 배를 타고 킹스 칼리지와 퀸스 칼리지 그리고 수학자의 다리를 지나면 지성과 자연이 만

| 옥스퍼드 지역

대학 부근 캠강에서 노를 젓는 쇼퍼는 케임브리지 대학 학생들이 아르바이트로 하는 경우가 많다.

들어내는 하모니에 흠뻑 빠진다. 노 젓는 쇼퍼 Chauffeur는 케임브리지 학생이 아르바이트로 하는 경우가 많으며 영국식 발음으로 주변 경치에 대한 설명도 들을 수 있어 멋진 추억을 만들 수 있다.

관광 명소들이 즐비한 화려한 런던에 비해 옥스브리지는 거리마다 중세 시대의 대학 건물들이 자리 잡고 있어 어디를 가든 영국 전통의 무게감과 더불어 명문 교육 도시다운 자태가 느껴진다. 이곳 대학에서는 처음 입학하면 2학년까지 전공보다는 교양에 치중하여 육체와 정신이 조화된 인격 양성을 목표로 한다고 한다. 아름다운 전원과 중후하면서 우아한 대학 건물 그리고 세계적인 인재들을 지속적으로 양성하는 옥스브리지는 자녀가 있는 여행자라면 단연 최고의 의미 있는 여행지이다.

 찾아가는 길

런던 빅토리아 코치 Victoria Coach 역에서 출발하는 버스를 타면 두 지역 모두 1시간이면 도착한다.

13 스코틀랜드:
애든버러 Edinburgh

● 　구시가 전체가 세계 문화유산으로 지정되어 있는 에든버러 Edinburgh는 스코틀랜드의 수도로 16세기의 집부터 웅장한 빅토리아 시대의 건물 등 도시 곳곳이 기품 있는 건물로 가득하다. 특히 이 도시는 북유럽에 위치해서 도시 전체에서 뿜어 나오는 청정 공기로 시내 중앙에 있어도 가슴 속까지 시원하다. 한여름인데도 마치 산소 탱크에 들어와 있는 것 같은 상쾌함을 느낄 수 있다.

　북방의 아테네라고 부르는 에든버러 관광의 시작은 에든버러의 관문인 웨벌리 Waverley 역에서 시작한다. 웨벌리 역에서 프린세스 스트리트를 따라 서쪽 방향으로 가면 공원 중앙에 스코틀랜드의 관문인 스콧 기념탑 Scott's Momument이 나온다. 61.11m 높이의 위엄 넘치는 탑은 시내 어디를 가도 보이는 에든버러 랜드마크이다. 1832년 세상을 떠난 이곳 출신 문학가 월터 스콧을 기념하기 위해 지은 탑으로 동시기에 건설되던 런던의 넬슨 기념탑보다 높게 짓기 위해 완공일을 늦추어 가며 경쟁 의식을 불태웠다. 그 결과 스콧 기념탑은 넬슨 기념탑 55m보다 5m 이상 높은 탑으로 탄생했다. 잉글랜드에 대한 스코틀랜드의 경쟁 의식과 더불어 영국이라는 나라의 정체성을 보여주는 좋은 사례이다. 영국은 브리튼 섬과 잉글랜드 스코틀랜드 웨일스와 북아일랜드로 구성된 연합국이다. 하나의 국가이지만 각각의 고유한 정체성을 가지고 있어 월드컵

| 스콧 기념탑
문학가 월터 스콧을 기념하여 세운 탑

등 국제적인 경기에도 각기 출전한다. 그중 가장 자존심이 강한 곳이 스코틀랜드이다.

스콧 기념탑을 등지고 공원 오른쪽으로 가면 렘브란트, 드가, 르누아르 등의 작품이 있는 내셔널 갤러리 National Gallery가 있으며, 그 뒤편으로 올드 타운과 에든버러 성이 있다. 도심 중앙에 있는 에든버러 성에 오르면 화려한 바로크 양식을 지닌 도시의 아름다움이 한눈에 들어온다. 성으로 입장하면 성에서 가장 오래된 마가레트 예배당과 스코틀랜드 왕들이 앉아서 대관식을 했던 운명의 돌 그리고 성 캐드린 예배당 등이 나온다. 마가레트 예배당은 맥베스가 죽인 덩컨 왕의 며느리 마가레트 11세가 건립한 것으로 한때는 510mm의 대포알을 보관하던 창고로 쓰이는 비운의 역사를 가지고 있다.

에든버러 성 Edinburgh Castle에서 홀리루드하우스 궁전에 이르는 길인 로

| 애든버러 구시가
왼쪽_구시가 지역 전체가 세계 문화유산으로 지정되어 있다. **오른쪽**_애든버러 성은 구시가에서 가장 높은 곳에 위치하고 이곳에서 애든 버러 축제 때 다양한 행사가 펼쳐진다.

얄 마일을 따라 내려가면 중후하면서 기이한 건물들과 자갈로 만든 경사진 바닥의 울퉁불퉁함이 중세의 길을 걷는 듯 투박한 경험을 제공한다. 로얄 마일Royal Mile 길에 있는 스코틀랜드의 종교 개혁을 이끌었던 자일스 대성당은 그냥 지나치지 말고 방문하자. 나뭇조각으로 만든 화려한 예배당과 왕관 모양의 뾰족한 지붕 그리고 정교하면서 세련된 스테인드글라스의 아름다움이 빛나는 곳이다.

로얄 마일 길 끝에 있는 홀리루드하우스 궁전Place of Hovroodhouse은 2002년 왕실에서 소장한 예술 작품들을 전시하는 '퀸즈 갤러리'가 생기면서 개방하게 되었다. 이곳은 영국의 여왕인 엘리자베스 2세가 스코틀랜드를 방문할 때 머물렀던 곳으로 역대 스코틀랜드 왕들의 초상화와 메리 여왕이 살던 '여왕의 거실'이 있다. 홀리루드하우스 궁전은 '죽기 전에 꼭 보아야 할 세계 역사 유적 1001'에 포함된다.

홀리루드 궁전을 나와 뒤로 보이는 절벽 끝에 있는 봉우리가 '아서의 시트'이다. 아서 왕이 이곳에 앉아 병사들이 퇴각하는 모습을 보았다는 것에서 그 이름이 유래한다. 해발 251m의 이 언덕은 보기에는 높아 보이나 30분 정도면 올라갈 수 있다. 이곳에 오르면 에든버러 시내와 장대하게 펼쳐진 북유럽의 바다가 여행자를 반긴다.

시간 여유가 있는 여행자라면 에든버러 위쪽 지역인 하이랜드^{Highland} 투어를 강력 추천한다. 영화 〈브레이브 하트〉와 〈007 스카이폴〉의 촬영지로 잘 알려진 글렌코^{Glencoe}와 상상을 뛰어넘는 스케일의 원시적인 자연을 간직한 그레이트 글렌^{The Great Glen}, 상상 속의 괴물 네시가 살고 있는 네스 호까지 숨 막힐 듯 아름다운 하이랜드의 매력이 기다리고 있다.

플러스 α

에든버러 축제
매년 8월 마지막 2주와 9월 첫째 주에 열린다. 세계 각지에서 모인 유명한 음악인, 연극인, 오페라 그룹들의 문화 공연이 진행된다. 가장 큰 행사는 밀리터리 테투^{Military Tattoo} 행진으로 치마를 입은 수백 명의 스코틀랜드 병정들이 백파이브를 연주하며 행진한다. 페스티벌 기간에는 숙소가 거의 없으니 사전 예약이 필수이며, 티켓은 5월부터 축제 사무실이나 인터넷으로 구입할 수 있다.

하이랜드 일일 투어
에든버러 시내에 가면 현지 여행사가 즐비해 있어 하루 전날 현지에서 투어 신청이 가능하다. 여행사를 찾기가 힘들다면 웨벌리 중앙역에 있는 인포메이션 센터에서 신청하면 된다. 하이랜드+네스 호 투어가 가장 일반적이다.

스카치 위스키 박물관
에든버러 성 입구에 있다. 스코틀랜드의 상징인 스카치 위스키에 대한 모든 것을 알 수 있다. 시음은 물론이고 관람차를 타고 가면서 제조 과정도 구경하고 저렴한 가격에 구입할 수도 있다.

찾아가는 길

런던 킹스크로스^{Kingscross} 역에서 에든버러 웨이빌리^{Waverley} 역까지 1시간에 1대씩 열차가 출발하며 4~5시간 소요된다. 배낭여행을 하는 여행자라면 에든버러에서 저가 항공을 타고 대륙으로 이동하면 경비도 저렴하고 이동도 간편하다. 런던에서 22시에 출발하는 야간 버스를 이용하면 시간과 경비를 아낄 수 있으나 힘든 일정이라 권하고 싶은 방법은 아니다.

프랑스

France

14 남부: 마르세유 Marseille

●   도시 한가운데로 솟아 있는 산 위로 성당이 자리 잡고 있어 신비로운 분위기에 휩싸인 마르세유는 오랜 역사와 화려한 문화유산으로 2013년 유럽 문화의 중심 도시로 선정되었다. 하룻밤 머물며 천천히 도시를 돌아본다면 어느 하나 소홀히 대할 것이 없다.

먼저 항구에서 60번 버스를 타고 15분 정도 가파른 언덕을 오르면 마르세유가 한눈에 들어온다. 북쪽으로는 끝없이 펼쳐진 시가지와 은빛 축구장인 스타드 벨로드롬 Le Stade Velodrome 이 무게감 있게 버티고 있고, 남쪽으로는 〈몬테크리스토 백작〉의 배경이 되었던 이프 섬이 싱그러운 지중해 위로 떠 있다.

버스 정류장에서 언덕을 오르자마자 노트르담 드 라 가르드 Notre Dame de la Garde 가 나온다. 다른 성당에서는 볼 수 없는 배 모양의 장식 위로 금빛 도금된 아담한 본당이 우뚝 서 있다. 천사 미카엘이 성모 마리아에게

| 노트르담 드 라 가르드

 예수를 임신했다는 사실을 알려주는 수태 고지의 장면이 둥근 천장의 열을 따라 그려진 본당 안에는 바다를 앞에 둔 성당답게 바다를 주제로 한 이야기들을 새긴 조각들이 가득하다.

 본당이 너무 아름다워 몇 번이고 뒤돌아보다가 성당을 나서면 탁 트인 지중해가 눈앞에 펼쳐진다. 바다와 함께 기쁨과 즐거움, 슬픔과 분노를 만끽한 마르세유 사람들에게 바다는 생명과 같은 곳으로 바다 특유의 싱싱함이 거리마다 넘친다.

 항구에는 〈몬테크리스토 백작〉의 배경인 이프If 섬으로 향하는 유람선이 30분 간격으로 출발한다. 몬테크리스토 백작이 14년 동안 갇혀 있었던 이프 섬은 마르세유를 찾는 관광객들에게 가장 인기 있는 장소이다. 소설 속의 주인공 에드몽 단테스는 결혼을 위해 마르세유에 돌아왔다가 억울한 누명을 쓰고 14년 동안 이프의 감옥에 갇힌다. 감옥 속에서 만난

이프 섬
〈몬테크리스토 백작〉의 배경이 된 섬이다.

죄수로부터 몬테크리스토 섬에 숨겨진 보물을 알게 된 에드몽은 섬을 탈출한 뒤 몬테크리스토 백작으로 변신하여 희대의 복수극을 벌인다.

이프 섬은 원래 항구를 방어하기 위한 요새였지만 별다른 전투를 치른 적은 없다. 대신 감옥으로 바뀐 뒤 면회가 완전히 금지된 중범죄자를 수용하면서 악명을 떨치게 되었다. 그중에는 수천 명의 신교도들과 프랑스혁명 참여자들도 있었다.

이프 섬을 다녀와서 노을이 질 무렵 바다 카페에 앉아 이 도시를 대표하는 독한 술 파스티스를 홀짝거리다 보면 마치 현지인이라도 된 듯이 바다에 애정을 느끼게 된다.

플러스 α

마르세유 대표 음식 부야베스Bouillabaisse는 우리의 해물탕을 연상시키는 음식으로 우리 입맛에 잘 맞는 프랑스 요리 중 하나이다. 프랑스어로 '끓이다'라는 뜻의 'bouillir'와 '떨어져 내린 것'을 뜻하는 'baisse'가 합쳐진 부야베스의 주재료는 아귀, 장어, 오징어, 돔, 새우, 조개류 등 갖가지 해산물로 강한 향을 내는 펜넬과 마늘은 어느 지역이나 빠지지 않는 것이 특징이다. 드라이한 화이트 와인을 곁들이면 맛이 일품이다.

찾아가는 길

- 리옹Lyon 역에서 테제베(TGV) 이용 시 마르세유Marseille St Charles 역까지 3시간이 소요된다.
- 항공 이용 시 파리 샤를드골 공항 또는 오를리 공항에서 1시간이 소요된다.

15 **남부:**
카르카손 Carcassonne

● 아담한 시골 역 카르카손Carcassonne 역 앞으로 강이 흐르고 강을 지나면 구시가의 입구가 나온다. 구시가 입구를 지나자 시민들의 쉼터인 광장이 나타나고 광장을 지나 강 쪽으로 가면 카르카손에서 가장 낭만적인 다리인 올드 브리지Old Bridge 와 성이 보인다.

카르카손 성 입구에 서면 거대한 성벽들로 둘러싸인 성채 위의 둥근 탑들이 시간을 중세로 돌려 놓는다. 성 안으로 들어서면 돌집들과 좁은 돌길이 보인다. 관광객들에게 기념품을 판매하는 상점은 과거에 생활필수품이나 빵을 팔던 상점이었고, 레스토랑이나 액세서리를 만드는 공방은 장인들이 생활용품과 종교용품을 만드는 공방이었다. 또한 부유층과 귀족들이 사용하던 역사적인 건물 역시 호텔이나 공공건물로 이용되고 있어, 어느 곳을 방문해도 중세 사람들의 삶을 경험해 볼 수 있다.

시테에서도 가장 안쪽에 있는 요새 콩탈 성Le Château Comtal은 카르카손

| 콩탈 성
12세기 말 카르카손을 다스리던 영주가 살던 이곳은 성을 둘러싼 외호와 5개의 탑, 방어용 목조 회랑으로 구성되어 있다.

관광의 하이라이트이다. 12세기 말 카르카손을 다스리던 영주가 살던 이곳은 성을 둘러싼 외호와 5개의 탑, 방어용 목조 회랑으로 구성되어 있다.

외호 위로 놓인 다리를 건너 곧장 2층으로 올라가 성벽을 돌면서 성의 안팎을 감상하고, 고개를 동쪽으로 돌리면 생나제르 대성당과 좁은 골목에 자리한 중세 상인들의 터전이었던 공방이 한눈에 들어오고 서쪽으로는 오드 강 너머로 붉은 지붕의 집들이 푸른 하늘을 향해 펼쳐져 있다.

성벽을 장식한 못 박힌 예수상과 마리아의 모습 등 여러 가지 섬세한 장식 마감재들이 소박하면서 경건하다. 특히 짐승과 사람의 모습으로 장식한 조각품들에서 중세 시대의 억압과 자유에 대한 갈망 그리고 종교적 힘에 의지한 영원한 삶에 대한 구원 등이 느껴진다.

성에 있는 박물관을 나와 정원을 가로질러 북쪽 입구로 올라가면 바깥쪽 성벽과 이어주는 약 30m에 달하는 리스라는 길이 나온다. 이 길을 지나 바깥쪽 성벽에 오르면 장대한 마을 풍경을 감상할 수 있다.

구시가지와 신시가지를 연결하는 올드 브리지는 오드 강 양쪽을 연결하는 다리로 19세기까지 시테와 신시가지를 연결하는 유일한 다리였고, 현재는 카르카손에서 가장 낭만적인 장소이다. 다리 아래로 내려가면 강과 숲 그리고 시테 성벽이 한눈에 보이는 산책길이 있다. 카르카손에서 가장 멋진 풍경을 선사하는 이곳을 거닐며 노을을 받아 붉게 물든 시테의 아름다움에 흠뻑 빠져보는 것도 좋겠다.

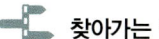

찾아가는 길

- 파리 몽파르나스 Montparnasse 역에서 테제베(TGV) 또는 특급을 타고 툴루즈 Toulouse Matabiau 까지 4시간이 소요되고, 툴루즈 역에서 카르카손 Carcassonne 역까지 50분이 소요된다.
- 마르세유 Marseille St Charles 역에서 테제베(TGV)를 타고 툴루즈까지 3시간 30분 소요, 툴루즈 역에서 카르카손 역까지 50분이 소요된다.

16 남부:
보르도 Bordeaux

- 해가 질 무렵 보르도에 들어서면, 프랑스 어디에서도 느낄 수 없는 깨끗함과 세련미가 넘치는 시내를 가로질러 강 쪽으로 나서면 인도와 차도의 구분 없이 시원하게 펼쳐진 도로 위로 푸른 하늘과 강물이 여행자의 마음을 확 트이게 한다. 자전거를 타고 마냥 달려도, 음악을 들으며 마음 가는 대로 산책을 해도 멈출 필요가 없는 시원하게 뚫린 도로이다. 보르도 관광청이 뜬금없이 최고의 여행 코스로 도심 산책을 추천하는 이유를 알 수 있다.

보르도에 오면 누구나 찾는 캥콩스 광장 Esplanade des Quinconces은 유럽에서 가장 큰 광장으로 파리 콩코르드 광장의 1.5배 크기이다. 입구에는 프랑스가 자랑하는 2명의 사상가 몽테뉴와 몽테스키외의 조각상이 서 있다. 몽테뉴는 1581년부터 보드로의 시장을 역임했으며, 몽테스키외는 미합중국 헌법과 프랑스 헌법에 큰 영향을 준 인물이다. 광장 중앙에 있

| 캥콩스 광장
왼쪽_유럽에서 가장 큰 광장으로 파리 콩코르드 광장의 1.5배 크기이다. **가운데**_몽테뉴 동상 **오른쪽**_몽테스키외 동상

는 오벨리스크는 1895년 프랑스혁명에 큰 역할을 한 지롱드 당의 당원들에게 바쳐진 것이다.

  캥콩스 광장에서 트램 길을 따라 조금 걸어가면 보르드 관광 안내소가 나오고 그 옆으로 대극장이 나온다. 파리 오페라 극장을 설계한 가르니에가 설계 당시 이 극장을 염두에 두고 있었다고 한다. 신전과 같이 원기둥이 극장의 바깥을 둘러싸고 있으며 정면에는 12개의 조각상이 배치되어 있는데 모두 신화에 나오는 여신들로 음악과 시를 담당하고 있다. 안으로 들어가 로비 정면에 있는 좌우로 올라가는 계단은 우아한 조화로움으로 지성의 극치라는 찬사를 받고 있다.

| 대극장
12개의 조각상은 모두 신화에 나오는 여신들로 음악과 시를 담당하고 있다.

  극장을 지나 강가로 나서면 보르도에서 가장 세련된 분위기를 지닌 부르스 광장Place de la Bourse

| 부르스 광장
광장 앞에 펼쳐진 워터 밀러는 멀리서 보면 호수처럼 보이지만 가까이 가면 신발이 젖지 않을 정도로 얕다.

이 나온다. 광장에는 가론 강을 향해 좌우로 포물선을 그리는 건물을 그대로 비추는 워터 밀러Water Mirror가 있다. 멀리서 보기에는 호수처럼 깊어 보이는 인공 호수인데, 가까이 다가가서 보면 신발이 젖지 않을 정도로 얕다. 해가 진 후 어둠이 내리고 분수와 주위의 조명이 들어오면 더욱 환상적인 아름다움을 선사한다.

보르도 관광 안내소에 가면 관광청에서 주최하는 다양한 코스의 와인 샤토 투어Wine Château Tour가 있다. 샤토 투어를 통해 유명 샤토를 순례하고 시음하는 일은 보르도 여행의 정점이다. 와인 샤토 투어는 대부분 관광 안내소에서 예약하며 출발도 이곳에서 한다.

보르도는 프랑스 남서부 지역에서 가장 오래된 포도 재배 지역 중 하나로 세계에서 가장 넓은 양질의 포도주 산지를 가지고 있어, 생산되는 포도주의 종류만 해도 엄청나다. 온난한 기후 조건을 가진 보르도 지역은 토양에 자갈이 함께 섞여 있어 배수가 잘되며, 강에서 흘러 들어오는 충분한 수분, 바람을 막아 주는 소나무 등 천혜의 자연환경을 갖추고 있어 포도주 산지로 부족함이 없다. 여유가 있다면 보르도의 5대 샤토 중 하나인 샤토 마르고를 다녀오자. 헤밍웨이는 샤토 마르고를 너무나 좋아한 나머지 손녀딸의 이름을 마르고Margaux로 지었다.

 플러스 α

보르도 도심에 있는 관광 안내소에 신청하면 반나절 또는 하루 소요의 와인 샤토 투어를 즐길 수 있다. 샤토 투어는 요일별로 방문하는 포도 농장이 바뀌는데 우리나라에도 잘 알려진 메독Medoc 지역은 목요일과 토요일, 생에밀리앙St.Emilion 지역은 수요일과 일요일 방문한다. 일일 투어 요금은 농장별로 94~145유로이다.

 찾아가는 길

- 몽파르나스Montparnasse 역에서 테제베(TGV)로 보르도Bordeaux St.Jean까지 2시간이 소요된다.
- 카르카손Carcassonne 역에서 보르도 역까지 3시간이 소요된다.
- 항공 이용 시 파리 샤를드골 공항에서 1시간 10분이 소요된다.

17 남부:
앙제 Angers

● 프랑스 남부 지방을 여행하면 파리나 베르사유에서 느꼈던 '복잡하고 지저분하다'는 프랑스에 대한 이미지가 확 바뀐다. 프랑스 지방 도시는 독일이나 스위스처럼 잘 정비된 도로에 휴지 하나 없이 깨끗하고 단아한 모습으로 여행자의 마음을 사로잡는다.

앙제 역 Angers St.Laud을 나서면 길 건너에 푸른 하늘을 배경으로 바로크식 건물이 서 있고, 그 앞 광장에는 조그만 정원들이 분수를 둘러싸고 있어서 영화 속 세트장처럼 예쁘다. 도시에서 가장 번화한 역이지만 맑은 새 소리가 끊이지 않는다.

앙제는 발 드 루아르 Val de Loire 지방의 중심 도시로 유네스코 세계 문화유산으로 선정된 곳이다. 역에서 내려 15분만 내려가면 옛 영광을 고스란히 증명해 주는 앙제 성 Château d'Angers이 나타난다. 성 옆으로 멘 강 La Maine이 흐르고 그 너머 푸른 잔디 위에서 많은 사람이 강과 성 그리고 하늘의 조화를 즐기느라 시간 가는 줄 모른다.

앙제 성은 외부의 침입을 감시하기 좋은 지리적 위치 때문에 일찍이 로마 시대부터 요새로 사용되었다. 이후 수세기 동안 성과 교회가 세워지고 무너지고 불타고 다시 지어졌으나 13세기 루이 9세의 명으로 지금의 대규모 성곽과 성탑이 만들어졌다. 그 후 15세기 르네 왕이 프로방스의 꽃나무로 정원을 가꾸었고 이어 루이 11세는 성벽과 외부 사이를 차단하는 깊은 수렁을 팠다. 1585년 종교전쟁이 일어나자 앙리 3세는 성을 허물어버릴 것을 지시하였고,

| 앙주 성
위_앙주 성으로 들어가는 다리 **아래**_성벽 아래로 아름다운 정원을 따라 산책하기 좋다.

오늘날 우리가 보는 지붕도 없는 성채만 남았다.

거대한 17개의 원형 탑과 660m에 달하는 견고한 성벽들이 외부를 둘러싸고 있는 성은 단순히 외적의 침입을 막으려는 이유보다는 하늘의 심판을 피하려는 구원의 성지처럼 보인다. 그것을 증명하듯 성 안에는 장대한 규모의 요한 묵시록 〈태피스트리〉가 대대손손 내려와 보관되어 있다.

1367년 앙주의 왕 루이 1세의 명에 의하여 7년에 걸쳐 짜여진 태피스트리는 500년이 지난 오늘날에도 화려한 색상과 정교한 모양을 간직하고 있다. 성의 지하 특별 전시실에 있는 태피스트리에는 세상의 심판

을 알린 요한 묵시록의 내용처럼 여섯 번째 나팔이 울리고 강가에 묶여 있던 악의 정령들이 천사의 손에 풀리자 한 떼의 말 탄 무사들이 밀려와 땅 위에 사는 인간의 삼 분의 일을 죽이는 모습이 묘사되어 있다. 이 밖에 사령관 거주동에 있는 〈오르간을 치는 귀부인〉, 〈펜테실레이아〉 등의 작품도 감상하자.

1892년에 태어난 프랑스 태피스트리의 작가 장 뤼리사는 앙제 성의 〈태피스트리〉의 아름다움에 충격을 받아 10장의 패널로 이어진 총 길이 80m, 높이 4.5m에 달하는 〈세계의 노래Chant du monde, 1957~1966년〉를 제작하였다. 〈세계의 노래〉는 전쟁과 죽음에 반하는 생명의 역동성과 희망을 주제로 한 것으로 인류에 대한 메시지라 할 만한 대작이다. 성에서 20분쯤 걸어가면 12세기에 지어진 옛 생 장 병원 안에 있는 장 뤼리사 미술관Musée Jean Lurçat에서 이 작품을 감상할 수 있다.

 찾아가는 길

- 파리 몽파르나스Montparnasse 역에서 테제베(TGV) 이용 시 앙제Angers St.Laud 역까지 1시간 30분이 소요된다.
- 보르도Bordeaux St.Jean 역에서 앙제 역까지 3시간 30분이 소요된다.

18 롱샹:
롱샹 성당 Notre Dame du Haut, Ronchamp

●   롱샹Ronchamp 역에 내리면 프랑스 작은 마을답게 역사는 없고 마을과 롱샹 성당을 안내하는 표지판만이 여행자를 인도한다. 시골의 맑은 공기와 한적함 사이로 굴다리와 공동묘지가 나오고 그곳에서 15분쯤 산길을 올라야 성당이 보인다.

    외관으로는 파리 노트르담의 대성당 등 대도시의 거대한 성당에서 느끼는 압도감과 장중함은 찾아볼 수 없지만 실내에 들어서면 수많은 창으로 쏟아지는 빛에 의해서 압도당한다. 아무런 장치도 없이 창을 통해 들어오는 빛을 모으고 분산하는 것만으로 절대자에 대한 경외감이 온 몸을 감싼다.

    12세기에 이곳은 성모 마리아의 성당으로 많은 순례자들이 찾는 성지였으나 제2차 세계 대전 당시 폭격으로 잿더미로 변했다. 그 와중에 목재로 된 성모 마리아 상만이 보존되는 기적 같은 일이 일어났다. 사람들

| 롱샹 성당
곡선으로 처리되어 부드러운 느낌을 주는 지붕은 성당을 감싸면서 공중에 떠 있는 듯하다.

은 이 기적 같은 일을 보존하기 위해 르 코르비제에게 성당 건축을 의뢰했다. 정신과 영혼보다는 삶을 윤택하게 해주는 물질에 더욱 관심을 가진 물질 신봉자였던 그는 처음에 제안을 거절했다. 하지만 전쟁의 참화 속에서 인간이 행복하기 위해서는 물질보다는 보다 성스러운 것이 필요하다고 깨달은 그는 성당 건축을 받아들였다.

  롱샹 성당에서 가장 특이한 부분은 지붕이다. 곡선으로 처리되어 부드러운 느낌을 주는 지붕은 성당을 감싸면서 공중에 떠 있는 듯하다. 그가 여행 중 해변에서 본 게 껍데기를 보고 영감을 얻었다고 한다.

  20세기 최고의 건축물 중 하나인 롱샹 성당은 아무리 돌아다녀도 정면이 어딘지 알 수가 없다. 아니 모든 면을 정면으로 하고 있다. 언덕을 오르면 보이는 면에는 다양한 크기의 창문들이 통통 튀는 리듬을 연상하게 하는 반면 반대쪽은 지붕에 배를 얹어 놓은 모양으로 수직 기둥과 더불어 평평하게 흐르다가 휘어져 돌아가는 벽면들로 이루어져 있다. 건물이 주변의 자연과 어우러지는 것이 아니라 자연 그 자체가 되어 아름다운 음악을 연주하는 요소가 되는 것이 르 코르비제의 의도였다.

  르 코르비제는 건물의 외형보다는 실내 공간에 집중했다. 고대와 중세의 성당처럼 사람을 압도하여 사람으로 하여금 경외감을 가지게 하는 장엄한 건축물이 아니라 그 안에 살고 있는 사람이 주인이 되는 실제적인 공간을 중시하였다.

건물 안으로 들어서는 순간 아무런 조명 없이 어둡고 좁은 공간에 거친 벽을 따라 깊은 침묵이 흐른다. 실내에 점차 익숙해지면 조그마한 창과 두꺼운 벽을 타고 들어오는 여러 줄기의 빛이 구원과 치유를 위한 영혼의 샘물처럼 실내를 감싸고 있음을 느낀다.

롱샹 성당은 말이나 논리보다는 여행자들의 영혼을 울리는 건축물이다. 이것이 롱샹 성당이 20세기 최고의 건축물로 숭배 받는 현대 건축의 파르테논인 이유이다.

플러스 α

롱샹 성당 안이나 기차역이 있는 마을에는 식사할 곳이 마땅치 않으니 도시락을 준비해 가져가면 좋다.

찾아가는 길

롱샹은 스위스 바젤Basel에서 가깝기 때문에, 프랑스에 있다면 전날 바젤로 이동하여 하룻밤을 자고 이동하는 것이 가장 좋다. 바젤에서 새벽 6시 기차를 타면 2시간 만에 롱샹 역에 도착한다. 다음 열차인 8시 기차는 세 번 갈아타야 하고 4시간이 걸린다. 아침 일찍 출발하고 돌아오는 시간을 맞추어 다녀오는 것이 좋다.

기차 시간표
바젤 Basel 06:13 출발－물루즈 Mulhouse 06:36 도착 → 물루즈 06:51 출발－벨포르 Belfort 07:28 도착 → 벨포르 07:38 출발－롱샹 Ronchamp 07:55 도착
돌아가는 시간
롱샹 13:03 출발 － 벨포르 13:25 도착 → 벨포르 14:04 출발－물루즈 14:38 도착 → 물루즈 15:19 출발－바젤 15:50 도착
개장 시간: 09:30~18:00　　　　　　　마지막 입장: 15:00

19 파리 근교:
루앙 성당과 보바리 부인 Rouen

● 　시간이 지남에 따라 빛에 의해 달라지는 성당의 모습을 그린 모네의 연작 시리즈 〈루앙 성당 Rouen Cathedrale〉과 플로베르의 소설 〈마담 보바리〉의 무대가 되었던 루앙은 노르망디 공국의 수도로 1431년 잔다르크가 화형을 당한 곳이다.

　루앙 역에서 내려 잔다르크 거리를 따라 내려가면 하늘을 찌를 듯 우뚝 솟은 루앙의 노트르담 대성당 Cathedrale Notre Dame이 나온다. 노트르담 성당은 1145년 갈로-로만 시대의 교회 터에 건설된 곳으로 1200년에 큰 화재를 당했지만 영국 왕 존의 기부로 재건되었고, 다시 제2차 세계대전 때 상당 부분이 훼손되었으나 전후에 원상태로 복구하여 지금에 이른다.

　모네는 이 성당의 서쪽 파사드를 소재로 계절과 시간에 따라 변하는 대성당의 아름다움을 30작품 넘는 연작으로 그렸으며 그중 한 작품이

| 루앙 시내
왼쪽, 가운데_루앙 대성당 **오른쪽**_시계탑이 보이는 루앙 거리

소더비 경매에서 약 250억 원에 팔렸다. 여름밤에는 파사드에 그의 그림이 투영된 조명 쇼 '모네의 대성당'이 펼쳐진다.

노트르담 성당은 구스타브 플로베르의 소설 〈마담 보바리〉에도 등장한다. 소설 속에서 레옹은 태어나서 처음으로 여자를 위하여 제비꽃 한 다발을 사들고 성당 안으로 들어가는데, 작가는 엠마를 기다리는 레옹의 상상을 빌려 성스러운 성당 내부를 거대한 밀애의 장소로 탈바꿈시켜 놓았다.

루앙의 또 다른 볼거리는 잔다르크 교회Eglisa St.Jeanne d'Arc와 박물관이다. 구시가 광장에 있는 이곳은 영국으로부터 프랑스를 구원한 잔다르크가 19세라는 어린 나이에 화형을 당한 곳으로 그녀가 세상을 떠난 지 25년 후 로마 교황청에 의해서 성인으로 추대되었고, 그녀를 추모하기 위해 광장 중앙에 커다란 십자가를 세우면서 교회가 되었다. 활활 타오

| 잔다르크 교회
로마 교황청에 의해서 성인으로 추대된 잔다르크를 추모하여 세워진 교회

르는 태양을 모티브로 한 지붕과 현대적 디자인의 십자가는 실내의 화려한 스테인드글라스와 어우러져 압도적인 경관을 연출한다.

루앙에서 동쪽으로 20km 떨어진 리Ry 마을로 가면 〈마담 보바리〉의 주요 배경인 용빌Yonville이 나온다. 이곳 갈르리 보바리(인형 박물관)에서 마담 보바리의 이야기를 묘사한 자동인형들과 엠마가 독약을 먹은 오메 약국, 엠마를 죽음으로 몰고 간 공증인 기용맹의 사무실과 보바리의 집 등 실제 무대가 되었던 곳을 방문할 수 있다.

작품 속 배경이 되었던 마을을 관람하다 보면 환상과 욕망을 좇았던 보바리 부인의 생생한 체취를 느낄 수 있다. 보바리 부인을 통해 어쩔 수 없는 인간의 욕망을 무조건 억압하기보다는 인정하고 다독이며 살아가야만 훨씬 행복한 삶을 누릴 수 있다라고 말하는 작가의 말을 떠올리며 마을을 산책하는 여유도 누려보자.

 플러스 α

샤를 보바리는 당시 정규 의사 면허증 없이 의료업에 종사할 수 있는 보건관으로 돈 많은 연상의 미망인과 결혼하지만 별로 사랑을 느껴 보지도 못 하고 아내와 사별한 후 엠마를 새 아내로 맞이한다. 엠마는 미모의 소유자일 뿐만 아니라, 상류 부르조아의 딸들이 가는 수녀원에서 교육을 받은 까닭에, 머릿속에는 소설책에서 읽었던 몽상으로 가득 차 있다. 결혼 후 샤를의 평범함에 크게 실망한 엠마는 법학도 레옹을 알게 되어 서로 호감을 가진다. 그러나 레옹이 법률을 공부하러 파리로 훌쩍 떠나 버리자, 엠마는 크게 실의에 빠진다. 고독과 실의에 빠진 부인 앞에 머리는 좋지만 성격이 난폭하고 호색가인 시골 신사 로돌프가 나타난다. 순진한 엠마는 로돌프에게 반해 그의 미끼로 전락한다. 엠마는 점점 타락해 가고 결국 로돌프에게 버림 받는다. 절망한 나머지 자살을 생각해 보지만 죽지도 못 하고 있던 차에 루앙 극장에서 첫사랑이었던 레옹을 만나 곧 깊은 관계를 맺는다. 보바리 부인은 레옹에게 잘 보이려고 큰 빚을 지고 결국엔 재산마저 차압 당하고 마침내 음독 자살한다. 남편 샤를은 딸을 위해 살다가 아내의 행동에 관한 추문이 퍼지자 이에 충격을 받고 그도 역시 음독 자살로 생을 마감한다.

 찾아가는 길

파리 생 라자르St.Lazare에서 직행 열차로 루앙Rouen까지 1시간 10분이 소요된다.

20 파리 근교:
베르사유 궁전 Versailles

● 찬란했던 절대 왕권 절정기의 상징인 베르사유는 1682년부터 1789년까지 프랑스의 정치적 수도이자 부와 권력의 중심이었다. "짐은 국가다."라고 말하며 프랑스 역사상 최고의 왕권을 누렸던 루이 14세는 당시 권력 다툼과 루브르 궁전에 싫증을 느껴 루브르 궁전보다 더 큰 베르사유 궁전 Château de Versailles 을 완성하였다.

루이 14세가 대규모 궁전을 지은 이유는 왕과 왕족뿐만 아니라 귀족과 많은 관리들, 그 가족들까지 모두 살 수 있게 하기 위해서였다. 귀족이나 관리들을 궁전 안에 머물게 하여 자신에게 도전하지 못하게 만들려는 속셈이었다.

궁전에서 루이 14세의 생활은 호화로움 그 자체였다. 궁전 주위에는 5천 명의 귀족과 수행원들이 살았고, 이들에게 딸린 병사와 시종이 3만 명이나 되었다고 한다. 2만 명을 수용할 수 있는 규모와 화려함의 극치를 보여주는 베르사유는 이후 유럽 궁전 건축의 모델이 되었으며 이곳에서 행해지는 모든 것, 음식 문화부터 사소한 보석까지 유럽의 유행 양식이 되었다.

　왕실 예배당과 6개의 살롱으로 이루어진 베르사유 궁전은 대 접견실 및 거울의 방 그리고 왕과 왕비의 공적인 생활을 위한 주거 공간으로 분리되어 있다. 그중에서 가장 인기 있는 곳은 거울의 방이다. 1687년 망사르가 완성한 거울의 방은 길이 75m, 높이 12m의 넓은 방에 정원 쪽으로 17개의 커다란 창문이 있고, 벽면은 578개의 거울로 장식하였으며 창문으로 들어오는 햇빛이 거울에 반사되는 모습이 압권이다. 루이 14세의 업적을 기린 대형 천장화가 있는 이곳은 주로 궁정 축제와 중요한

| 베르사유 궁전

| 거울의 방
길이 75m, 높이 12m의 넓은 방에 정원 쪽으로 17개의 커다란 창문이 있고 벽면에는 578개의 거울로 장식하였다.

행사들이 열리거나 주요 외국 사신들을 접대하였다.

궁전과 함께 베르사유의 진수는 정원이다. 궁전을 나서면 탁 트인 정원 한가운데에서는 가장 큰 분수인 넵튠의 분수를 만난다. 이곳을 지나면 잔디밭이 나오고 잔디밭 끝에서부터 너비 62m 길이 150m의 십자가 모양의 인공 운하가 자리 잡고 있다. 운하 오른쪽으로는 루이 14세가 퇴임 후 부인과 여생을 보내기 위해 세운 그랑 트리아농과 마리 앙투아네트가 가장 좋아했던 별궁인 프티 트리아농, 그리고 1783년 마리 앙투아네트를 위해 만든 12채의 전통 가옥과 호수가 있는 왕비의 오두막이 있다.

화려하게 조성된 베르사유 정원을 산책하다 보면 누구나 왕족이 된 듯한 착각에 빠질 정도로 정원은 광대하고 아름답다. 정원 곳곳에 보이는 뛰어난 조각상과 분수들이 화려했던 그 시대를 대변해 주고 있다.

 플러스 α

넓은 베르사유 정원을 즐기는 방법은 두 가지이다.

첫 번째, 미니 열차 이용
넵튠의 분수를 지나 프티 트리아농을 거쳐 그랑 트리아농과 대운하 자전거 대여소

앞을 지나 다시 처음 출발했던 곳으로 돌아온다. 티켓 한 장을 구입하면 각 정류장에서 내리고 타기를 반복해도 된다. 일반적으로 프티 트리아농에서 내려 준비한 점심을 먹고 휴식한 뒤 걸어서 그랑 트리아농으로 가서 미니 열차를 타고 대운하로 이동한다. 그리고 대운하에서 보트를 탄 후 미니 열차를 타고 궁전으로 돌아온다.

두 번째, 자전거 이용
대운하가 시작되는 오른쪽에 자전거 대여소가 있다. 여권을 맡겨야 대여할 수 있고 요금은 후불이다. 1시간 30분 정도면 아폴론의 샘을 출발해 프티 트리아농과 그랑 트리아농 주변, 열십자의 대운하와 소운하 주변을 하이킹할 수 있다.

 찾아가는 길

앵발리드Invalides 역에서 RER의 C5호선을 타고 종점인 베르사유Versailles-Rive G-Château 역에서 내린다. 역을 빠져나오면 정면에 맥도널드가 보인다. 여기서 오른쪽으로 100m 가다 다시 왼쪽으로 가면 멀리 궁전이 보인다. 도보로 약 10분이 소요된다. www.chateauversailles.fr
개장 시간: 09:00~18:00   마지막 입장: 15:15(목요일 ~21:00)
휴일: 월요일

21 파리 근교:
몽생미셸 수도원 Mont Saint Michel

● 빅토르 위고가 이집트의 피라미드에 필적할 만큼 아름답다고 극찬한 몽생미셸Mont Saint Michel은 원래 시시이 숲 가운데 솟아 있는 산으로, 해일이 발생한 이후에 섬이 되었다. 조수간만의 차가 심한 탓에 옛날에는 만조가 되면 섬 전체가 완전히 바다에 둘러싸였지만, 지금은 900m 길이의 제방이 건설되어 만조가 되어도 육지와 연결된다. 1979년에 섬 전체가 유네스코 세계 문화유산으로 지정된 이곳은 프랑스에서 루브르 박물관 다음으로 많은 연간 200만 명의 관광객이 방문한다.

몽생미셸 사원은 섬 중앙에 우뚝 솟아 있다. 708년 대천사장 미카엘이 오베르 대주교의 꿈속에 나타나 몽생미셸에 기도 대를 세우고 예배당을 지으라고 명령했다. 대주교는 불가능하게 생각해 계속 미루었는데 화가 난 미카엘 대천사는 다시 꿈에 나타나 손가락으로 강한 빛을 쏘아 오베르의 머리에 구멍을 냈다고 한다. 꿈속이지만 혼이 난 오베르 대주

| 몽생미셸 수도원
사원 첨탑 꼭대기에 미카엘 대천사의 동상이 세워져 있다.

교는 다음 날 몽생미셸에 올라 미카엘 천사가 꿈속에서 지목한 장소를 찾아냈다. 그는 숲이 내려다보이는 높이 80m의 큰 바위 위에 서둘러 기도 대를 세우고, 이탈리아의 몽테가르가노에서 화강암을 가져와서 예배당을 지었다고 한다. 전설 같은 이야기지만 아브랑쉬의 박물관에는 구멍 난 오베르 대주교의 해골이 전시되어 있다.

천사의 사원 몽생미셸 사원은 지하층과 중간층, 상층으로 나누어져 있다. 상층에 들어서면 본당이 나온다. 높은 천장과 기하학적인 무늬로 장식되어 있는 본당의 첨탑 꼭대기를 장식하고 있는 주인공은 대천사 미카엘이다. 본당을 나와 회랑을 걸어가면 큰 식당이 나오고 계단을 따라 내려가면 손님의 방이 나온다. 손님의 방 옆에는 고딕 양식으로 지어

진 기사의 방이 있는데, 원래 아무도 못 들어가는 필사본의 방이었다고 한다. 다시 계단을 따라 지하로 내려가면 지하층에 자선의 방이 나온다. 이 방은 걸인들을 수용하는 곳으로 방 한쪽에 두레박을 설치해 상층에 있는 식당에서 음식을 내려 받아 먹었다.

몽셀미셸은 섬 자체만으로도 사람들로 하여금 여러 상상을 불러일으켜 많은 이야기가 전래되었다. 중세 시대 때 몽생미셸에는 아주 거대한 용이 밤마다 마을에 나타나서 마을 사람들을 잡아먹었다고 한다. 두려움에 휩싸인 마을 사람들은 왕에게 용을 없애 달라고 간청한다. 오랜 간청에 못 이겨 왕은 군대를 몽생미셸에 파견하지만 군대가 도착하였을 때 용은 이미 죽어 있었고 그 주위에 칼과 방패가 놓여 있었다. 이 소식을 들은 마을 사람들은 천사 미카엘이 나타나 용을 죽였다고 믿게 되었고 몽생미셸의 가장 높은 곳에 미카엘 천사의 동상을 세우고 발밑에는 죽은 용의 잔해를 두었다고 한다. 지금도 몽생미셸에 가 보면 섬 곳곳에 발아래에 용이 있는 미카엘 천사 동상을 만나볼 수 있다. 미카엘은 항상 칼과 방패를 들고 있다.

수도원 뒷문으로 내려오면 끝이 없는 지평선 아래로 하얀 모래밭에 맑은 물이 흐르는 백사장이 나온다. 모두들 신을 벗고 여유 있게 걷는다. 그러다가 한 번씩 올려다보는 하늘과 끝없는 지평선은 고단한 여행자의 마음을 시원하게 감싼다.

 플러스 α

몽생미셸에는 라메르프라르 식당 La Mere Poulard Restauant 이라는 명물 식당이 있다. 메뉴는 120년 전통의 오믈렛으로 몽생미셸 성 입구에 있는 이 식당은 많은 관광객들로 항상 붐빈다. 빨간 옷을 입은 요리사가 손님이 보는 앞에서 바로 계란 반죽을 하는데 이 식당 특유의 박자인 쿵짝짝 쿵짝에 맞추어 반죽하는 모습을 보는 즐거움이 있다. 반죽이 완성되면 이 집 전통의 구리 프라이팬에 계란을 풀고 숯불 장작에 6분간 요리를 하면 훈제 맛이 추가되어 노릇하면서도 고소한 오믈렛이 완성된다. 눈 위를 걷는 것 같이 부드러우면서도 달콤한 오믈렛을 맛보려면 들러보자. 단 가격이 비싸니 메뉴를 확인하고 주문해야 한다.

 찾아가는 길

파리 몽파르나스 Montparnasse 역에서 테제베(TGV)를 타고 렌느 Rennes 역(2시간 소요)에서 내려 역 바로 옆에 있는 버스 정류장에서 1시간 간격으로 운영하는 버스를 타고 1시간 정도 가면 된다. 주의할 것은 버스에 내려서 섬으로 들어가기 전 돌아가는 버스가 몇 시에 있는지 확인하고 시간에 맞춰 돌아와야 당일 여행이 가능하다. 단, 일요일은 버스를 하루 2회밖에 운행하지 않는다.

22 파리 근교: 오베르 쉬르 우아즈 Auvers Sur Oise

● 수많은 사람과 차량 소음에 지친 도시 여행자들이 역장도 역무원도 없는 작은 시골 마을 오베르 쉬르 우아즈Auvers-Sur-Oise에 도착하면 그 고요함과 깨끗한 공기에 금방 매료된다. 마을에서 가장 번화한 역이지만 사람은 찾아 볼 수도 없고 간간히 차량만 지나갈 뿐이다.

오베르 쉬르 우아즈 역을 나와 오른쪽으로 걷다 보면 조그만 횡단보도가 나오고 횡단보도를 건너서 언덕길을 올라가면 오베르의 교회가 보인다. 오베르의 교회는 시골 마을의 교회답게 작고 소박하지만 전면에 정원이 있어 사람들의 통행로와 거리를 두어 교회의 경건함을 유지하고 있다. 교회 옆으로 고흐가 그린 〈오베르의 교회Church at Auvers〉가 그려진 게시판이 보인다. 많은 여행자들이 여기서 교회와 함께 기념 사진을 찍는다.

오베르의 교회 건물을 보고 게시판에 있는 고흐의 작품 〈오베르의 교회〉를 보면 고흐의 천재성을 새삼 느낄 수 있다. 평범한 교회가 고흐 특유의 살아 꿈틀거리는 긴 터치로 힘을 받아 금방이라도 일어설 듯 생동감이 넘친다. 고흐의 작품 중 가장 화려한 색상으로 표현된 〈오베르의 교회〉는 현재 오르세 미술관에 소장 중이다. 오베르 쉬르 우아즈를 방문 후 오르세 미술관으로 간다면 그 감동은 두 배가 될 것이다.

오베르 교회를 지나 위쪽 오솔길을 따라가면 고흐의 마지막 작품 〈밀밭 위의 갈가마귀 떼Wheatfield with Crows〉를 그렸던

| 오베르의 교회
오베르의 교회 입구 안내판에는 고흐의 작품이 함께 그려져 있다.

밀밭을 만날 수 있다. 밀밭 길을 헤치고 나가면 고흐가 작품을 그렸던 장소에 고흐의 작품과 함께 안내문이 있다. 이곳에 서면 고흐의 죽음을 상징하는 듯한 진한 코발트빛 하늘을 배경으로 갈가마귀 떼가 나는 밀밭이 펼쳐진다. 밀밭에는 아직도 고흐가 세상을 바라보던 마지막 시선과 세상에 대한 외로움과 아픔이 진하게 배여 있는 듯하다.

밀밭을 뒤로 하고 걸으면 마을 공동묘지가 나오고 묘지 안으로 들어서서 맨 끝으로 가면 소박한 무덤 두 개가 나온다. 고흐와 그의 동생 테

| 밀밭 위의 갈가마귀 떼
고흐가 마지막 작품을 그렸던 장소에 게시판이 세워져 있다.

고흐의 무덤
공동묘지에 고흐와 동생 테오의 무덤이 나란히 있다.

오의 무덤이다. 고흐의 명성에 비한다면 초라하다고 느껴질 무덤이지만, 대부분의 여행자는 고흐의 무덤에 머리 숙여 경의를 표한다.

오베르 교회로 돌아와 교회를 가로질러 마을로 들어서면 관광 안내소 맞은편에 라부쉬 여관Auberge Ravoux이 나온다. 고흐가 이곳 2층에서 하숙하며 수많은 작품들을 남겼으며 마지막으로 그가 권총 자살한 장소이다. 현재 고흐 박물관으로 사용되는 고흐의 방에는 고흐가 사용하던 철제 침대만 하나 놓여 있다. 라부쉬 여관 1층에 있는 식당은 고흐, 세잔 등 많은 예술가들이 드나들던 때인 19세기 분위기를 유지하며 생전에 고흐가 자주 먹었던 음식들을 메뉴로 내놓으며 관광객을 유혹하고 있다.

플러스 α

라부쉬 여관을 나와 왼쪽으로 나오면 자트킨이 제작한 고흐 동상이 서 있는 반고흐 공원이 나온다. 반 고흐 공원 맞은편에 조그만 빵집이 있는데 금방 만든 크루아상이나 바게트를 저렴하게 구입할 수 있다. 물론 맛도 훌륭하다. 오베르 쉬르 우아즈는 식당이 많이 없기 때문에 여기서 빵을 사서 공원에서 점심을 먹으면 좋다. 빵 맛도 좋지만 평화롭고 여유로운 공원에서의 식사는 소풍 나온 듯한 들뜬 기분을 느끼게 한다.

찾아가는 길

파리 북역 30~36번 게이트에서 출발하는 퐁투아즈Pontoise 행 기차를 타고 1시간 정도 가서 다시 오베르 쉬르 우아즈Auvers-Sur-Oise 행 기차(11번 게이트)를 갈아타고 20분 정도 가면 도착한다.

23 파리:
파리의 달팽이 요리 Escargots

● 유럽 여행의 트렌드가 단순한 관광 형태에서 무엇을 어떻게 체험하는가 하는 문화 체험 형태로 바뀌고 있다. 유럽 문화 체험 중 뮤지컬, 오페라 등 공연이나 레포츠와 함께, 빠지지 않는 것이 각 나라의 전통 음식이다.

사람들이 프랑스 대표 요리로 떠올리는 것 중 하나가 달팽이 요리 Escargots이다. 전식에 해당하는 달팽이 요리를 맛보기 위해서는 코스 요리를 시켜야 한다.

달팽이 요리를 먹고 싶다면 일단 노트르담 성당에서 강 건너 맞은편(소르본 대학 아래)에 있는 먹자골목으로 가자. 이곳에는 프랑스 전통 식당부터 스위스, 스페인, 중국, 일본 식당 등이 즐비하다. 한국 식당은 한 군데 있었는데 지금은 없어졌다.

먹자골목을 들어서면 호객 행위를 하는 음식점 주인을 만나게 된다.

| 달팽이 요리
프랑스 달팽이 요리는 스무 가지가 넘는데 보통 식당에는 블랑크, 샤블리스, 부르고뉴 등 크게 세 가지로 나눈다.

음식점 주인들이 가게 앞에서 일부러 접시를 깨뜨리며 관광객들의 주의를 끈다. 먹자골목 대부분의 식당 앞에는 저렴한 코스 요리를 소개하는 안내 간판이 세워져 있다. 프랑스식 세미 풀코스 음식은 전식과 본식, 후식 중에 1가지 음식을 선택해서 주문하면 된다.

메뉴에서 전식 부분에 달팽이 요리 에스카르고를 볼 수 있다. 프랑스 달팽이 요리는 스무 가지가 넘는데 보통 식당에는 블랑크au Vin Blanc, 샤블리스au Chablis, 부르고뉴Bourgogne 등 크게 세 가지로 나누어진다. 화이트 와인을 넣어 익힌 달팽이를 껍데기에 담아 조린 요리가 블랑크이고 같은 방식인데 구운 요리가 샤블리스이다. 부르고뉴 달팽이 요리는 밑 손질을 하여 익힌 살을 껍데기 안에 넣고 향신 버터를 채워 오븐에 구운 것이다. 여기 사용되는 향신 버터는 소금, 후추, 다진 마늘, 에샬로트, 파슬리 등을 넣어 만든 것이다.

이 중 부르고뉴 달팽이 요리를 추천한다. 부르고뉴 달팽이 요리는 집게로 달팽이 껍데기를 잡고 포크로 소스가 발린 달팽이 알을 빼서 입에 넣으면 향긋한 향과 함께 오돌오돌 씹히는 맛이 그만이다. 먹고 난 뒷맛도 느끼하지 않고 깨끗하다. 달팽이 요리를 다 먹고 남은 향신 버터에 무한 리필 되는 바게트 빵을 찍어 먹어도 맛과 향이 일품이다.

전식 요리로 달팽이 요리가 부담스러우면 홍합 요리 뮬Moules을 주문해도 좋다. 뮬은 우리 입맛에도 맞는 음식으로 대파, 양파, 소금, 후추, 화이트 와인을 섞은 물로 신선한 홍합을 쪄 그릇에 담아 나오는 요리이다.

전식 다음에 본식은 스테이크, 연어, 치킨 세 종류 중에 하나를 골라 주문하면 된다.

동행이 있다면 골고루 주문해서 나누어 먹어도 좋다. 스테이크는 페퍼식과 로크포르식 두 가지로 나누어진다. 로크포르는 프랑스 치즈의 한 종류 이름으로 이것을 이용해 굽는 것으로 우리 입맛과는 맞지 않을 수도 있으니 페퍼식으로 주문하는 것이 좋다. 스테이크를 웰던으로 주문하면 너무 질겨 먹을 수 없으니 주의해야 한다.

스테이크를 싫어한다면 연어나 치킨을 주문하면 되는데 연어는 소스가 특이한 편이므로 안전하게 치킨을 주문하는 것도 좋다. 치킨은 전 세계 어디를 가나 보편적인 맛을 보장한다.

후식으로 소르베(아이스크림)를 시키면 시원하고 입안도 깔끔하게 해준다.

식사할 때 여러 명이고 여유가 있으면 와인 한 병을 곁들이면 훌륭한 식사를 할 수 있다. 와인 종류가 너무 다양해 주문하는 데 어려움을 겪기도 하는데, 먼저 가격대를 결정하고 평소 술을 즐기는 사람이라면 드라이한 것을, 술을 즐기지 않는 사람이라면 스위트한 것을 주문하면 실패할 일이 없을 것이다. 혼자라면 하우스 와인 한 잔을 시켜 마시자.

| 세미 코스 메뉴판
먹자골목으로 가면 저렴한 세미 코스를 먹을 수 있다.

 **플러스 α**

달팽이 요리를 즐길 수 있는 검증된 두 개의 프랑스 식당을 소개한다.

Le GRAND BISTROT

생미셸 먹자골목에 있는 스위스 음식 전문 식당이다.
유일하게 부르고뉴 달팽이 요리를 먹을 수 있는 곳이며 아이스크림도 맛있다.
주소: rue Saint-Severin 75005 Paris

Le Bistrot 30

Le GRAND BISTROT 식당 왼쪽 맞은편 입구에 있는 식당으로 블랑크 달팽이 요리를 맛 볼 수 있는 곳으로 스테이크 요리가 맛있다.

프랑스의 식사 시간은 기본 1시간이 넘게 걸리니 충분한 시간을 가지고 식사를 하자. 계산을 할 때 식사비의 10%를 봉사료로 주는 것은 선택이 아니라 기본 예의로 생각하면 편하다. 봉사료는 주인한테 주는 것이 아니라 서빙을 하는 종업원에게 주는 것이니 서비스가 만족스럽다면 봉사료를 아껴서는 안 된다. 충분한 서비스에도 불구하고 팁을 주지 않으면 다음에 오는 한국 손님들이 불친절한 대접을 받게 된다는 것을 기억하자.

 찾아가는 길

지하철 4호선 생미셸St Michel 역에서 하차하여 생미셸 광장으로 나와 오른쪽으로 도로를 건너면 먹자골목이다.

24 파리:
개선문과 샹젤리제 거리 Champs&Elysees

● 개선문 주위의 12개의 거리 중에서 가장 화려하고 큰 길이 샹젤리제 Champs-Elysées 거리이다. 수많은 고급 식당과 카페 그리고 상점과 공연장 등이 위치한 이 거리에서 여행자는 원하는 무엇이든 할 수 있는 자유가 주어진다.

유명 브랜드 쇼핑을 원하는 여행자라면 루이비통 본사를 비롯하여 샤넬, 프라다 등 명성만큼 잘 차려진 매장을 방문해 보자. 맛집 애호가라면 레옹 Leon 식당의 홍합 요리나 라 뒤레 La Durée 식당에서 마카롱을 맛볼 수 있고 자동차에 관심 있는 여행자라면 르노, 토요타 등 자동차 전시장을 방문할 수 있다. 또한 카페에 앉아 프랑스식 여유를 부리고 싶은 여행자라면 모리스 레노마의 사진과 아트 작품들이 있는 레노마 카페 Café Rénoma에 앉아 커피 한 잔의 여유를 즐길 수 있으며 늦은 저녁 시간이라면 리도 Lido 극장에서 세계 최고의 버라이어티 쇼를 즐길 수 있다. 그러나 무엇

| 에투알 개선문
개선문을 중심으로 12개의 거리가 별 모양으로 뻗어 있어 개선문의 이름을 에트알(별)로 지었다.

보다도 빼놓을 수 없는 샹젤리제 거리의 하이라이트는 개선문을 방문하는 것이다.

샹젤리제 거리에서 차도로 내려서면 어느 방향에서도 보이는 개선문은 세상의 수많은 개선문 중 우리가 익히 알고 있는 에투알 개선문$^{Arc\ de\ Triomphe\ de\ l'Étoile}$이다. 이 개선문을 중심으로 12개의 거리가 별 모양으로 뻗어 있어 개선문의 이름을 에트알^{Étoile}(별)로 지었다.

1806년 '아우스터리츠 전투'에서 승리를 기념하기 위해서 나폴레옹의 명에 의해 건설되기 시작한 개선문은 나폴레옹이 사망하고 왕정이 복고되자 공사가 지지부진하다가 7월 혁명이 일어나고 '시민의 왕'이 된 루이 필립의 지시에 따라 착공된 지 28년 만인 1836년에 완성되었다.

개선문 만들기를 지시한 나폴레옹은 1840년 수레를 탄 유골의 모습으로 이 개선문을 통과하여 파리로 돌아왔다. 개선문 아래에는 제1차 세계 대전 때 희생된 무명 용사의 무덤이 있어 1년 내내 등불이 꺼지지 않고 헌화가 계속되고 있다.

세계에서 가장 큰 에투알 개선문은 파리의 중심에 있어서 쉽게 눈에 띄고, 이 도시에 처음 발을 들여놓은 여행자라면 누구나 멀리서 발견한 순간부터 감탄이 저절로 나온다. 개선문의 최대 하이라이트는 개선문 전망대이다. 전망대를 오르기 위해서는 샹젤리제 거리에서 지하 통로를 지나 개선문 바로 밑으로 가야 한다. 입장하여 개

| 샹젤리제 거리 노천 카페

선문 전망대를 오르면 빙글빙글 나선형으로 한참을 올라가야 한다. 그렇게 힘들여 개선문 전망대에 오르면 사방팔방으로 펼쳐진 도로 위에 에펠탑과 라데팡스, 몽파르나스 타워와 몽마르트 언덕이 레고 장난감처럼 선명하게 눈앞에 펼쳐진다. 이곳에 서서 여유를 부리며 파리 시내의 전경을 감상하다 보면, 소설 〈개선문〉에서 라비크가 이야기한 것처럼 허망한 세상에서 부드럽게 똑딱거리며 새겨지는 영원의 시계 소리를 들을 수 있다.

플러스 α

샹젤리제 거리에 있는 식당들은 고급 식당이 많아 가격이 비싼 편이다. 저렴한 식사를 원하는 여행자라면 패스트푸드점 맥도널드나 퀵Quick을 이용하면 좋다. 프랑스 햄버거 전문점 퀵은 가격은 맥도널드보다 싸지만 화장실이 없다. 간단한 식사를 원하는 여행자라면 샹젤리제 거리의 디즈니 샵 근처에 이 있는 모노프릭스 Monoprix 지하에 있는 대형 슈퍼를 이용하면 좋다.

찾아가는 길

지하철 1호선 샤를드골 에투알Charles-de-Gaulle-Etoile 역에서 하차한다.

25 파리:
라데팡스 La Defense

● 　파리는 세상에서 가장 아름다운 연출 도시이다.

　세계에는 수많은 도시가 있지만 파리처럼 시공간을 넘나들며 도시의 아름다움을 연출하는 도시를 찾아보기란 쉽지 않다. 이 말이 의심스럽다면 지금 당장 파리의 지도를 펼쳐 보라. 파리 시내의 정중앙에 개선문이 보인다. 개선문Arc de Triomphe을 중심으로 남쪽 일직선으로 내려가다 보면 콩코드 광장Place de la Concorde의 오벨리스크Obeliscos와 만나고 이어서 카루젤 개선문Arc de Triomphe du Carrousel, 루브르 박물관Le musée du Louvre을 만난다. 다시 중앙에 있는 개선문으로 돌아와 이번에는 북쪽으로 가보자. 일직선 상에 신도시 라데팡스에 있는 신개선문인 그랑 아르셰Grand Arche가 있다.

　파리에 밤이 되면 화려한 조명과 함께 개선문을 중심으로 일직선상에 남쪽으로는 기원전 12세기 건축물인 오벨리스크와 기원후 16세기 건축물인 루브르 박물관이 있고, 북쪽으로는 기원후 20세기 건축물인 신 개

| 에펠탑
조명을 한껏 밝힌 에펠탑의 야경

선문이 떠올라 시공을 초월하는 아름다운 파리의 밤을 수놓는다. 멀리서 화려한 빛으로 옷을 갈아입은 에펠 탑Tour Eiffel이 밤하늘에 거대한 레이저 광선을 쏘며 이들을 연결하고 있다. 이렇게 위대하면서 거대한 아름다움을 상상하고 실현하는 파리 사람들이 있기에 파리를 한 번이라도 방문한 여행자들은 파리의 밤을 잊지 못한다.

파리의 대표적인 명소 루브르 박물관을 처음 방문한 사람들은 의아하게 생각하곤 한다. 왜 고전적인 아름다움을 가진 루브르 박물관의 입구를 차가운 유리로 된 피라미드 모양으로 만들었을까? 이유는 콩코드 광장 중앙에 있는 오벨리스크 때문이다. 루브르 박물관에서 튈르리 공원을 지나면 콩코드 광장이 나오는데 이 광장 중앙에 오벨리스크가 서 있다. 옛날 태양의 신을 섬기는 이집트인들은 피라미드 신전 앞에 반드시 태

| 루브르 박물관
유리 소재의 피라미드 형상으로 이루어진 박물관 입구

양의 신인 오벨리스크를 두었는데 이를 착안하여 피라미드 형상으로 루브르 박물관 입구를 만들었다. 현대적인 재료인 유리를 사용한 루브르 박물관 입구는 20세기를 대표하는 건축물 중의 하나로 손꼽힌다.

루브르 박물관을 나와 19세기 양식이 그대로 보존되어 있는 파리 시내를 돌아본 여행자에게 파리는 과거의 역사와 미래 문명이 공존하는 곳이라고 이야기하면 이상하게 생각한다. 어디에서도 미래의 약동하는 문명을 잘 찾아볼 수 없기 때문이다.

파리의 라데팡스 La Defense를 방문하면 이러한 의문이 금세 사라진다. 라데팡스는 '국방'이라는 뜻으로 1958년 지역 개

| 그랑 아르셰
가운데 빈 공간에 있는 둥근 물체는 구름을 형상화한 것이다.

발 공공사업단이 미래의 도시 개념으로 개발한 곳이다. 이곳에는 현재 프랑스혁명 200주년을 기념하는 세련되면서 웅장한 그랑 아르쉐를 비롯하여 거대한 반원구 모양의 CNIT사와 46층의 피아트사 등 세계적인 기업들의 기형학적인 건물들이 늘어서 있다.

지하철역을 나오면 바로 보이는 거대한 그랑 아르쉐는 다른 개선문과 마찬가지로 중간이 크게 비워져 있고 그 공간에 텐트들이 쳐 있는데, 이는 구름을 형상화한 것이라 한다. 비록 중앙은 비워져 있지만 양쪽으로 수많은 사무실이 있는 신개선문을 오르면 멀리 개선문과 샹젤리제 거리,

콩코드 광장, 카루젤 개선문, 루브르 박물관까지 일직선상에 놓여 있는 것을 볼 수 있다. 36층으로 구성되어 있는 신개선문은 중앙에 있는 엘리베이터를 타고 꼭대기의 전망대까지 올라갈 수 있다. 엘리베이터는 유리 원통 모양을 하고 있는데 그 강도와 기술적 정교함은 비행기 유리창에 맞먹을 정도로 단단하게 만들어졌다고 한다.

라데팡스를 찾은 여행자들은 많은 고층 빌딩에 많은 사무실이 몰려 있으면서도 도시가 가지는 복잡함과 답답함이 전혀 느껴지지 않는 것에 신기해한다. 오히려 시원함과 여유를 느낀다. 라데팡스의 매력은 바로 여기에 있다. 그 이유는 지하철을 비롯한 모든 차량의 도로와 주차장, 그리고 거대 쇼핑 공간 등이 지하에 있기 때문이다. 지상에서는 차를 한 대도 볼 수 없을 뿐더러 대도시가 가지는 모든 소음과 공해로부터 완벽하게 해방되어 있는 라데팡스는 도시 기능을 보존한 채 인간을 중심으로 한 도시 환경 조성의 백미를 보여준다.

플러스 α

라데팡스의 신개선문 앞에 맥도널드에는 화장실이 있는데 매우 혼잡하다. 맥도널드가 보이는 건물 2층으로 올라가면 영화관과 많은 가게들이 있다. 특히 파리에서 가장 큰 대형 슈퍼 및 많은 음식점이 있어 점심이나 저녁을 해결하기에 적합하다. 이곳 공동 화장실은 깨끗하고 혼잡하지도 않다.

찾아가는 길

지하철 1호선 종점 라데팡스 La Defense 역에서 하차한다.

26 파리:
루브르 박물관 Museé du Louvre

- 루브르 박물관Museé du Louvre을 아침 9시부터 저녁 6시까지 작품 1개에 1분씩 감상한다면 얼마나 걸릴까? 정답은 18개월이다. 225개의 방에 약 30만 점의 작품으로 구성된 루브르 박물관은 이동 동선만 해도 60km에 달한다. 만약 아무런 계획 없이 루브르를 찾는다면 매우 무모한 일이 될 것이다. 짧은 시간에 루브르를 제대로 감상하기 위해서는 보고 싶은 작품을 정하고 명확한 동선 계획을 가지고 가야 한다.

리슐리외 관

- 인류 기원의 시점에서 시작하고 싶다면 세 개의 입구 중 리슐리외 관으로 입장하여 3전시실로 간다. 인류 최초의 문명을 일으킨 메소포타미아 사람들의 유물이 있는 이 방에서 라마수와 길가메시 동상, 함무라비 법전 등을 감상할 수 있다.

| 루브르 박물관
225개의 방에 약 30만 점의 작품으로 채워져 있다.

    티그리스와 유프라테스 강을 중심으로 발달한 메소포타미아 문명은 오늘날 이라크 지역으로 이곳 남부 수메르 지역에서 인류 최초의 문명이 시작됐다. 메소포타미아 사람들은 불규칙적이며 잦은 강의 범람과 사방이 트여 있는 비옥한 옥토로 인해 수많은 외적의 침입을 받았다. 언제 죽을지 모르는 환경에 처한 메소포타미아 사람들은 죽은 뒤의 세계인 내세보다는 현재의 삶에 더욱 관심을 갖고 마음껏 즐기면서 살아가려 했다. 안정적이고 풍요로운 삶으로 죽은 뒤의 세계를 중시한 고대 이집트 사람들과는 대조적이다.

    리슐리외 관 3전시실에 아시리아의 왕 사르곤 2세 궁전에서 발견된 길가메시 동상이 있다. 우루크 제1왕조 5대왕이었으나 후에 전설적인 영웅이 된 그는 사자를 안고 있다. BC 7세기 니네베의 아슈르나팔 왕궁 서고에서 발견된 〈길가메시 서사시〉에 따르면 반신반인의 영웅인 길가메시는 폭군이었다. 자신의 친구 엔키두가 하늘의 황소를 죽여 하늘로부터 벌을 받아 죽는 모습을 본 뒤로 그는 죽지 않는 비결을 찾아 여행을 떠난다. 여행 말미에 영원히 죽지 않는 불로초를 구하지만 잠시 쉬는 사이 뱀이 먹어버리

| 길가메시 동상
우루크 제1왕조 5대왕이었던 길가메시의 동상

자 그는 영원한 삶이 없다는 것을 깨닫고 왕궁으로 돌아온다. 〈길가메시 서사시〉에는 행복을 위해 미래의 불안이나 과거의 추억에 사로잡히지 않고 현재를 즐기는 수메르인의 생각이 잘 나타나 있다. 지금으로부터 4천 년 전 고대 사람들이 자유로운 사고 속에서 죽음에 대한 두려움 없이 현재의 삶을 살았다는 사실에 놀라게 된다.

또 하나 눈여겨 볼 것으로 〈함무라비 법전〉이 있다. 풍요로운 메소포타미아 도시 국가들은 끊임없이 다른 민족들의 침략을 받는다. 거듭된 전쟁 끝에 메소포타미아를 통일한 함무라비 왕은 강력한 중앙 집권 체제를 만들기 위해 법전을 만들었다. 법전을 새긴 비석을 주요 도시의 신전 입구에 세워 백성들에게 알리며 법으로 각 도시들을 하나로 묶어 통일 왕국을 유지했다. 인류사에 가장 큰 유산 중 하나인 함무라비 법전은 귀족 지배층이 백성이나 노예들을 마음대로 지배하지 못하도록 법으로 제한한 것으로 다음과 같은 글귀가 있다.

"재판을 받으려는 자는 이 비문을 읽어라. 그대들에게 법을 명백히 가르치고 그대들의 권리를 지켜줄 것이다. 나는 이 법을 통해 강자가 약자에게 해를 끼치는 일이 없도록 하겠다."

| 함무라비 법전

루벤스와 렘브란트를 만나다

● 메소포타미아 전시실을 나와 에스컬레이터를 타고 3층으로 이동하면 바로크 시대의 대가 루벤스와 렘브란트를 만날 수 있다.

메디치 가의 토스카나 대공의 딸인 마리 드 메디치는 프랑스의 국왕 앙리 4세와 정략 결혼하여 1601년 루이 13세를 낳았다. 그녀는 자신의 미모에 대한 자긍심과 복수심이 강했으며 왕이 죽자 어린 루이 대신

| 마리 드 메디치 연작 중 〈마리 드 메디치의 마르세유 입항〉
마리가 결혼을 하고 프랑스로 오기 위해 마르세유에 잠시 머물렀던 사실을 마치 하늘에서 아프로디테 여신이 내려오듯 극적으로 표현해 놓았다.

섭정을 하다가 결국 망명해 독일에서 사망했다. 한 시대를 풍미했던 그녀는 뤽상부르 궁전을 짓고 이를 장식하기 위해서 루벤스를 초청해 자신의 일생을 그리스 신화와 연결시켜 그려 줄 것을 요청하여 완성한 〈마리 드 메디치〉 24개 연작은 마리의 탄생부터 교육 과정 결혼과 섭정 등 마리의 일생이 과장되게 그려진 작품이다.

루브르 박물관 31전시실에서는 렘브란트의 초상화를 만날 수 있다. 다른 화가들의 초상화를 보면 근엄한 표정에 다소 과장된 표현을 많이 사용하지만 렘브란트 초상화는 소박한 위엄과 번민에 가득 찬 인간의 모습을 솔직하게 그리고 있다. 유화 물감을 겹겹이 찍어 바른 두꺼운 질감이 마치 그의 삶의 무게만큼 무거워 보인다.

렘브란트는 그의 모든 작품에서 어떤 대상이든 어둠 속에서 떠오르는 드라마틱한 명암법으로 표현하였는데 자화상에서 이를 확연히 느낄 수 있다. 인간의 내면을 이끌어내기 위한 그의 독자적인 명암법은 오늘날 '렘브란트 명암법'이라고 불리며 찬사를 받고 있다.

나폴레옹 3세 아파트먼트

● 사람들에게 잘 알려지지 않았지만 꼭 봐야 할 장소가 있다. 프랑스 절대 왕정의 화려한 궁전 나폴레옹 3세 아파트먼트이다. 3층에서 에스컬레이트를 타고 2층으로 내려오면 바로 보인다.

1954년 루브르 박물관 개축 공사 때 유일하게 보존된 이곳은 최고의 문화유산이자 장식 미술관이다. 나폴레옹 동생의 셋째 아들인 나폴레옹 3세는 프랑스 제1제정이 몰락하자 스위스로 망명했다가 6월 혁명으로 돌아와 집권
하면서 여기에서 살았다. 분수가 솟구치듯 많은 수정이 달려 있는 샹들리에와 고급 벨벳으로 장식된 응접실, 청동으로 화려하게 도금된 식탁과 의자가 있는 식당은 보는 이로 하여금 저절로 감탄이 나오게 한다. 만일 베르사유에서 기대만큼 화려하지 않아서 만족하지 못했다면, 여기서 충분히 보상받을 수 있다.

드농 관

● 　드농 관으로 이동하여 1층 4전시실에 입장하면 여행자의 시선을 사로잡는 작품이 미켈란젤로의 〈죽어 가는 노예상〉과 카노바의 〈에로스와 프시케〉 상이다. 그중 에로스와 프시케는 조각 자체만으로도 빛나는 아름다움을 보여주지만 그 조각에 얽힌 이야기도 감동스럽다.

〈에로스와 프시케〉 상은 그리스 신화를 소재로 한 작품이다. 영어로는 사이키라고 읽는 프시케는 어느 왕국의 공주 가운데 한 명으로 미모가 빼어났다. 이를 시기한 아프로디테는 에로스에게 그녀가 혐오스러운 사람과 사랑에 빠지도록 하라고 명령한다. 그러나 에로스는 프시케를 본 순간 그녀의 미모에 반하여 첫눈에 사랑에 빠지게 된다. 그는 프시케에게 완전한 어둠 속에서만 자신을 만날 수 있으며, 이를 어기면 영원히 헤어지게 된다는 것을 조건으로 부부가 된다.

| 에로스와 프시케

시간이 지나 프시케를 시기한 그녀의 두 언니는 에로스가 괴물일지도 모르니 확인해 보라고 부추긴다. 마음이 흔들린 프시케는 잠자는 에로스를 들여다보게 되었고 에로스는 프시케의 불신을 꾸짖고 떠나 버린다. 남편을 찾아 나선 프시케는 아프로디테의 까다롭고 힘든 시험을 견뎌내고 마지막 시험으로 지하 세계의 여왕인 페르세포네의 처소로 가서 아름다움이 담긴 상자를 가져와야만 했다. 단, 상자를 절대 열어서는 안 된다는 조건이 있었다. 상자를 손에 넣은 프시케는 호기심에 그만 상자를 열게 되고 안에 들어 있던 죽음의 잠에 휩싸이지만, 에로스가 나타나 프시케를 구하고 제우스에게 간청해 두 사람의 결합을 인정받게 된다.

사랑에 빠지면 사랑하는 대상의 모든 것이 아름다워 보이지만 시간이 지나면 상대방의 단점을 비롯한 모든 것을 보게 되고 사랑의 감정은 사라진다. 〈에로스와 프시케〉 조각상은 여기서부터 진실한 사랑이 시작된다고 이야기한다. 신화에서 프시케는 사랑하는 사람의 마음이 변해도 포기하지 않고 사랑에 따르는 달콤함 뒤에 있는 모든 아픔을 이겨내면서 비로소 진정한 사랑을 찾는 모습을 보여준다. 〈에로스와 프시케〉 상은 격정적인 사랑의 요소가 절제된 채 정적이며 조화로운 모습을 하고 있다. 모든 것을 초월한 정신적인 사랑이 느껴진다. 특히 하얀 대리석을 완벽하게 조각해 순결함이 빛나는 작품이다.

| 니케

〈에로스와 프시케〉 상을 지나면 이탈리아 조각들이 있는 큰 전시실 너머로 큰 계단이 보인다. 계단 끝에 전시된 작품이 비너스 상만큼 많은 사랑을 받는 〈니케〉 상이다.

승리의 여신 니케로 잘 알려진 니케 상은 영화 〈타이타닉〉에서 남녀 주인공이 뱃머리에서 니케 상을 재연해 더욱 유명해졌다. 기원전 196년 로도스가 시리아와의 해전에서 승리한 것을 기념하기 위해 신전에 바친 이 조각상은 그리스 선단 뱃머리에 장식된 것으로 두 날개를 펴고 금방이라도 하늘을 날 듯한 자세를 취하고 있지만 사실은 뱃머리에 막 내려서는 모습을 조각한 것이다. 승리를 상징하는 유연하면서도 강인한 날개의 기상 아래 세찬 바닷바람에 날려 흐르는 치마 주름들의 펄럭이는 소리가 금방이라도 들릴 듯 생생하다.

모나리자

● 이제 모나리자를 만날 시간이다. 니케 상 오른쪽으로 들어서면 대회랑이 나타나고 그 중간 6전시실에 모나리자가 있다.

인류사를 통틀어 최고의 천재 중 한 명인 레오나르도 다빈치의 작품이다. 그의 작품 〈모나리자 Mona Lisa〉는 구도와 원근법의 측면에서 수수께끼 같은 작품이다. 모나리자의 배경은 단순히 모나리자를 바라보는 시점에 있지 않고 하늘에서 내려다보는 다시점 구도로 되어 있다. 이는 공기원근법을 사용한 계곡 사이의 길과 다리가 푸르스름한 빛에 싸여 모델과 거리감을 두고 신비로움을 더한다. 웃는 듯 화난 듯 표정을 알 수 없는 모나리자 역시 신비로운 미소를 띠고 있다. 다빈치는 정면을 보지 않고 측면을 바라보고 있는 그녀의 얼굴을 완성한 뒤 손가락으로 윤곽선을 지워 마무리하는 스푸마토 기법을 사용하여, 성스러우면서도 냉정한 신비의 미소를 창조했다. 다빈치는 모나리자를 통해 한 인간의 겉모습뿐만 아니라 내면의 영혼까지 표현하고 있다.

비너스

● 루브르 박물관을 대표하는 그림이 모나리자라면 대표 조각은 〈비너스〉이다. 비너스는 대회랑에서 내려와 1층 15전시실에 있다.

비너스 상은 작자 미상으로 그리스 근처 밀로 섬에서 발견되어 '밀로의 비너스'라 불린다. 4세기경에 제작된 것으로 알려진 비너스 상은 수학적인 질서인 황금 비율로 만들어져 실제 인간의 몸매로는 절대 불가능한 팔등신의 이상적인 미를 가지고 있다.

흘러내리는 주름 잡힌 치마는 생동감을 넘어 관능적인 아찔함을 물씬 풍기지만 그녀의 얼굴로 올라오면 성스러운 미소가 흘러 정숙된 아름다움으로 변화한다. 비너스 상은 관능미와 정숙미가 균형을 이루는 모습에서 어느 쪽에도 치우치지 않는 절묘한 아름다움의 완성을 보여준다.

 플러스 α

루브르 박물관을 효과적으로 감상하려면 입장권 구입처인 나폴레옹 홀에서 리슐리외 관으로 입장하여 계단을 올라가 왼쪽으로 이동하여 3전시실 〈라마수〉와 〈함무라비 법전〉을 감상하자. 입구로 돌아와 에스컬레이터를 타고 2층을 지나 3층 4전시실로 이동하여 얀 반 아이크의 〈롤랭 재무상과 함께 있는 마돈나〉를 감상하자. 다시 에스컬레이터로 가서 반대편으로 돌아가면 19전시실 루벤스 연작 시리즈 〈마리 드 메디치〉와 38전시실 베르메르의 〈레이스를 짜는 여인〉 그리고 31전시실에서 렘브란트의 작품을 만날 수 있다. 에스컬레이터를 타고 다시 2층으로 이동 87전시실 나폴레옹 3세의 아파트먼트를 감상한다.

입장권을 구입했던 나폴레옹 홀로 나와 잠시 휴식을 취한 후 드농 관으로 입장하자. 입장권은 한 번 구입하면 하루 동안 얼마든지 드나들 수 있다. 드농 관으로 입장해

1층 4전시실의 미켈란젤로의 〈죽어가는 노예상〉과 카노바의 〈에로스와 프시케〉를 감상한 후 4전시실 앞으로 보이는 큰 계단을 따라 2층으로 올라가면 니케 상이 보인다.

니케 상에서 오른쪽으로 가면 66전시실 아폴로 갤러리에서 나폴레옹 황제 대관식 왕관을 감상한 후 다시 니케 상으로 돌아와 반대편 작은 계단을 오르면 이탈리아 르네상스 작품이 있는 1~8전시실이 나온다. 이곳이 소설 〈다빈치 코드〉에 나오는 대회랑이다.

대회랑에서 레오나르도 다빈치의 〈성모자상〉과 〈암굴의 성모〉를 감상한다. 특히 6전시실의 〈모나리자〉는 놓치지 말자. 다시 대회랑으로 나와 8전시실 끝 오른쪽에 아르킴 볼도의 〈봄 여름 가을 겨울〉이 나온다. 이 작품 왼쪽 옆으로 좁은 복도를 가로지르면 대 계단이 보이고 오른쪽으로 돌아가면 프랑스 회화가 집대성되어 있는 77전시실이다. 앵그르 〈그랑 오달리스크〉, 들라크루아 〈민중을 이끄는 자유의 여신〉, 제리코 〈메두사의 뗏목〉, 다비드 〈나폴레옹 황제 대관식〉 등을 감상하자. 앞에 보이는 대 계단으로 내려가 오른쪽으로 돌아서 가면 〈비너스〉가 나온다.

루브르 박물관을 나서면 점심때가 훨씬 지나 있다. 루브르 박물관 안의 식당은 비싸고 맛이 없다. 알차면서 맛있는 음식을 먹고 싶다면 루브르에서 나와 오페라 하우스로 가는 대로에서 두 번째 버스 정류장 오른쪽으로 들어가면 다양한 한식과 일식 그리고 중국 식당들이 즐비한 아시아 식당 거리가 있다. 여기 있는 K마트에서 여러 가지 한국 음식을 살 수도 있다. 박물관 음성 해설 파일은 www.tourya.com에서 무료로 받을 수 있다.

찾아가는 길

지하철 1 · 7호선 국립 루브르 박물관 Royal-Musee du Louvre 역에서 하차한다.
개장 시간: 10:00~18:00
마지막 입장: 15:15(수 · 금요일 ~21:45)   휴일: 화요일, 1/1, 5/1, 12/25

27 파리:
유람선 바토무슈 Bateau-Mouche

● 　파리를 여행하면서 센 강 유람선을 타지 않는다면 팥 없는 찐빵을 먹는 것과 같다. 파리의 관광지 대부분이 센 강 주위에 있어서 유람선을 타면 파리의 주요 관광지를 볼 수 있기 때문이다.

　지하철역을 나서면 찻길 중간에 자유의 횃불이 보인다. 파파라치에 쫓기던 영국 다이애나 왕세자비가 교통사고로 죽은 곳이다. 횃불 밑으로 보이는 많은 꽃다발들이 그녀에 대한 많은 사람들의 추억과 사랑을 보여준다. 찻길을 건너 알마 다리 밑으로 가면 바토무슈 Bateau-Mouche 선착장이 보인다. 표를 끊고 입장하면 철제 상자에 각 나라별 팸플릿이 비치되어 있으니 태극기가 붙어 있는 뚜껑을 열어 한국어 팸플릿을 챙기자. 유람선이 지나가는 모든 관광지의 이름이 적혀 있다. 바토무슈는 유명 관광지를 지날 때마다 방송으로 관광지 설명을 하지만, 안타깝게도 한국어 서비스는 프랑스, 영어, 중국어 등 다른 언어가 다 나온 뒤에 방송되

| 센 강 유람선

기 때문에 한국어가 나올 때쯤 설명하는 관광지는 이미 지나고 없는 경우가 대부분이다.

파리에는 총 32개의 다리가 있으며 그중 22개의 다리를 지나는 유람선은 20분 간격으로 출발하며 1시간 30분 동안 파리에서 가장 유명한 관광지인 오르세 미술관, 루브르 박물관, 노트르담 사원, 시청사, 콩코드 광장, 에펠 탑 등을 차례로 지난다. 여름에 찌는 듯한 더위를 피해 유람선에 몸을 실으면 센 강의 시원한 바람과 함께 그 여유로움에 흠뻑 빠진다.

유람선을 타고 가다 보면 센 강가 어느 곳에서나 조용히 책을 읽거나 음악을 연주하는 많은 파리 시민들을 만날 수 있다. 그들은 항상 웃으며 손을 들어 인사를 건넨다. 친수 공간을 중요시하는 파리 사람들의 여유로운 생활을 엿볼 수 있다. 특히 해질 무렵 유람선을 타고 센 강을 따라 파리를 가로지르면 빨갛게 달아오른 하늘을 배경으로 아름다운 고전 건

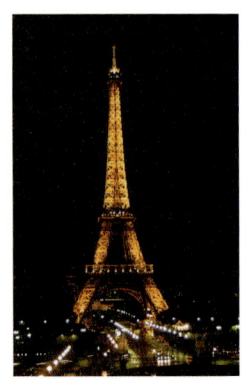

축물들이 그림책을 펼치듯이 차례로 다가왔다가 사라진다.

한쪽 목적지에 다다른 유람선이 회항하여 에펠 탑으로 향하는 시간쯤이면 파리는 완전히 어둠에 잠긴다. 서서히 유람선이 어둠을 헤치고 에펠 탑으로 다가가면 에펠 탑은 낮의 날씬하면서 늠름한 철의 조형미는 사라지고 시커먼 하늘을 향해 타오르는 듯 어마어마한 불기둥으로 변해 있다. 시간이 멈추었으면 좋겠다고 느낄 정도로 아름다움에 압도당한다. 하지만 아직 압도당하기에는 이른 시각이다.

해가 완전히 진 뒤 매시 정각마다 시작하는 사이키 조명이 에펠 탑을 보석처럼 빛내면 마치 하늘에서 아름다운 별들이 마구 쏟아지는 듯한 절정의 환희를 맛본다. 유람선에서는 여기저기서 환호 소리가 끊이지 않고 셔터 누르는 소리와 플래시가 어우러져 일대 장관을 이룬다. 그렇게 아우성치는 에펠 탑의 아름다움을 뒤로하고 파리의 밤은 깊어간다.

 플러스 α

바토무슈를 제대로 즐기려면 해질 무렵(여름 저녁 9시 30분/겨울 5시)에 탑승해야 황홀한 일몰은 물론 에펠 탑의 압도적인 야경을 만끽할 수 있다. 배에 승선하기 전에 슈퍼에서 미리 샴페인이나 포도주를 준비하자. 아름다운 파리 야경을 감상하면서 배 위에서 먹는 한잔의 샴페인은 여행의 기쁨과 낭만을 배가시킨다. 바토무슈 승선장 주위에는 슈퍼가 없으니 미리 준비해 가야 한다.

 찾아가는 길

지하철 9호선 알마 마르소 Alma Marceau 역에서 하차한다.

28 파리: 오랑주리 미술관 Musee de l'Orangerie

● 모네가 수련을 그렸던 지베르니 Giverny는 파리에서 1시간 거리에 있다. 모네의 작업장이었던 기념품 가게를 지나면 모네의 집 앞으로 넓은 정원이 펼쳐진다. 푸른빛으로 빛나는 꽃들과 조그만 시냇가를 지나면 연못과 다리가 나온다. 모네의 작품에서 보았던 바로 그곳이다. 수많은 수련이 하늘빛을 받아 물과 경계 없이 한데 어우러져 깊은 꿈을 꾸고 있다. 모네는 연못 속에 담겨 있는 수련과 빛 그리고 물을 재료로 또 하나의 우주를 창조하였다. 그의 수련에 대한 집념과 확신은 당시 미의 기준을 바꾸었다. 같은 사물이지만 다르게 보면 얼마나 큰 차이가 나는지 그의 작품에서

| 모네의 집 정원
〈수련〉 작품을 그릴 당시의 정원에 자신이 서 있는 듯한 착각에 빠진다.

| 모네의 〈수련〉 연작

실감할 수 있다.

지베르니에서의 감동을 더욱 연장하고 싶다면 파리 오랑주리 미술관 Museé de l'Orangerie 으로 가자.

미술관에 입장하면 모든 전시실 벽이 수련으로 꽉 차 있다. 하지만 전시실 벽을 꽉 채우는 〈수련〉 작품에서 수련은 보이지 않는다. 마치 노을 속 구름처럼 황홀한 이미지를 연출하며 오로지 해와 물이 만나 펼치는 빛의 향연만이 넘쳐나고 있다.

모네는 처음에 수련을 1m 정도로 그렸지만 점차 크기가 커져 2m, 3m의 대작을 그렸다. 작품 속 내용도 처음에는 연못 주변 풍경이 함께 보이지만, 뒤로 갈수록 밀려나고 마침내 수련만으로 꽉 찬다. 그는 86년이라는 긴 생애의 마지막 30년을 수련 연작에 바쳤다. 그가 지베르니의 정원을 손수 가꾸고 연못을 파 수련을 키운 이유는 누구도 흉내 낼 수 없는 자기만의 고유한 빛과 색채의 세계를 만들기 위해서였다.

고흐에게 〈해바라기〉가 있다면 모네에게는 〈수련〉이 있다. 모네가 수련 연작에 매달린 말년은 아내와 아들에 이어 자신과 가장 친했던 르누아르까지 차례로 세상을 떠나고, 모네 자신은 백내장으로 고생하던 시기이다. 〈수련〉 연작은 그에게 슬픔을 이겨내며 예술가로서 마지막 에너지를 쏟은 작업이었다.

　쌀 한 톨도 탄생하려면 무수한 햇빛과 바람 그리고 비가 필요하듯이 한 송이 수련 역시 햇살과 물이 만나고 물결과 바람이 만나야만 그 생명을 탄생시킨다. 그렇듯 한 송이 수련 속에 우주가 있고, 우주는 한 송이 수련이 된다. 모네의 〈수련〉은 우주이다.

 플러스 α

오르세 미술관의 별관인 오랑주리 미술관은 튈르리 정원 안의 식물원이었으나 모네의 연작 〈수련〉을 전시할 목적으로 건물을 개조하여 미술관으로 탄생했다. 1층에는 〈수련〉 연작, 〈해질녘〉과 〈해뜰녘〉이 2개의 타원형 방 둥근 벽에 전시되어 있다. 오랑주리 미술관은 오후 늦게 방문하기를 추천한다. 햇빛이 머리 위로 쏟아지는 전시실에서 빛이 바뀔 때마다 그림이 물결치는 광경을 볼 수 있다.

오랑주리 미술관의 입장표는 오르세 미술관 입장표와 함께 구입하면 저렴하다. 오르세 미술관과 오랑주리 미술관은 걸어서 15분 거리에 있다. 수련의 여운을 지속하고 싶다면 기념품점에서 〈수련〉이 그려진 우산과 컵 받침을 추천한다.

 찾아가는 길

지베르니로 가는 열차는 생라자르 St. Lazare 역에서 출발하며 8시 20분, 10시 20분 등 2시간 간격으로 있으며 기차는 베르농 Vernon 까지 가며 여기서 셔틀버스를 타면 10분 안에 도착한다. 돌아오는 버스 안은 혼잡하니 미리 와서 기다리는 것이 좋다.

개장 시간: 10:00~18:00　　　　　마지막 입장: 15:15(목요일 ~21:00)
휴일: 월요일, 1/1, 5/1, 12/25

29 파리:
오르세 미술관 Musee d'Orsay

● 　파리는 예술의 도시인 만큼 미술사에 따라 미술 작품을 크게 세 가지로 나누어 전시한다.

　그리스 고전부터 르네상스 및 프랑스 신고전주의 작품까지는 루브르 박물관, 신고전주의와 사실주의부터 후기 인상파 작품까지는 오르세 미술관, 근현대 작품은 퐁피두 센터에 전시한다. 음악사에서 모차르트, 베토벤 등 최고의 전성기가 빈 고전악파 시기였다면 미술은 단연 마네, 모네, 고흐, 고갱, 세잔 등 일반적으로 잘 알려진 인상파 시기가 최고의 전성기이다. 이러한 작품들이 모여 있는 곳이 오르세 미술관 Museé d'Orsay 이다.

밀레의 만종

● 　파리에서 조금 떨어진 마을 바르비종에는 이상적인 아름다움을

| 오르세 미술관
사실주의와 인상주의 화가들의 작품이 주로 전시되어 있다.

그리는 신고전주의를 거부하고 자연과 일하는 농부들의 사실적인 모습을 그린 바르비종파 화가들이 모여 살았다. 바르비종파의 수장인 밀레는 가족의 생계를 위해 자신의 작품을 팔려고 화랑을 돌아다니지만 어느 곳에서도 작품을 받아주지 않았다. 화랑 주인들은 아름다운 여인이나 그리스 신화 같은 이상적인 주제를 원했다. 그가 그린 농부와 자연은 천박하고 쓸모없는 대상으로 여겨져 아무도 관심이 없었다. 힘이 빠진 채 집으로 오는 길에 화랑을 경영하는 친구를 우연히 만난다. 친구는 그의 초라한 모습을 보며 안타까운 마음에 그의 그림을 어떻게든 팔아 보겠다고 빼앗듯이 가져간다. 그 작품이 〈만종〉이다.

　밀레의 작품을 가져간 친구는 최신 유행하는 이상미가 넘치는 신고전주의 작품들을 경매에 붙였다. 이때 중간에 슬쩍 밀레의 〈만종〉을 올렸다. 사람들이 웅성거렸다. 천한 농부와 작품의 배경으로만 쓰이는 자연을 그리다니 정신 나간 작품이라고 비판하였다. 하지만 웅성거리는 사람들 중에 미국에서 건너온 거부의 눈에 밀레의 〈만종〉은 충격이었다. 미국으로 건너가 오로지 종교에 의지하며 서부를 개척하던 자신들의 삶이 그대로 담겨 있었기 때문이다.

　뜨겁게 이글거리던 한낮의 태양빛이 저녁이 되어 편안한 빛으로 변하

고 멀리서 들리는 교회 종소리가 들판으로 퍼지자 일하던 부부는 고개 숙여 고단하지만 충만한 하루에 감사 드린다. 일상의 평화와 경건함이 넘치는 작품은 모든 것이 멈춘 듯 영원하고 행복해 보인다.

미국의 거부는 이 작품을 거액에 사들였고 밀레의 〈만종〉은 순식간에 유명해졌다. 작품을 구입한 미국인이 그림을 맡겨 두고 이탈리아로 가구를 사러 간 사이, 프랑스 정부는 자신들의 문화재를 계속 미국에 빼앗기기 싫어서 경매법을 바꾸어 〈만종〉을 재경매에 붙인다. 파리로 돌아온 미국인은 화가 나서 천문학적 가격으로 〈만종〉을 다시 낙찰 받아 미국으로 가져간다. 미국에 간 〈만종〉은 미국인들로부터 열광적인 인기를 받으며 최고의 작품이 되었다. 이 시절 미국의 영향을 받았던 우리나라 대부분의 이발소에도 밀레의 〈만종〉이 걸려 있을 정도였다.

이때부터 사람들은 사실주의 작품을 알게 되었다. 자연이나 농부는 그림의 배경이 아니라 그 자체로 주제가 될 수 있으며 우리들에게 아름다운 감동을 선사할 수 있다는 사실을 깨달았다. 미술사는 이상적인 것을 추구하던 신고전주의에서 사실주의로 서서히 나아갔다. 최근 〈만종〉은 프랑스에서 다시 사들여 오르세 미술관에서 소장 중이다.

마네의 올랭피아

● 사실주의 화풍이 기존의 신고전주의와 낭만주의 화풍을 천천히 구시대로 밀어내고 있을 무렵 기존의 화풍을 완전히 구시대로 밀어젖힌 것은 인상주의였다. 그 선두에 열정적인 화가 마네가 있다.

파리 교외 숲에서 환한 대낮에 파리 대학 모자를 쓴 정장 차림의 남자들이 소풍을 즐기고 있다. 한 여자가 남자들 곁에서 천연스럽게 발가벗고 이야기를 나누면서 관람객을 뻔히 쳐다보고 있다. 무슨 문제라도 있느냐는 표정이다. 멀리서 다른 여인도 속옷 차림으로 숲을 즐기고 있다. 이것이 인상주의의 문을 열었던 마네의 작품 〈풀밭 위의 점심 식사〉이다.

그의 작품은 살롱 전에서 탈락하고 나폴레옹 3세가 개최한 낙선전에 출품되자 신문에서는 연일 그를 정신이상자라고 비난했으며 작품을 관람하던 파리 사람들은 분노했다. 당시 이상주의적 화풍에 젖어 있던 파리 사람들에게는 충격일 수밖에 없었다. 이전에도 화가들 작품 속에 누드화는 있었지만 천사를 동반한 상상 속의 이상적인 몸매이며 시선도 순종적이었다. 이 작품 속처럼 울퉁불퉁한 사실적인 몸매에, 그림 속 인물이 뻔히 쳐다보는 모습은 상상할 수 없었다.

마네의 다음 작품 〈올랭피아〉에 파리 사람들은 더욱 거세게 반발했다. 그림 속 중앙에 창녀 올랭피아가 뻔히 쳐다보는 이 작품은 격분한 파리 시민들이 작품을 훼손할 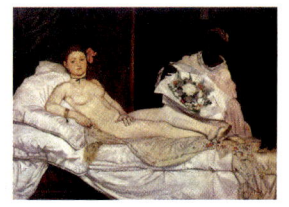 까봐 사람들의 손이 미치지 않는 높은 곳에 전시하는 해프닝을 빚게 했다.

당시까지의 그림은 명암법과 원근법에 의해 사물의 깊이나 두께 등 평면 위에 실제와 같은 입체적인 삼차원 모습을 강조하고 있었다. 마네는 이를 무시했다. 그는 이상적인 여자를 그린 것이 아니라 있는 그대로의 여자를 그리고 싶었던 것이다. 〈올랭피아〉를 보면 입체감을 나타내는 원근법과 명암법을 무시하고 있다. 명확한 윤곽선과 밝은 색감만으로 입체감을 표현하고 있다. 그래서 작품은 굉장히 불안정해 보인다. 이차원적인 평면성과 삼차원적인 입체성이 아슬아슬하게 조화를 이루며 양립하고 있기 때문이다.

"나는 내가 보고 느끼는 것을 있는 그대로 그렸다."고 마네는 말했다. 마네는 단순하면서 명암법을 무시한 평탄한 색감이 현실을 더욱 잘 반영한다고 생각했다.

1860년 마네는 그만의 혁신성과 창의성으로 400년 이상 지속된 관습이 제거된 현대화의 길을 열어 주었다.

이후 인상주의는 점차 보편화되기 시작했으며 살롱전은 그 위엄이 허물어지기 시작하였다. 인상주의 이후 서양 미술이 고전적이고 아카데미적인 미술 일변도에서 새롭고 다양한 미술로 나아가는 미술사 최대의 혁명이 일어나기 시작했다.

플러스 α

시대의 흐름에 따라 1층 → 3층 → 2층 순으로 감상하면 좋다. 먼저 18~19세기 신고전주의와 사실주의 작품이 있는 1층에서 밀레의 〈만종〉, 쿠르베의 〈화가의 아틀리에〉, 마네의 〈올랭피아〉 등을 먼저 감상한다. 인상파와 후기 인상파의 작품이 있는 3층으로 이동하여 드가의 〈댄스 교습〉, 모네의 〈양산을 든 여인〉과 〈수련〉, 르누와르의 〈피아노 앞의 소녀들〉, 세잔의 〈카드놀이 하는 사람들〉 등 대표적인 작품을 감상한다. 이어서 2층으로 내려와 특별 전시실에서 고흐의 〈오베르의 교회〉, 〈자화상〉, 〈고흐의 방〉, 고갱의 〈타히티의 여인들〉과 〈자화상〉을 감상한 후 근대 조각인 로댕의 〈지옥의 문〉과 〈발자크〉 순의 동선으로 돌아보자. 마지막 1층으로 다시 내려와 중앙 홀에 있는 카르포의 〈춤〉과 〈우골리노〉를 감상한다.

미술관 음성 해설 파일은 www.tourya.com에서 무료로 받을 수 있다.

찾아가는 길

- 지하철 12호선 솔페리노Solferino 역에서 하차한다.
- RER C선 오르세 미술관Musee d'Orsay 역에서 하차한다.

개장 시간: 09:30~18:00   마지막 입장: 17:15(목요일 ~21:00)
휴일: 월요일, 1/1, 5/1, 12/25

30 파리:
퐁피두 센터 Centre Georges Pompidou 와 마레 지구 Le Marais

● 파리는 수없이 몰려드는 여행자와 이민자들 때문에 혼잡해지면서 이전의 낭만을 점차 잃어 가고 있다. 예전의 모습이 퇴색되어 가는 파리에서 여행자들과 파리지앵으로부터 여전히 사랑을 받고 있는 지역이 마레 지구이다. 이곳은 유일하게 깨끗하면서 세련된 파리의 이전 모습을 간직하고 있다.

퐁피두 센터 Centre Georges Pompidou 를 시작으로 세인트 폴 성당 St. Paul's Cathedral 을 지나 바스티유 광장 Place de la Bastille 에서 끝나는 마레 지구 Le Marais 는 예전 시테 섬에 살던 귀족들이 보주 Voges 광장을 중심으로 이주하면서 호화로운 주거 건축을 많이 지었다.

| 마레 지구
파리의 이전 모습을 간직하고 있는 마레 지구의 거리

| 퐁피두 센터
건물 내부에 있어야 할 것들이 모두 바깥으로 나와 있는 구조로 이루어져 있다.

　지금은 레스토랑과 카페, 패션 숍, 리빙 숍들이 자리 잡고 있으며 다양한 아이템들과 1년 후의 패션 트렌드를 알 수 있는 빈티지 최첨단 지역이다. 또한 이곳은 레미제라블의 작가 빅토르 위고가 살았던 지역으로 저녁이면 카페 전체가 파리지앵들의 열띤 토론으로 후끈 달아오를 만큼 진지한 곳이다.

　마레 지구의 시작 퐁피두 센터는 건물 내부에 있어야 할 것들이 모두 바깥으로 나와 있는 구조로 건물 밖의 파란색은 환기관을, 초록색은 배관, 노란색은 전기관, 빨간 부분은 에스컬레이터 등의 이동을 보여준다. 건물 속에 숨겨진 기능적인 면을 밖으로 꺼내어 보여주는 퐁피두 센터는 덕분에 자유롭고 넓은 실내 공간을 확보하여 전시장으로 최고의 가치를 가진다.

　퐁피두 센터는 파리의 현대 미술관과 전시실 그리고 도서관으로 사용되며 이곳 3~4층에 있는 현대 미술관을 방문한다면 피카소부터 칸딘스키, 마티스 등 근대 최고 화가들의 작품들과 앤디 워홀과 리히텐슈타인 등 1960년 이후의 다양한 현대 작품들을 감상할 수 있다. 색과 빛 그리고 공간만으로 사람을 감동시키며 디자인의 본질을 보여주는 현대 미술관은 마레 지구 최고의 여행지이다.

풍피두 센터에서 길을 건너 마레 지구로 들어서면 벤시몽 신발 가게와 마쥬, 산드로 스탁 매장, COS, 마리아쥬 프레르 홍차 가게 등 볼거리가 넘친다. 특히 COS는 스웨덴 SPA 브랜드로 질이 좋고 디자인이 심플하여 파리에 사는 사람들이 추천하는 가게이다. 이 밖에 마레 지구를 거닐다 보면 처음 보는 브랜드를 발견하는 즐거움도 가질 수 있다.

마레 지구에서 간단한 점심 식사를 원한다면 유대인 지구에 있는 라스 뒤팔라펠Las Du Fallafel 식당의 팔라펠을 추천한다. 인기가 많아 언제나 줄을 서서 기다려야 한다. 보통 피타라는 주머니 모양의 빵에 팔라펠을 가득 담아 샐러드와 요구르트를 잔뜩 뿌리는 팔라펠 샌드위치를 만들어서 먹는데 우리 입맛에는 커리 치킨이 맛있다.

프랑스 식당을 원한다면 세인트 폴 역 스타벅스 근처에 있는 라페보리다La Favorite 식당을 추천한다. 빨간색 차양막이 있어 찾기 쉬운 곳으로, 식사 시간이 되면 줄을 서서 기다리는 곳으로 수제 햄버거가 맛있다.

| 라페보리다 식당
프랑스 요리를 맛볼 수 있는 곳이다.

맛있는 식사 후 오후 시간은 보주 광장 근처에 있는 빅토르 위고의 집이나 피카소 미술관을 추천한다. 위대한 예술가들의 작품에서 진정한 파리의 향기를 느낄 수 있다.

하루 종일 돌아다녀도 다양한 눈요깃거리로 시간 가는 줄 모르는 마레 지구의 마지막 종착지는 바스티유 광장이다. 광장에 도착하면 바스티유 극장이 한눈에 보이는 철학 카페 카페 피로cafe de Phares가 있다. 커피

한 잔을 놓고 여유를 즐기면 파리에서만 누릴 수 있는 호사가 온몸을 자극하며 잊지 못할 추억을 만들 수 있다.

 플러스 α

퐁피두 센터는 11시에 문을 열며 입장권을 사면 모든 미술관 전시관을 돌아다닐 수 있다. 1층 로비에서는 와이파이를 무료로 사용할 수 있다.
마레 지구에서 저녁으로 제대로 된 프랑스 음식을 먹고 싶다면 셰 자누Chez Janou 식당을 추천한다. 추천 요리는 카시스 소스를 곁들인 오리가슴살 구이marget de canard aux baies de cassis(16.5유로) 비스트로 등심 스테이크entreco'te bistrot (18유로)를 추천하며 후식으로 초콜릿 무스(7.5유로)가 좋다.
www.chezjanou.com

 찾아가는 길

퐁피두 센터
지하철 11호선 랑뷔토Rambuteau 역에서 하차한다.
개장 시간: 11:00~21:00(토 · 일 · 공휴일 10:00~22:00)

스페인

Spain

31 그라나다: 알람브라 Alhambra 궁전

● 이슬람 제국과 기독교 왕국의 마지막 싸움터였던 곳이 그라나다 Granada이다. 그 싸움에 패한 이슬람 제국의 마지막 궁전 알람브라에는 무어 왕들의 이야기와 어두운 지하 감옥, 신비스러운 건축들이 어우러져 신화와 전설이 가득하다. 이슬람 민족은 732년부터 1492년까지 약 8세기 동안 스페인 영토를 포함한 이베리아 반도를 지배하며 이슬람 문화의 흔적을 곳곳에 남겼다. 그중 최고 결정체가 알람브라 궁전으로, 1984년에 세계 문화유산에 등재되었다.

'붉은 성'이라는 뜻의 알람브라 궁전에 입장하면 궁전에서 가장 오래된 요새 알카사바 Alcazaba가 나온다. 요새에 들어서면 스페인 사람들이 무어인으로부터 이 성을

| 알카사바
궁전에서 가장 요래된 요새이다.

| 사자의 정원
하렘의 공간으로 왕 이외의 남성은 출입할 수 없었다. 오른쪽은 사자의 정원 남쪽에 있는 아벤세라헤스 방으로 종유석 모양의 장식 모카라베스로 천장을 장식하고, 별 모양의 구조를 하고 있다.

빼앗았을 때 승리를 기념한 종이 보인다. 이 종을 마지막으로 유럽에 존재한 아랍 스페인의 풍부한 문화는 사라지고 기독교로 통일되었다.

　알람브라의 하이라이트는 나스리드 궁전 Palacios Nazaries 의 카사레알 Casa Real 이다. 이슬람 왕이 거주하는 카사레알은 사자의 정원과 대사들의 방으로 구성되어 있다.

　사자의 정원에는 무하마드 5세 때 조각된 124개의 대리석 기둥이 줄지어 서 있고 중앙에 12마리의 사자가 떠받치고 있는 분수가 있다. 12마리의 사자는 그라나다에 살던 유대인 12부족을 의미하며 그들이 이 분수대를 왕에게 선물했다고 한다. 분수대 주위의 열쇠 구멍 모양의 궁전 창문은 열쇠가 구멍을 만날 때 알라가 오신다는 가르침을 의미한다. 이곳은 하렘으로 왕 이외의 남성은 출입할 수 없었다.

　대사들의 방은 왕이 방문객을 만날 때 사용하는 공식 행사장으로 이슬람교에서 말하는 우주의 일곱 하늘을 재현해 놓았다. 8017개에 달하는 나뭇조각을 완벽하게 짜맞춘 이곳 천장은 연못과 바닥에 반사된 햇빛이 다시 천장을 밝혀 항상 은은한 분위기를 자아낸다. 방을 장식하는 말굽 모양의 아치 문양, 연속적인 반원 무늬 등 기하학적인 무늬와 그 패

| 헤네랄리페 정원
성주의 여름 별장으로 이용되던 곳이다.

턴의 반복으로 방 안의 모든 것은 이미 이 세상을 초월해 신에게 다가가고 있다. 방에 새겨진 숫자 7은 영혼이 신에게 다가가는 것을 의미하며 숫자 4는 하늘과 천국을 나누는 영역을, 숫자 1은 모든 것이 알라신을 위한 것임을 상징한다.

궁전 관람의 마지막 코스는 사이프러스 나무로 둘러싸인 헤네랄리페 정원Generalife Gardens이다. 14세기 초 성주의 여름 별장으로 사용한 이곳은 아라베스크 무늬의 조각과 물 그리고 꽃이 어우러져 이국적 향취가 가득하다. 사막 인들의 물에 대한 동경은 남다르다. 물은 그들에게 생명의 근원이다. 이러한 사막인들이 물이 풍부한 스페인과 만났으니 세상에서 가장 화려한 정원이 나오는 것은 당연하다. 정원 곳곳에 있는 건축물은 물에 반사되어 반짝반짝 빛나고 벌집 모양의 아치는 소멸되는 듯 무궁함을 향해 이어간다. 무어인들은 물처럼 일시적인 것을 안정적인 건축에 도입, 그 조화의 아름다움은 신의 경지로 나아갔다.

알람브라 궁전은 매년 약 6천만 명이 방문하는 무어식 궁전의 결정판이다.

플러스 α

스페인의 전설적인 기타리스트 프란시스코 타레가가 알람브라 궁전을 구경한 후 깊은 감명을 받고 작곡한 곡이 〈알람브라 궁전의 추억〉이다. 슬프면서도 매혹적인 곡조의 이 노래를 준비해 가서 알람브라 궁전에서 들으면 더욱 감동적으로 느껴질 것이다. 또한 궁전을 다 관람한 후 해질녘이면 이슬람 교도들의 거주지였던 알바이신 지구로 가서 맞은편 언덕에서 알람브라 궁전을 감상하자. 해질녘 알람브라 궁전의 환상적인 아름다움에 넋이 나가는 기분을 느낄 수 있다.

알람브라 궁전은 하루 7,200명으로 입장객을 제한해 놓았다. 전화나 인터넷으로 미리 예약을 하거나 새벽 4시에 일어나 택시를 타고 매표소에 도착해 3시간 이상 기다려야 입장할 수 있다. 일정이 정해진 여행자라면 알람브라 궁전에 가기 전에 반드시 인터넷으로 예약하자.

www.alhambra-tickets.es

찾아가는 길

누에바Nueva 광장에서 소형 버스 31 · 32번을 타거나 시내에서 택시를 이용하면 된다.
개장 시간 : 09:00~18:00(여름 화 · 수 · 목 · 토요일 22:00~01:00까지 연장)

32 마드리드 근교:
톨레도 Toledo

●   세르반테스가 '스페인의 영광이요 빛'이라고 극찬한 톨레도는 16세기까지 스페인의 정치, 종교, 문화, 경제의 중심지였다. 당시 기독교와 무슬림 그리고 유대인들이 함께 살았는데 16세기 무어인들이 기독교인들에게 추방되면서 톨레도는 스페인 기독교의 중심지가 되었다.

  구시가 곳곳 이슬람 사원들과 서고트 스타일의 구조물, 유대 교회, 르네상스의 구조물이 남아 있어 도시 전체에 갖가지 건축 양식들이 축제를 벌이고 있는 듯하다. 1987년 12월 톨레도는 유네스코에 의해서 세계 문화유산 도시로 지정되었다.

  500년 전 열쇠를 그대로 사용하고 중세의 옛집들이 들어서 있는 톨레도의 좁고 복잡한 길을 걷다 보면 어느새 산타크루즈 미술관에 도착한다. 이름 그대로 성 십자가 모양을 한 산타크루즈 미술관에는 스페인 최고의 화가 엘 그레코 El Greco 의 〈성모 마리아의 승천 Asuncion 〉이 있다.

| 알카사르
구시가의 꼭대기에 우뚝 서 있는 알카사르가 보인다.

| 톨레도 대성당
엘 그레코, 티치아노, 고야 등의 프레스코화로 장식되어 있다.

비정상적으로 길쭉한 모습으로 표현한 성모 마리아의 표정은 왠지 모르게 우수에 젖은 듯 진지하다. 작품 전체에 흐르는 빛과 그림자의 대비를 강조한 깊은 명암과 청색과 적색의 색감들이 경건하면서 신비로운 희망의 세계를 보여준다.

세잔을 비롯한 많은 화가들에게 영향을 준 엘 그레코는 라틴어로 '그리스 사람'이라는 뜻으로 톨레도에서 40년 동안 종교화와 인물화를 그리며 살았다. 그는 원근법을 기본으로 하는 사실주의 화풍을 무시하여 18세기까지 인정을 못 받았으나 19세기에 재평가가 이루어져 스페인 최고의 화가로 각광받았다. 그가 그린 대부분 종교화는 사실적인 묘사에서 벗어나 사물의 본질적인 측면을 표현하고 있다.

톨레도 최고 하이라이트는 알카사르Alcazar와 톨레도 대성당Toledo de Catedral이다. 고도의 꼭대기에 4개의 탑이 솟아 있어서 톨레도를 환상적이며 드라마틱하게 보여주는 알카사르는 톨레도의 왕 알폰소 10세가 13세기에 세운 건물이다. 이후 서고트인, 무슬림인, 기독교인들에 의해서 수차례 재건설되었다. 1519년 카를로스 5세가 톨레도를 스페인의 수도로 선포하고 이곳을 개조해 왕궁으로 만들었다. 그 후 마드리드로 수도가 옮겨진 이후에도 왕들의 거처가 되었으며 1936년 스페인 내전 때 독재자 프랑코파의 주둔지로 사용되었다.

스페인 가톨릭의 총본산인 톨레도 대성당은 한마디로 경이롭다. 엘 그레코나 티치아노, 고야 등의 프레스코화가 장식되어 있는 대성당은 1299년 톨레도가 이슬람의 지배를 벗어난 것을 기념하기 위해 알폰소 8세가 세운 것이다.

성당 탑에 오르면 톨레도 시내를 한눈에 내려다볼 수 있는 전망대가 있다. 이곳에 서면 중세의 분위기를 자아내는 집들과 성당 사이로 작은 골목길들이 도시를 둘러 흐르는 강과 이어져 전형적인 중세 도시의 아름다운 장관을 볼 수 있다.

플러스 α

톨레도의 관광은 톨레도 입구 성문 비사그라 문을 통과하면 나오는 소코도베르 광장에서 시작한다. 여기서부터 산타크루즈 미술관, 알카사르, 대사원, 산토모네 성당, 엘 그레코 박물관 순으로 여행하면 효율적이다. 톨레도의 미로 같은 좁은 길을 따라 헤매다 보면 한나절이면 모든 관광지를 다 볼 수 있으니 여유롭게 다녀도 좋다. 월요일은 대부분 휴관이니 방문을 피하는 것이 좋다.

찾아가는 길

- 마드리드 아토차Atocha 역에서 Ave 고속열차로 30분이 소요된다.
- 지하철 6호선 멘데스 알바로Mendez Alvaro 역과 연결되어 있는 남부 터미널에서 버스를 이용한다면 30분 간격으로 운행하며, 1시간 이내에 도착할 수 있다.

33 바르셀로나 근교:
몬세라트 Montserrat 수도원

● 톱니 모양의 산이라는 뜻의 몬세라트Monserrat는 1230m의 험준한 산 위에 세워진 장엄한 수도원이다. 몬세라트를 오르는 케이블카에서 바라보는 몬세라트 수도원은 기괴하면서 영적이다. 케이블카에서 내려 몬세라트 수도원에 도착하면 예수의 12제자가 내려다보는 문이 보이고 이곳을 들어서면 두 개의 문이 다시 나타난다. 중앙의 문은 대성당으로 들어가는 문이고 오른쪽 끝 문은 〈검은 성모 마리아La Moreneta〉 상을 보러 가는 문이다. 〈검은 성모 마리아〉를 보기 위해 항상 많은 관광객들로 붐비니 먼저 마리아 상을 감상하고 본당을 감상해야 한다.

스페인 사람들이 라 모네타라고 부르는 〈검은 성모 마리아〉

| 몬세라트 수도원
1230m의 험준한 산 위에 세워진 장엄한 수도원이다.

| 산 코베
〈검은 성모 마리아 상〉이 발견된 성당이다.

는 작은 목재 조각상이다. 전해 오는 이야기에 따르면 서기 50년 4대 복음 저자 중 한 명인 누가가 만들어 이곳 스페인으로 가져왔다고 한다. 711년 아프리카 남부에 주거하는 이슬람 세력인 무어 족이 침입하자 〈검은 성모 마리아〉는 몬세라트 굴인 산 코베San Cover에 숨겨졌다. 그 후로 사람들에게 잊혔다가 어느 날 어린 양치기가 발견하였다. 당시 이 지방의 대주교는 이 조각상을 자신의 도시에 있는 대성당으로 옮겨 가려 했으나 조각상이 꿈쩍도 하지 않았다. 그것을 본 신도들은 검은 성모 마리아가 몬세라트에 남고 싶은 것이라 해석했고 그때부터 지금까지 몬세라트 수도원에 남게 되었다.

그 후 〈검은 성모 마리아〉이 많은 기적을 일으켰다고 소문이 나면서 큰 명성을 얻게 된다. 세계적으로 많은 성인과 교황이 이곳을 성지처럼 다녀갔고 많은 교회가 〈검은 성모 마리아〉에 봉헌했다.

성모 마리아 상이 검은 이유에 대해서는 촛불에 그을려서 그렇다는 설과 나무에 바른 니스가 세월이 지나 검게 변했다는 설이 전해진다.

몬세라트 수도원을 방문하는 사람들이 놓치지 않는 소년 합창단의 공연은 오후 1시와 7시에 있다. 영혼을 맑게 하는 소년들의 맑은 음악을 놓치지 말고 감상하자. 단 7월에는 공연이 없다.

몬세라트 수도원의 하이라이트는 산 요한San Joan과 산 코베San Cove이다. 수도원에서 250m 위의 산 정상에 있는데 케이블카를 타고 올라 길을 따라 30분 정도 걸어 올라가면 옛날 수도사들이 기거하던 산 요한이 나온다. 이곳에서 바르셀로나 지방의 땅을 한눈에 볼 수 있다.

〈검은 성모 마리아〉를 발견한 산 코베 성당을 가려면 수도원 아래로 내려가는 케이블카를 타고 로사리오Rosario라는 길을 지나야 나온다. 산 중턱에 놓여 있는 돌담길인 로사리오를 따라가면 차례로 환희, 고통, 영광의 조각상이 나온다. 맑은 공기와 고요한 자연 속의 산책은 온몸이 정화되는 듯 말할 수 없을 정도로 상쾌하다. 20분 정도 여유 있게 걸으면 산 코베 성당이 나온다. 성당의 입구에는 몬세라트를 상징하는 바위산과 아베 마리아가 적혀 있다. 성당 안은 화려하지 않지만 작고 소박한 모습으로 〈검은 성모 마리아〉를 발견한 장소를 감싸고 있다.

 찾아가는 길

바르셀로나 북서부 60km에 위치한 몬세라트 수도원은 바르셀로나에서 당일 왕복으로 다녀올 수 있다. 바르셀로나 지하철 L3 에스파냐Espanya 역에서 내려 FGC(국철) 표시를 따라가면 국철을 타는 곳이 있다. 자동 매표기에서 티켓을 구입할 때는 안내원이 도와준다. 티켓을 구입하면 몬세라트 왕복 요금과 몬세라트에서 수도원을 왕복하는 케이블카 요금 그리고 수도원에서 성스러운 정상 산 요한과 성스러운 동굴 산 코베까지 가는 푸니쿨라 요금까지 모두 포함되어 있다. 표를 구입한 후 몬세라트행 기차를 타면 약 1시간 후에 몬세라트Montserrat-Aeri 역에 도착한다. 여기서 케이블카를 타고 올라가면 몬세라트 수도원 광장에 도착한다. 만약 수도원의 소년 합창단 노래를 들으려면 에스파니야 광장 국철 역에서 늦어도 11시 36분 기차는 타야 한다.

34 바르셀로나: 가우디 Barcelona Antoni Gaudi

● 가우디는 가난한 집안에서 태어나 병약한 소년으로 자랐으나 건축에 대한 관심은 남달랐다. 17세에 '가우디 건축의 성지'라고 불리는 바르셀로나Barcelona로 간 것은 건축 공부를 위해서였다. 1869년 가우디가 바르셀로나 시립 건축 전문 학교를 졸업할 때, 학장 에리아스 토헨트는 "우리가 지금 건축사 칭호를 천재에게 주는 것인지 아니면 미치광이에게 주는 것인지 모르겠다."고 이야기할 정도로 그는 교수들 사이에서 호불호가 확실하게 갈리는 독창적인 학생이었다.

바르셀로나에 가우디 대표작 카사밀라Casa Mila와 카사바트요Casa Batlló House가 있다.

카사밀라는 산 모양의 공동 주택 건물로, 1906년 공사를 시작하여 4년 후에 완성되었다. 주변 건물과 확연히 구분되는 카사밀라는 돌로 만들었지만 부드러운 찰흙을 마음대로 빚어 놓은 것처럼 부드러운 곡선을

| 카사밀라와 카사바트요

왼쪽, 가운데_돌로 만들었지만 부드러운 찰흙을 마음대로 빚어 놓은 것처럼 부드러운 곡선을 바탕으로 강한 역동성과 리듬이 느껴진다. **오른쪽**_조개 모양의 발코니가 줄지어 있어 바다를 떠오르게 하는 주택이다.

바탕으로 강한 역동성과 리듬감이 느껴진다.

   카사밀라 맞은편에 위치한 카사바트요는 조개 모양의 발코니가 줄지어 있어 바다를 떠오리는 주택이다. 건물 전면에는 코발트 빛깔의 색유리와 타일로 반짝이고, 유연한 곡선의 벽은 파도같이 출렁인다. 한마디로 지상으로 옮겨진 바다의 한 부분이다.

   레오나르도 다빈치, 미켈란젤로, 라파엘로 등 르네상스의 거장들이 피렌체 메디치 가문의 후원에 힘입어 르네상스 시대를 열었던 것처럼 가우디에게는 구엘이라는 이상적인 후원자가 있었다. 구엘은 자신의 재산을 가우디에게 투자하여 자신의 이름이 붙은 별장, 궁전, 공원을 만들게 했다.

| 구엘 공원

구엘 공원Parque Güell은 1900년 공사를 시작하여 개인 정원을 갖춘 단독 주택 60채와 교회와 회의실 같은 공공장소를 지을 계획이었으나 예산이 부족해 공사가 중단되었는데, 1918년 바르셀로나 시가 공원으로 지정하였다.

구엘 공원은 가우디 건축의 모든 것이 마음껏 펼쳐진 공간이다. 그는 건축은 사람들이 살아가는 공간이자 한편으로는 자연의 일부라고 생각하며 가능하면 자연을 훼손하지 않았다. 도로를 만들 때도 등고선을 따라 만들었고, 커다란 웅덩이와 능선 사이도 흙으로 메우는 대신에 육교를 놓는 방식으로 땅의 모양을 유지했다.

구엘 공원의 대표작으로 콜로네이드Colonnade 홀과 야자나무처럼 생긴 기둥 길을 들 수 있다.

86개의 기둥이 떠받치고 있는 콜로네이드 홀은 시장인데, 일반 시장처럼 넓게 펼쳐진 공간이 아니라 아늑한 공간에서 서로 정감

| 콜로네이드 홀
86개의 기둥이 떠받치고 있는 콜로네이드 홀은 시장 공간이다.

을 나눌 수 있는 공간이다. 콜로네이드 홀을 떠받치고 있는 기둥은 자세히 살펴보면 바깥쪽 기둥이 안쪽으로 기울어져 있고, 천장에는 화려한 색상의 유리와 타일로 춘하추동을 상징하는 구조물을 만들어 우주의 세계를 보여준다.

콜로네이드 홀 위쪽의 테라스는 지중해를 볼 수 있는 탁 트인 공간으로 화려한 세라믹 타일로 조각되어 있다. 가우디는 건축에서 색감을 중요시했다. 그는 건축이 색깔을 거부해서는 안 되며, 오히려 색깔은 형태와 부피를 살아 숨쉬게 만든다고 주장했다. 자연미와 조형미가 조화를

이룬 테라스는 색감을 통해 강렬한 생명력이 넘친다.

구엘 공원에서 자연을 잘 드러낸 곳은 야자나무 모양의 기둥이 늘어선 길이다. 돌로 만든 기둥으로 이어지는 길은 수백 미터에 이르는데 이곳에서 자연과 하나가 된 구엘 공원을 만끽할 수 있다. 구엘 공원은 1984년에 유네스코 세계 문화유산에 등록되었다.

가우디는 평생의 역작인 성가족 교회 Sagrada Familia를 통해서 예술가로서 승화된다. 1883년 가을, 교회 감독직을 수락하고 사망할 때까지 40년간 건축을 제외한 모든 것을 멀리하고 수도자처럼 교회 건축 작업에 몰두했다. 그가 가진 건축가로서의 명성과 열정 그리고 종교적인 신성이 함께 승화되어 성가족 교회를 탄생시켰다.

어느날 가우디는 평소처럼 저녁 산책에 나섰다가 전차에 치여 1926년 6월 10일 74세를 일기로 사망했다. 평생 독신으로 살았던 가우디는 너무 초라한 행색 탓에 아무도 알아보지 못해 뒤늦게 병원으로 옮겨졌지만 그대로 죽고 말았다. 가우디는 로마 교황청의 특별한 배려로 성자들만 묻힐 수 있다는 성가족 교회 지하에 묻혔다.

 찾아가는 길

구엘 공원
지하철 3호선 레셉 Lesseps 역에 하차하여 안내판을 따라 걸어서 20분 거리에 있다.
개장 시간: 10:00~18:00(4~9월 ~20:00)   휴일: 연중무휴

카사밀라
지하철 3호선 디아고날 Diagonal 역에 하차하여 그라시아 Gracia 거리에서 20m 위치에 있다.
개장 시간: 10:00~20:00   휴일: 월요일, 1/1~/6, 12/25

카사바트요
카사밀라에서 카탈루냐 방향으로 200m 거리로 도보로 이동할 수 있다.
개장 시간: 09:00~14:00(일요일 ~20:00)   휴일: 연중무휴

35 바르셀로나:
성가족 성당 Sagrada Familia

● 　스페인 바르셀로나를 방문하는 사람이라면 1만 3천 명을 수용하는 성가족 성당Sagrada Familia의 엄청난 규모와 영속성 그리고 섬세한 조각품에 압도당한다. 1882년에 짓기 시작하여 1891년부터 가우디가 이어받고 다시 그 제자들이 이어받아 지금까지 짓고 있는 성가족 성당은 앞으로 200년이 지나야 그 완성된 모습을 볼 수 있다고 하니 시간과 공간을 뛰어넘는 그 장엄한 걸작에 놀랄 수밖에 없다.
　성당은 18개의 탑으로 구성되어 있다. 주위로 12제자의 탑이 둘러싸고 다시 안으로 네 명의 복음 전도자의 탑이 있고, 중앙에 예수님과 마리아의 탑이 세워져 있다.
　이 중 복음 전도자의 탑 꼭대기에는 각각의 상징물로 성 누가는 황소, 성 마가는 사자, 성 마태는 천사, 성 요한은 독수리의 형상이 들어선다고 한다. 현재 18개의 탑 중 성당 입구 4개의 탑만 완성되어 있으며 그 높이

| 성가족 성당
성당은 18개의 탑으로 구성되어 있고 건설은 진행 중인데 앞으로 200년 후에 완성될 예정이다.

가 107m나 된다. 예수님을 상징하는 중앙 탑은 그 높이가 170m이고 그 위로 십자가가 들어설 예정이다.

성당으로 들어가면 원색의 스테인드글라스가 빛을 받아 내부를 밝히는 가운데 성당을 장식하고 있는 식물과 동물 모양의 거대한 조각들이 대자연을 연상시킨다.

엘리베이터를 타고 정상으로 오르면 〈이상한 나라의 앨리스〉에 나오는 나라에 온 것 같다. 다양한 식물들 사이로 갖가지 동물들이 성당의 정면 위로 기어오르고 있다. 기둥 밑부분의 거북이가 놀란 듯 입을 벌리고 도마뱀은 몸을 동그랗게 말고, 용은 노려본다. 성가족 성당에 장식되는 사람과 동물들은 실제 모델을 두고 만들어졌다고 한다. 탑의 정상은 높아서 항상 흔들리는데 현기증과 더불어 불안감을 느끼지만 탑 정상에서 바라보는 성당과 바르셀로나의 아름다움이란 형언할 수 없다.

성당의 파사드는 성당에 관련된 주제를 가지고 외관을 장식하는 중요한 부분이다. 성 가족 성당의 파사드는 현재 정면 입구로 쓰이고 있는

| 탄생의 파사드
위_가우디가 생존시 세운 것으로 정면 입구로 사용중이다. 아래_탄생의 파사드 정문의 문자 판이다.

'탄생의 파사드'와 반대쪽 뒷문인 '고난의 파사드', 아직 완성되지 않은 '영광의 파사드'로 이루어진다.

가우디가 살아 있을 때 만들어진 '탄생의 파사드 Nativity facade'에는 세상 만물이 표현되어 있다. 네 개의 탑 중앙에 비둘기가 나는 녹색나무와 꼭대기에는 빨간 T자 형태가 보이고 십자가에는 X자가 조각되어 있다. 녹색의 나무는 죽음과 삶을 잇는 부활의 상징인 사이프러스 나무를 상징하며, 빨간색 T자 모양은 성부(하나님)를, 그 위로 X자 모양은 성자(예수), 비둘기는 성령을 의미하는 것으로 삼위일체를 표현하고 있다. 나무 아래에 있는 JHS도 JIJUS HOST SPRIT의 약자로 마찬가지 의미이다.

탄생의 파사드 아래쪽은 예수의 탄생과 예수의 유년 시절을 조각해 놓은 곳으로 중앙의 사랑의 문에는 마리아에게 천사 가브리엘이 처녀의 몸으로 예수를 임신했다는 것을 알리는 장면인 수태 고지와 성모 마리아의 대관식 장면이 조각되어 있고, 왼쪽 소망의 문에는 마리아가 요셉과 결혼을 하는 장면을, 마지막 오른쪽인 믿음의 문에는 동방박사가 지켜보는 가운데 예수가 탄생하는 모습을 조각해 놓았다. 탄생의 파사드 정문에는 수많은 글자와 기호들로 가득 차 있다. 그중에서 반짝이는 부분의 첫 번째는 JESUS라고 적혀 있는 글자이며, 다음으로 예수가 죽었을 당시의 나이를 나타내는 문자판, 예수가 베드로에게 전해준 천국의 열쇠, 그리고 마리아의 얼굴 조각상이다. 정문의 반짝이는 부분을 쓰다듬으며 소원을 빌면 이루어진다는 속설에 많은 방문자들이 만져서 지금은 더 반짝인다.

'수난의 파사드 Passion facade'는 예수의 마지막 삶 중 마지막 이틀을 표현하고 있다. 가우디가 기획한 것으로 제일 윗부분에 예수가 십자가에 못 박혀 있으며, 그 아래로 한 여성이 수건을 펼치고 있다. 예수가 십자가를 지고 골고다 언덕을 오를 때 베로니카라는 여성이 자신의 손수건으로 예수의 얼굴을 닦아 주었다고 한다. 수난의 파사드 오른쪽 아래로 수탉이 보이고 한 남자가 괴로워하는 조각상이 보인다. 예수의 예언대로 제1제자인 베드로가 수탉이 울기 전에 예수를 세 번 부인한다는 내용이다. 반대쪽에는 남자가 악마와 키스를 하고 있으며, 악마의 밑으로 파충류의 꼬리가 보이며 숫자판도 보인다. 유다의 키스를 조각한 이 장면은 유다가 악마와 손을 잡고 예수를 배반하는 장면으로 숫자판은 예수가 죽었을 때 나이를 말한다. 숫자판 가로, 세로, 대각선 어느 방향으로든 숫자를 더해도 33이 나온다. 또 다른 숫자판의 비밀은 반복되는 14와 10을 더하면 (10+10+14+14) 48이 되는데 이는 알파벳 순으로 (9+13+17+9=48)로 INRI가 되어 예수를 상징한다.

| 예수를 배반한 유다
유다가 악마와 손을 잡고 예수를 배반하는 장면으로 숫자판은 예수가 죽었을 때 나이를 말한다.

성당 지하로 가면 납골당에 가우디의 유해가 있다. 1883년부터 1926년까지 43년간 그의 일생은 성가족 성당 공사에 전부 바쳐졌다. 앞으로 200년을 지어야 하는 성당을 보며 시간을 초월하여 이 아름다운 공간을 공유하게 만든 신과 인간의 위대함에 숙연함을 느낀다.

플러스 α

성 가족 성당 '수난의 파사드'나 '탄생의 파사드'에서 위쪽으로 가면 맥도널드가 보인다. 맥도널드 옆으로 초록색 간판의 뷔페 식당 LACTUCA가 있다. 저렴한 가격에 다양한 야채 샐러드를 비롯하여 빠에야, 스파게티 등 메인 요리와 음료수 및 과일 아이스크림 등을 무한정 먹을 수 있어 배낭 여행자들에게 인기가 많다.

찾아가는 길

지하철 2 · 5호선 사그라다 파밀리아 Sagrada Familia 역에서 하차한다.
개장 시간 : 09:00~18:00　　　마지막 입장 : 15:00
휴일: 연중무휴

36 바르셀로나:
바르셀로나 분수 쇼 Barcelona

● 　바르셀로나Barcelona의 분수 쇼는 유럽에서 벌어지는 이벤트 중 손꼽히는 볼거리다. 서유럽을 여행하다가 기차 시간만 편도 12시간씩 투자해 남부 바르셀로나로 달려가서 감상하는 분수 쇼는 투자한 시간이 결코 아깝지 않을 정도의 감동을 안겨 준다.

　분수 쇼를 보기 위해서는 에스파냐Espanya 광장으로 가야 한다. 이곳에 도착하면 언덕 위에 있는 왕궁까지 약 400m에 이르는 길에 수많은 가로수 분수가 하얀 거품을 뿜으며 여행자를 반갑게 맞는다. 셀 수 없이 많은 2m 높이의 분수를 헤치고 중앙 분수대로 향하면 큰 찻길이 나오고 그 위로 육교식 에스컬레이터가 있다. 여기서부터 발 디딜 틈 없이 사람들로 꽉 차 있다. 여기를 건너면 오늘 화려한 분수 쇼를 보여 줄 중앙 분수가 나온다.

　분수 쇼가 가장 잘 보이는 중앙 분수 건너편에는 이미 많은 관광객들

바르셀로나 궁 앞 에스파냐 광장
서유럽에서 기차 편도 12시간을 투자한 시간이 아깝지 않을 정도로 분수 쇼는 감동적이다.

로 빼곡히 차 있다. 바르셀로나에 있는 모든 여행자들이 모여 있는 것 같다. 근처 가게로 가서 시원한 맥주 한 잔을 사 들고 중앙 분수 근처 풀밭에 앉으면 바르셀로나 특유의 시원한 바다 바람과 어슴푸레한 밤공기가 여행자의 마음을 들뜨게 한다.

어둠이 완전히 내린 밤 10시 주위의 조명이 꺼지고 분수의 조명이 밝혀지면 웅장한 음악이 흘러나온다. 잠시 후 분수들이 음악에 맞추어 춤을 추기 시작한다. 때로는 하늘을 찌를 듯 급히 용솟음쳤다가 곧바로 곤두박질치고 때로는 밖으로 튀어나올 듯 거세다가 언제 그랬냐는 듯 부드러운 자태로 변한다. 분수 주변에서 형형색색의 빛이 뿜어대는 물과 어우러지면 이것은 현실이 아니다. 마치 꿈결 속을 걷고 있는 것 같다. 아니 꿈속보다 더욱 고운 구름 속을 걷는 기분이다. 분수가 음악에 맞춰

 춤추는 광경을 넋을 놓고 보노라면 분수 쇼는 어느새 클라이맥스로 치닫는다. 스페인 최고의 성악가 몽세라 카바예와 프레디 머큐리가 부른 바르셀로나 올림픽 주제곡 〈바르셀로나〉가 나온다. 이때 모든 분수대의 물은 하늘에 닿을 듯이 치솟아 형형색색의 색깔을 한껏 뽐내고, 다시 무너져 내리면서 분수 전체를 집어삼키며 아름다운 분무를 온 사방에 펼친다. 때를 맞추어 왕궁에서 쏘는 레이저가 밤하늘을 수놓으면 아름다움은 절정에 이른다. 다시 조명이 어두워지고 음악이 멈추면 매직 분수는 언제 그랬냐는 듯이 침착하게 본래의 모습으로 돌아와 있다.
 분수 쇼가 끝나고 뿔뿔이 흩어져 돌아가는 여행자들의 얼굴에는 여전히 흥분이 가시지 않고, 분수 쇼의 환상적인 여운이 가시기 전에 서로 감동을 나누느라 분주한 모습이다.

 **플러스 α**

유럽에서 소매치기가 많기로 유명한 스페인은 특히 지하철에서 조심해야 한다. 소매치기는 혼자가 아니라 4~5명이 몰려다니며 여행자를 노린다. 노리는 여행자가 나타나면 순식간에 둘러싸서 가방과 호주머니를 뒤지고 다음 역에서 내린다. 반항해도 워낙 힘이 세서 꼼짝할 수가 없다. 혹시 소매치기 무리 중 한 명을 잡아도 이미 지갑이나 돈은 다른 일행에게 넘어가 증거도 없어 아무런 조치를 할 수가 없다. 소매치기를 안 당하는 방법은 하나밖에 없다. 바지 안에 복대를 차고 중요 물품은 반드시 복대에 넣어 두는 것이다. 물론 긴장만 하고 있으면 소매치기를 당하지는 않지만 여행 중에 항상 긴장을 한다는 것이 쉬운 일은 아니다. 이래저래 여행은 만만치 않다.

분수 쇼는 한 번 시작하면 25분 정도 연출되며 음악에 맞추어 조명과 물 세기 등이 달라진다. 여름 시즌 가장 하이라이트는 어둠이 완전히 내린 10시이다. 각 시간마다 매번 다른 음악과 조명이 나오며 분수 쇼를 하는데 하루에 약 4억 원이 든다고 한다. 바르셀로나 분수 쇼는 1초마다 2,600리터의 물을 사용하고 분수 쇼에 사용되는 분출구 수는 무려 3,620개라고 한다. 그리고 물이 최고로 높이 올라갔을 때가 54m라고 하니 가히 세계 최고의 분수 쇼라고 할 만하다.

분수쇼 시간은 겨울 시즌(10~4월)에는 금요일, 토요일 이틀만 하며 쇼 시간은 저녁 7시, 7시 30분, 8시, 8시 30분이다. 여름 시즌(5월~9월)에는 목요일에서 일요일까지 4일간 진행되며, 쇼 시작 시간은 저녁 9시 30분, 10시, 10시 30분, 11시, 11시 30분이다. 쇼가 시작하기 2시간 전부터 스페인 광장은 좋은 자리를 차지하기 위해서 관광객으로 만원이니 미리 가서 좋은 자리를 차지하는 것이 좋다.

www.bcn.es/fonts

 찾아가는 길

지하철 3호선 에스파냐Espanya 역에서 하차한다.

37 바르셀로나:
빠에야 Paella

● 우리나라 볶음밥과 비슷한 빠에야Paella는 스페인 여행에서 빼놓을 수 없는 즐거움이다. 밑이 넓고 높이가 낮은 뚜껑 없는 팬을 의미하는 빠에야는 스페인 사람들이 들에서 일을 하다 포도나무를 잘라 장작불을 지피고 1m가 넘는 원형 그릇에 돼지고기, 소고기 등에 쌀을 넣어 볶아 여럿이 나누어 먹는 음식이었다. 지금도 대부분의 빠에야 재료는 주위에서 쉽게 구할 수 있는 평범한 것이며 특별한 것은 노란색을 내는 향신료 샤프란뿐이다.

빠에야는 발렌시아에서 유래한다. 해물을 넣어 만든 발렌시아식 빠에야는 볶은 야채와 익힌 고기를 오징어, 토마토, 쌀, 샤프란과 함께 넣은 뒤 생선 육수를 부어 약한 불에 볶다가 새우, 작은 바다가재 등을 넣어 더 익힌다. 마지막으로 홍합, 모시조개를 넣어 모양을 낸다. 스페인에는 발렌시아 식 외에도 육고기 빠에야와 먹물 빠에야가 있다.

| 빠에야
빠에야는 밑이 넓고 높이가 낮은 뚜껑 없는 팬을 의미한다.

바르셀로나에서 최고 번화한 거리인 람블라스 거리에 가면 대부분의 식당에서 빠에야를 맛볼 수 있다. 빠에야를 우리나라의 해물 철판 볶음밥 정도로 생각하면 안 된다. 색깔은 노랗지만 결코 부담스럽지 않은 쫀득쫀득한 밥에 향기로운 해물의 풍부한 향이 금상첨화이다. 여기에 로제 와인이나 스페인 지방 특산품인 카바 와인을 곁들이면 그 맛과 향을 두 배로 즐길 수 있다. 저렴하면서 도수가 낮은 스페인 전통주 샹그리아와 함께 즐겨도 좋다. 시원하면서도 달콤한 샹그리아 맛이 빠에야와 잘 어울린다.

빠에야는 혼자보다는 많은 사람과 함께 먹는 것이 좋다. 1인용 팬이 아닌 큰 팬에 요리한 것이 맛이 더 풍부하기 때문이다. 람블라스 거리에 있는 식당에서 빠에야를 먹으면 비싸다. 야외에서 먹으면 더욱 비싸다.

람블라스 거리에서 빠에야를 저렴하면서 제대로 즐기기 위해서는 레알 광장 근처의 레스토랑 라폰다 La Fonda로 가야 한다. 고급 식당이지만 가격은 매우 저렴하다. 항상 많은 사람이 줄을 서서 기다리는 식당이니

| 여러 가지 빠에야
빠에야는 발렌시아에서 유래한다. **왼쪽**_해산물 빠에야 **오른쪽**_먹물 빠에야

오후 1시나 저녁 7시 오픈에 맞춰 가면 줄을 서지 않아도 된다. 같이 가는 사람이 많으면 믹스 빠에야, 먹물 빠에야 등 다양한 음식을 샹그리아와 함께 맛보기를 추천한다. 모든 음식이 훌륭하다.

빠에야를 조리하는 데 30분 이상 걸리므로 스페인의 다양한 타파스를 맛보면서 요리를 기다리는 것도 좋다. 타파스는 전체 요리로 오징어 튀김, 햄, 올리브 등 식당에 따라 메뉴가 다양하다. 보통은 식당에 전시되어 있으니 보고 주문하면 된다. 타파스 역시 샹그리아와 맛의 조화를 이루니 여유가 있다면 반드시 즐겨 보자.

 찾아가는 길

라폰다 식당
람블라스 거리Las Ramblas에서 콜럼버스 탑 쪽으로 걸어가다 레알 광장을 지나 왼쪽을 보면 코스모스 레스토랑이 있다. 그곳을 오른쪽으로 두고 옆에 나 있는 골목으로 들어가서 한 블록만 가면 라폰다La Fonda 식당이 나온다.

38 바르셀로나:
열정의 플라멩코 Flamenco

- 춤은 몸짓과 손짓, 표정으로 인간의 사는 모습을 있는 그대로 표현하기 때문에 그 자체로 언어라고 할 수 있다. 여행을 하면서 세계의 멋진 춤을 만날 수 있다는 것은 축복이다.

스페인 방문 중에 체험하고 싶은 것으로 으레 꼽히는 것 중 하나가 플라멩코Flamenco이다.

플라멩코는 빼앗긴 자들의 음악으로, 무어인과 유대인 집시들이 세비야 마을에 숨어 들어가서 춤과 음악이 함께 융합된 데서 출발한다. 그래서 춤 속에 아라비아의 열정과 아프리카 원시의 향기 그리고 떠돌이 집시들의 깊은 슬픔과 격렬한 열정이 배여 있다.

플라멩코는 세 가지가 조화를 이루는 공연이다. 기타 연주는 토케Toque, 노래는 칸테Cante, 춤은 바일레Baile라고 한다. 플라멩코의 막이 오르면 첫 무대의 기타 반주 토케가 시작된다. 머리를 뒤로 넘긴 기타리스트

| 토케, 칸테, 바일레
플라멩코는 기타 연주 토케, 노래하는 칸테, 춤을 추는 바일레 3가지로 이루어진다.

가 무대에 무희와 함께 등장해 스페인 기타를 들고 서정적인 연주를 하며 무대를 서서히 달군다. 잠시 후 옆에 있던 6명의 무희가 돌아가면서 춤을 추면서 관객을 흥분의 도가니로 몰아넣는다. 군무가 이어지면서 1막이 끝나고 조명이 꺼진다.

이어지는 무대는 노래 공연을 하는 칸테의 순서이다. 폐부를 쥐어짜는 듯 허스키한 목소리가 무대를 압도하면서 왠지 모를 슬픔을 자아낸다. 가수는 오로지 기타 반주와 자신의 손바닥이 만들어내는 박수 소리, 그리고 발굽을 두드려 만들어내는 박자로 자신만의 끝없는 향수와 슬픔을 노래한다. 노래가 끝나면 다시 무대에 어둠이 깔린다.

절정의 마지막 무대는 바일레이다. 조명이 완전히 꺼진 상태에서 남성 무희가 등장한다. 무대는 정지된 듯 정적이 흐른다. 남성 무희가 때로는 절도 있게 때로는 열정적으로 춤을 추기 시작하자 관객들은 동작 하나 하나에 압도당한다. 뜨거운 열기 속에 남성 무희의 춤이 끝나면 여성 무희가 등장해 함께 춤을 춘다. 플라멩코 최고 하이라이트이다.

바닥을 구르는 힘찬 발굽 소리와 칸테의 끊어질 듯 흐느끼는 애수, 기타리스트의 격렬한 리듬에 몸을 맡겨 남녀 무희는 하나의 불꽃이 되어 타오르기 시작한다. 주위의 무희들은 캐스터네츠와 박수를 치면서 '올레(잘한다)'를 외친다. 격렬한 춤을 추다가 바닥이 부서져라 앞으로 내딛는 발동작, 마음을 헤집는 듯한 화려한 손동작과 허공을 바라보는 눈빛 등 무대 위에서 두 무희가 연출하는 절정의 순간을 관객들은 숨죽이며 바라본다.

플러스 α

플라멩코를 공연하는 극장을 타블라오Tablao라고 하는데, 식사를 하며 즐길 수도 있고 그냥 스페인 전통주인 상그리아만 먹으며 즐길 수도 있다. 공연은 저녁 식사 시간인 9시에 시작한다. 이때부터 달아오르기 시작한 타블라오는 자정 무렵을 기점으로 최고의 무희가 등장한다. 공연은 대부분 새벽 2~3시가 되어야 끝난다. 대중교통으로 돌아오기 힘드니 일행과 함께 택시를 이용해 숙소로 돌아오는 것이 안전하다. 음료만 먹으면서 플라멩코를 즐긴다

| 타란토스

면 비용은 약 30유로이다. 람블라스 거리의 코로도바스 극장이 바르셀로나에서는 가장 유명하다. 지하철 리세우Liceu역 근처에 있다. 사전 예약하는 것이 좋다.
코로도바스 플라멩코가 가격이 부담스럽고 12시 넘어 끝나기 때문에 포기해야 한다면, 짧은 시간에 저렴한 경비로 플라멩코를 즐길 있는 람블라스 거리의 레알 광장으로 가자. 이곳에 있는 로스 타란토스Los Tarantos가 매우 저렴하다. 클럽이 작고, 공연 규모가 그리 크진 않지만, 나름 플라멩코의 분위기를 느끼는 데는 문제가 없다. 공연은 일주일 내내 하고, 20:30, 21:30, 22:30 공연이 있다. 이른 공연을 보면, 숙소로 돌아가는 것도 부담이 없다. 일주일 동안 매일 다른 그룹이 공연을 하므로 매일 보아도 색다르다. 보통 토요일 공연이 가장 좋다.

찾아가는 길

코로도바스 극장
지하철 3호선 리세우Liceu 역에서 하차한다.   쇼 시작: 22:15

벨기에
네덜란드
덴마크
독일

Belgium
Netherland
Denmark
Germany

39 브뤼셀:
그랑플라스 광장 La Grand-Place과 오줌싸개 동상

- 브뤼셀Brussel 중앙역에서 걸어서 5분 거리인 그랑플라스 광장La Grand-Place은 중세풍의 사각형 광장으로 벨기에의 정치, 경제의 중심지이다. 가로 70m, 세로 110m인 광장 주변에는 고딕 양식의 고풍스런 시청사와 왕의 집 그리고 바로크 양식의 우아한 길드하우스가 광장을 감싼다. 〈장발장〉을 집필한 프랑스의 대문호 빅토르 위고는 그 모습이 너무나 아름다워 '세상에서 가장 아름다운 광장'이라고 했다. 이 광장에는 일년 내내 행사가 끊이지 않으며 노천 꽃시장에서 수백 가지 꽃을 한눈에 볼 수 있다. 특히 매년 여름밤에 그랑플라스 광장에서 열리는 멋진 클래식과 함께하는 레이저 쇼는 유럽 최고의 아름다운 야경을 선사한다.

광장에서 세계적으로 유명한 오줌싸개 동상을 보기 위해서 시청사를 지나 샤를 빌 거리인 골목길로 접어들면 아치형 건물 아래 누워 있는 동상이 있다. 14세기 브뤼셀이 침입을 받았을 때 도시를 구한 영웅 에베라

| 그랑플라스 광장
중세풍의 사각형 광장으로 벨기에 정치·경제의 중심지이다. 2012년 꽃 축제가 개최중인 광장 모습이다.

르트 세르클래스의 동상이다.

　1388년 브뤼셀 근처 레니크의 영주 가스벡은 브뤼셀을 노리고 있었다. 이때 혼자 말을 타고 가던 브뤼셀의 장군 세르클래스가 매복된 가스벡의 부하들에게 붙잡혀 팔과 혀를 잘린 채 비참하게 죽고 만다. 격분한 브뤼셀 시민들은 가스벡을 공격해 함락하고 전쟁이 끝난 후 승전을 기념하는 의미로 세운 동상이다. 동상의 팔과 옆에 있는 개의 코를 쓰다듬으면 행운이 온다고 하여 많은 사람의 손을 타 그 부분만 윤이 날 정도로 반짝거린다.

　세르클래스의 동상을 지나 조금만 걸어가면 오줌싸개 동상이 나온다. 인어공주 동상, 로렐라이

| 에베라르트 세르클래스 동상
동상의 팔과 옆에 있는 개의 코를 쓰다듬으면 행운이 온다고 한다.

| 오줌싸개 동상

언덕과 함께 그 규모가 너무 작아 '유럽 3대 썰렁' 중 하나로 꼽힌다. 하지만 조각상이 유명한 이유를 알게 되면 고개가 끄덕여진다. 619년 조각가 제롬 뒤케누아가 제작한 오줌싸개 동상은 프랑스가 약탈해 갔다가 루이 15세가 약탈을 사죄하는 뜻으로 화려한 프랑스 후작의 의상을 입혀서 돌려보낸 뒤 유명해졌다. 그 후 네덜란드 국왕 등 많은 국가의 국빈들이 방문할 때 동상의의 옷을 가져와 입히는 것이 관례가 되었다. 현재 오줌싸개 동상의 옷은 600벌이나 되며 그중 각국에서 보낸 화려한 옷 300벌은 그랑플라스 광장에 있는 왕의 저택에서 전시한다.

오줌싸개 동상에 얽힌 전설은 여러 가지이다. 외적의 침입으로 발생한 화재를 줄리앙이 소변으로 진화했다는 이야기와 브뤼셀 축제에 참가한 농부가 아들을 잃어버렸다가 5일 만에 찾았을 때 아들이 소변을 보고 있었다는 등의 이야기가 있다.

그중 가장 인상적인 이야기는 다음과 같다. 벨기에에 전쟁이 나자 행복했던 도시가 엉망이 되고 아이의 아버지는 전쟁터로 떠났다. 아버지를 찾아 어머니마저 전쟁터로 떠나자 혼자 남겨진 아이는 전쟁터의 한 중간에서 그만 오줌이 마려워진다. 아이는 온갖 총소리가 난무하는 싸움터의 중간에서 오줌을 싸자 갑자기 사방이 조용해졌다. 누군가 웃기 시작하자, 사람들은 싸우다 말고 모두 웃고 또 웃었다. 사람들은 실컷 웃다가 다음 날 전쟁을 그만두었다고 하는 전설이다.

플러스 α

여유가 있는 여행자라면 그랑플라스 광장 옆의 대표적인 먹자 골목인 부셰 거리로 가자. 먹자 골목에는 세계 각국의 먹거리가 있는데 브뤼셀 전통 음식인 홍합 요리 전문 셰레옹Chez Leon 식당을 추천한다. 셰레옹 식당은 파리 샹제리제 거리에도 있는데, 한국인 여행자에게 최고의 인기를 누리고 있는 식당이다. 브뤼셀은 북해를

| 셰레옹 레스토랑

끼고 있어서 해산물이 풍부한 나라로 이 중에서 홍합 요리가 전 세계적으로 으뜸이다. 홍합 요리 중에서도 큰 냄비에 수북하게 쌓여 나오는 뮬 빈 블랑크Moules Au Vin Blanc가 우리 입맛에 잘 맞는다. 이 음식은 대파, 연한 양파, 소금, 후추, 화이트 와인을 섞은 물로 홍합을 쪄서 국물과 함께 먹는 음식이다. 포크를 사용하지 않고 홍합 껍데기를 이용해 먹으면 더 맛있으며 같이 나오는 빵이나 감자튀김과 함께 먹으면 좋다. 국물에 레몬즙을 짜 넣으면 더욱 시원한 맛을 즐길 수 있는데 맥주와도 잘 어울린다. 가격은 조금 비싸나 주위 음식점보다 월등한 맛이다. 부셰 거리는 바가지가 심하니 조심해야 한다.

그랑플라스 광장에서는 브뤼셀의 자랑 와플과 초콜릿을 맛보자. 우리나라에서도 인기 있는 와플은 벨기에가 원조이다. 두툼하고 고소한 빵 그 자체만으로도 충분히 맛있지만 그 위에 생크림, 잼, 생과일 등을 얹어 먹으면 맛이 훌륭하다. 그랑플라스 광장에서 중앙역으로 가는 길 사이에 많은 가게가 있다.

또 하나 유명한 것이 초콜릿이다. 특히 고디바와 노이하우스 초콜릿은 세계적으로 유명한 브랜드이다. 고디바 1호점이 그랑플라스 주변에 있다. 초콜릿은 선물로 좋지만 그랑플라스 광장에 있는 고급 가게의 경우 100g에 무려 10유로를 넘나드는 가격이 다소 부담스럽다. 만약 초콜릿을 선물로 준비한다면 식료품 가게인 GB 슈퍼나 그랑플라스에서 10분 거리에 있는 대형 슈퍼마켓이 있는 City 2 쇼핑몰에 가면 저렴하게 구입할 수 있다.

찾아가는 길

중앙역에서 걸어서 5분 걸린다.

40 암스테르담:
고흐 미술관 Van Gogh Museum

- 이글거리는 긴 터치로 자신만의 세계를 그려낸 고흐 Vincent Van Gogh 의 작품에는 화려하면서도 깊은 외로움과 아픔이 배어 있다. 지독한 가난과 정신병, 사회로부터의 소외 등 인간이 가질 수 있는 모든 불행을 겪은 그지만 세상을 바라보는 시각은 긍정적이고 아름다웠다. 살아 움직이는 듯 생명감이 느껴지는 그의 작품들이 그것을 증명한다. 암스테르담 Amsterdam 고흐 미술관 Van Gogh Museum 1층은 고흐와 동시대에 살았던 사실주의 화가들의 작품을 전시하고, 2층 전체에 고흐의 작품들이 있다.

2층 전시실에서 처음 만나는 작품은 고흐의 자화상들이다. 자신의 정신을 갉아먹는 또 다른 자신과 싸우며 분노하는 그의 자화상에는 살아 있는 데 대한 고통과 아픔이 진하게 배어 있다. 자신의 실존에 대한 방황이었을까? 아니면 자신을 알아주지 않는 사회에 대한 반항이었을까? 고흐는 격앙된 감정을 감추지 않으며 스스로 미쳐 가고 있었다.

고흐의 자화상 중에서 1888년에 한 시골에서 그린 작품이 가장 눈에 띈다. 이 작품에는 다른 자화상 속에 보이는 불꽃같이 이글거리는 정염은 어디론가 사라지고 없다. 하얀 여백을 배경으로 수수한 모자를 쓴 차림의 모습으

| 고흐 미술관
1층은 고흐와 동시대의 사실주의 화가들의 작품, 2층 전체는 고흐의 작품이 전시되어 있다.

로 앞을 바라보고 있다. 자신의 생명을 앗아가는 또 다른 자신을 뿌리치고 순수한 영혼으로 돌아가려는 휴식이 필요했던 것일까?

하지만 만년의 작품을 보면 기우임을 알 수 있다. 이전보다 더욱 거센 정염의 불꽃들이 그의 얼굴을 감싼다.

다음으로 접하는 작품은 〈해바라기Sunflower〉이다. 고흐는 네덜란드에서 파리로, 파리에서 다시 아를로, 조금이라도 태양이 많이 비추는 곳을 찾아 이동했다. 태양을 향한 집착이 해바라기로 이어진다. 그는 아를에서 고갱의 방을 장식하기 위해서 여러 점의 해바라기를 그렸으며, 그 결과 해바라기는 고흐의 대명사가 되었다. 고흐는 동생 테오에게 보낸 편지에서 해바라기를 통해 강렬한 생명력을 보았다고 이야기한다.

2층 전시실에서 가장 눈에 띄는 작품은 일본풍이 가미된 작품이다. 19세기 말 유럽에서는 일본 문화를 알고자 하는 붐이 일어났다. 지식인들 사이에서 일본 문화에 대한 식견이 없으면 지식인이라고 인정하지 않는 풍조가 만연했다. 우키요에라는 채색 판화는 명암 하나 없이 만화처럼 단순하다. 형태가 선으로만 되어 있고 색은 짙고 대담했다. 구도 역시 파격적이었으며 내용은 평범한 일상이 주를 이루었다. 인상파 화가들에게 이 일본 판화야말로 지루한 자신들의 그림을 바꾸어 줄 신선한

 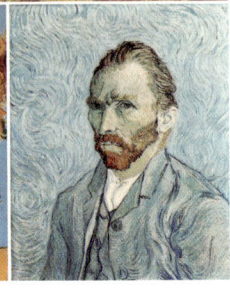

| 고흐의 작품들
위_밀밭 위의 갈가마귀 떼
아래 왼쪽_해바라기   아래 오른쪽_고흐의 자화상

풍조로 다가왔다. 고흐, 고갱, 드가 등 당시 대부분 인상파 화가들은 우키요에에 매료되어 명암법과 원근법에 기초하여 사물을 입체적으로 그리던 400년간의 르네상스 전통을 버린 것이다. 평면적이면서 짙은 색감과 과감한 구도는 모든 인상파 화가들에게 영감을 주었다.

고흐 미술관의 마지막 전시품은 그가 죽기 전 그린 〈밀밭 위의 갈가마귀 떼Wheat Field with Crows〉이다. 고흐는 1853년 네덜란드 작은 마을에서 목사의 아들로 태어났다. 27세에 파리에서 본격적인 화가의 삶을 시작하지만, 아무도 알아주지 않는 파리 생활에 곧 염증을 느끼고 아를Arles로 내려간다. 아를에서 새로운 미술 사조를 만들어 나가고 싶었던 그는 존경했던 고갱Paul Gauguin을 초청하지만 고갱과의 생활은 곧 파국을 맞는다. 이성적이고 냉정한 고갱은 감성적인 고흐와 성격뿐 아니라 그림에 대한 생각도 달랐다.

고갱이 힘든 동거 생활을 끝내고 파리로 떠나려 하자, 고흐는 그가 보는 앞에서 자신의 귀를 자른다. 정신병이 깊어진 고흐는 아를 근처에 있는 생레미 정신병원에 입원하지만 자신의 영혼과 생명을 갉아먹는 그림을 포기하지 않는다. 1890년 더 이상 치료에 대한 희망을 잃은 고흐는 자신의 생애 마지막 휴양지인 파리 근교 시골 마을 오베르 쉬르 우아즈

Auvers-sur-Oise로 온다. 평화로운 오베르 쉬르 우아즈의 생활은 고흐에게 심리적 안정감과 평안함을 주었다. 그는 동네를 다니며 집과 하늘, 밀밭과 성당을 그렸다. 하지만 고흐의 평화는 오래 가지 못했다. 동생 테오의 아이가 큰 병에 걸렸지만 돈이 없어 수술도 못하고 죽게 된다. 평생 자신의 뒷바라지 때문에 끊임없는 가정 불화와 궁핍한 생활에 시달리는 동생을 보면서 고흐는 좌절한다.

석양이 지는 오베르 쉬르 우아즈의 넓은 들판에 서서 고흐는 자신이 가야 할 길을 응시하며 모든 것을 빨아들일 듯한 강력한 색상과 꿈틀거리는 긴 터치로 황금빛이 넘실대는 밀밭, 황토색 짙은 길, 푸르다 못해 검은 하늘, 그 위로 떠다니는 구름, 그리고 무수히 떼를 지어 날아다니는 까마귀들을 그린다.

그는 이렇게 〈밀밭 위의 갈가마귀 떼〉를 마지막으로 완성하고 안타깝게도 권총 자살을 한다. 얼마 후 동생 테오의 주검도 의문에 쌓인 채 발견된다.

플러스 α

고흐의 작품인 〈오베르의 교회〉와 〈고흐의 방〉은 파리 오르세 미술관에 전시되어 있다. 고갱과 함께 살았던 아를의 노란 집은 현재 도시 개발이 진행되면서 흔적도 없이 사라졌다. 단지 〈아를의 밤의 카페Cafe terrace at night〉 작품의 배경인 카페 드 라가르Café de la Gare는 고흐의 동상을 앞에 세우고 문전성시를 이루며 장사하고 있다.

찾아가는 길

암스테르담 중앙역에서 2·5번 트램을 타고 베레스트라트Van Baerlestraat 역에서 하차한다.
개장 시간: 10:00~18:00 (금요일 ~22:00)   마지막 입장: 폐관 30분 전
휴일: 일요일, 1/1

41 암스테르담:
섹스 박물관 Sex Museum

● 암스테르담 중앙역을 나와 담 광장 Dam Square 으로 가는 대로로 들어서면 여행자들은 당황한다. 대로 왼쪽 지역은 성 매매를 하거나 섹스 쇼가 열리는 홍등가이고, 오른쪽은 식당이나 일반 가게지만 여기서 파는 수건, 엽서, 열쇠고리, 접시 등 대부분이 남자와 여자 성기의 모양을 하고 있기 때문이다.

고흐 미술관 Gogh Museum, 잔세스칸스 Zaanse Schans 와 더불어 합법적인 성 문화가 형성된 홍등가는 암스테르담 여행의 필수 코스이다. 이곳은 단체로 다니는 것이 안전하며 만약 혼자 여행하는 중이라면 믿을 만한 동행자를 구해 함께 가는 것이 좋다.

홍등가는 합법적인 매춘 지역답게 매춘부가 당당하게 쇼윈도에 나와 지나가는 여행자들에게 농담을 건넨다. 또한 극장에서 열리는 섹스 쇼는 남녀 파트너들이 나와 웅장한 클래식이나 재즈 음악에 맞춰 진지하고 열정적으로 진행하다가 간간히 어마어마한 몸매의 아줌마가 등장해 공연장을 웃음바다로 만들기도 한다. 홍등가에서 매춘하는 여성들이나 쇼를 진행하는 여성들은 국가에 세금을 내고 의료보험과 국민연금 등 4대 보험 혜택을 받고 있다.

| 섹스 박물관 입구

황금기를 구가하던 17세기 이래로 네덜란드는 막대한 부를 축적하며 많은 이민자와 정치적 망명자를 받았다. 그렇게 형성된 관용의 정서는 아직도 성과 마약을 합법화하는 데 일조한다. 네덜란드는 1976년 지정된 장소에서 대마를 구입해 흡연할 수 있도록 허용했다. 중독성이 약한 마약을 합법화함으로써 중독성이 강한 마약에 접근을 최소화시킨다는 것이 네덜란드 정부의 논리이다. 최근 실시한 통계를 보면 그 논리가 효과적이라는 것을 알 수 있다. 매춘도 마찬가지이다. 매춘을 합법화함으로써 강도나 강간으로 인한 살인 등 중범죄가 현저히 줄어들고 담세 능력도 확보할 수 있다고 한다.

암스테르담 중앙역에서 30분 거리에 있는 담 광장 방향으로 10분 정도 가다 보면 오른쪽에 섹스 박물관이 보인다. 오전 10시부터 오후 10시까지 개장하는 이곳에 입장하면 이색적인 풍경이 전개된다. 1층 전시실에는 옛날 정조대부터 각종 성에 관련된 물품과 전화방, 비디오방이 있으며, 2층으로 올라가면 마를린 먼로 인형과 더불어 1700년대부터 지금까지 성의 변천사를 나타내는 사진들이 전시되어 있다. 특히 2층 전시실에는 호모와 레즈비언에 대한 방이 따로 마련되어 있고, 관련 자료를 다양하게 갖추어 전시하고 있다.

| 섹스 박물관 내부
1층에는 각종 성에 관련된 물품, 2층에는 성의 변천사를 나타내는 사진들이 전시되어 있다.

　우리 여행자들은 이곳에 들르면 민망하여 빨리 보고 나가기에 급급하다. 남녀가 짝을 이뤄 여유롭게 이야기하며 감상하는 외국인과는 대조적이다. 폐쇄적인 성 문화에 익숙한 우리에게 개방적인 성 문화가 충격적일 수 있다. 그러나 프리샤우의 〈세계 풍속사〉나 에두아르트의 〈풍속의 역사〉 등 성에 관련된 역사 서적을 한 권 정도 읽고 이곳에 들른다면 이곳이 부끄럽기만 한 곳으로 느껴지지 않는다.

　프리샤우는 그의 저서 마지막에 이렇게 이야기한다.

"섹스 잡지와 포르노 잡지의 범람으로 둔감해진 인간은 더욱 더 강한 자극을 요구하게 되고 결국 한편으로 가공할 정신적 황폐를 초래하지 않을까?"

이 질문들에 어떻게 대답하든지 오늘날 우리는 확실하게 말할 수 있는 것이 한 가지 있다. 섹스의 자유는 반드시 방종을 의미하지 않으며, 삶의 기쁨을 전례 없이 증대시키고 심화시킬 수 있다는 것이다.

네덜란드에는 플렉 조그^{Flecks Zorg}라는 성 서비스를 제공하는 기관이 있다. 이 기관은 혼자서는 성욕을 처리할 수 없는 중증 장애인에게 유료로 성 파트너를 파견하는 일을 합법적으로 진행하고 있다. 지금 현재 그들의 서비스를 받는 장애인 1,000여 명을 넘는다고 한다. 그들은 "장애는 개인의 잘못이 아니다."라고 주장한다. 장애를 가지고 태어날 수도 있고 사고로 장애를 가질 수도 있다. 그러나 그들에게 자신의 삶을 찾기 위해 자부심을 찾아 주는 것은 무엇보다도 중요하다. 성은 지나치지 않으면 인간의 삶에 소중한 부분 중 하나이다.

 찾아가는 길

중앙역 트램 정류장이 있는 방향으로 직선 대로를 따라 걸어서 3분이 소요된다.
개장 시간: 10:00~22:00　　　　　　휴일: 연중무휴

42 암스테르담:
잔세스칸스 Zaanse Schans

● 광활한 대지 위에 네덜란드 풍차가 4개나 있고 그 앞으로 전통 가옥이 꽉 차 있으며 아름드리 큰 나무와 맑은 시냇물에 오리가 놀고 있는 마을이 잔세스칸스 Zaanse Schans 이다. 이곳에 들어서면 금방이라도 하얀 모자에 빨간 조끼를 입은 네덜란드 소녀가 문을 열고 나와 인사를 건넬 것만 같다.

잔세스칸스는 암스테르담 Amsterdam 에서 열차로 20분 거리에 있다. 18세기에는 700개가 넘는 풍차가 있었지만, 현재 4개만 보존되어 있는 이곳은 지금도 네덜란드 젊은이들의 결혼식 야외 촬영 장소로 유명하다.

네덜란드와 풍차는 떼려야 뗄 수 없는 관계이다. 네덜란드는 국토가 작아 바다에 둑을 쌓고 땅을 간척하고 운하를 만들었다. 이 운하를 효율적으로 이용하기 위해서 풍차를 세웠는데 이는 육지가 바다보다 낮은 지형에서 바람의 힘으로 바닷물을 퍼 올리고 새로운 땅을 간척하는 데

| 잔세스칸스 시가지
잔세스칸스는 암스테르담에서 열차로 20분 거리에 있다. **오른쪽**_18세기에는 700개가 넘는 풍차가 있었지만, 현재 4개만 보존되어 있다.

유용하게 이용되었다. 네덜란드는 '바다보다 낮은 땅'이라는 뜻이고 다른 이름인 홀란드도 '바다보다 낮은 땅'이라는 뜻이다.

   풍차 언덕을 내려와 마을로 들어서면 가장 먼저 만나는 곳이 치즈 공장이다. 이곳에서 갖가지 네덜란드산 치즈를 무료 시식할 수 있다. 치즈는 로마 시대부터 황제와 귀족의 연회에 오르는 고급 음식으로 식당 메뉴에 있는 시저스는 고대 로마에서 치즈를 일컫는 말이었다. 치즈는 고대 영어 'cese'와 중세 영어 'chese'를 거쳐 지금의 'cheese'가 되었다. 치즈는 우유를 유산균이나 효소 작용으로 응고시켜 수분을 제거한 발효식품으로 신으로부터 물려받은 최고의 식품이라고 일컬어진다. 우유의 산지와 종류에 따라 치즈의 맛과 향이 다른데, 네덜란드는 초원이 많아 낙농업을 할 수 있는 최고의 자연환경을 갖춘 데다 춥지도 덥지도 않은 기후 때문에 품질이 우수하다.

   네덜란드를 대표하는 치즈는 생산지 마을 이름을 붙인 고다 치즈로 유럽에서 가장 오래된 치즈다. 고다 치즈는 부드러우면서도 맛이 풍부해 빵과 함께 먹으면 좋지만 지방이 많아 약간 기름진 음식이나 드라이한

| 고다 치즈
생산지 마을 이름을 붙인 치즈로 네덜란드를 대표하고 유럽에서 가장 오래된 치즈이다.

레드 와인과 잘 어울린다.

　치즈 공장을 나와 조그만 강을 지나면 도자기 가게가 나타난다. 세계적으로 유명한 델프트웨어 도자기를 만드는 곳으로 각종 도자기와 민예품 그리고 금은 세공품 등을 전시 판매한다. 16세기 후반에 네덜란드 상인들은 세계를 항해하면서 극동 지역에서 금과 향신료, 중국 도기를 대량으로 수입했다. 특히 중국 도자기 수입은 이익이 많이 남는 장사라 백색과 청색의 중국산 도기는 네덜란드에서 선풍적으로 인기를 끌었다. 그들은 이것을 모방하여 도자기를 만들기 시작했는데 그중 가장 유명한 것이 델프트 도자기이다. 델프트 도자기는 아직도 도자기의 그림을 전통 방식 그대로 직접 손으로 그려 넣는다.

　도자기 공장 옆으로 나막신 공장이 있다. 다섯 명 정도 들어갈 수 있는 커다란 나막신을 지나 공장 안으로 들어서면 다큐멘터리 형식으로 나막신 제작 공정과 역사를 보여준다. 육지가 바다보다 낮아 항상 질퍽한 땅 위에서 살았던 네덜란드 사람들이 이동할 때 가장 유리한 신발이 나막신이다. 오물에 신발을 더럽히는 것을 막기 위해 하이힐이 개발된 것과 같은 이치이다. 나막신 공장에 들어서면 종종 직접 나막신을 깎는 모습을 보여준다. 처음에는 사

| 나막식 공장과 전시실
나막신 가게에는 수백 가지의 화려한 나막신이 전시되어 있다.

람이, 나중에는 기계가 나막신을 만들어내는데 그 공정이 순식간에 이루어진다. 나막신 가게에는 수백 가지의 화려한 나막신이 전시되어 있어서, 보고만 있어도 지금 내가 네덜란드에 있다는 사실을 실감한다.

 플러스 α

여자 여행자라면 델프트 도자기를 보는 순간 한눈에 반할지도 모른다. 그러나 여행지에서 한국까지 운송하기도 까다롭고 비싼 가격을 감안하여 구매는 신중하게 판단해야 한다.

 찾아가는 길

암스테르담 중앙역에서 알크마르Alkmarr행이나 우이게트Uitgeest행 열차를 타야 한다. 이때 IC 등 급행 열차를 타면 안 되고 완행 열차 스프린터Sprinter를 타야 한다. 기차를 타고 20분 정도 가서 네 번째 역인 쿠잔디크Koog Zandijk 역에서 내리면 된다. 주의할 것은 역 이름이 잔세스칸스가 아니다. 역 이정표를 잘 보고 내려야 한다. 플랫폼에서 지하도로 내려오면 잔세스칸스 이정표가 보이는데 이정표를 따라 직진하다 모퉁이에서 좌회전한 후 앞으로 가면 풍차가 보이기 시작한다. 암스테르담 중앙역으로 다시 돌아오려면 2번 플랫폼에서 기차를 타면 된다.

43 코펜하겐: 인어공주 Den lille Havfrue 동상

● 왕자님과 같이 신선한 공기를 마시고 깊은 바다와 별이 반짝이는 파란 하늘을 바라보는 것도 오늘이 마지막 밤이다. 영혼을 가질 수 없게 된 인어공주를 기다리고 있는 것은 영원히 계속되는 칠흑 같은 어둠뿐이다. 인어공주는 거의 흐려진 눈으로 왕자님을 바라본다. 왕자님을 위해서라면 또 다시 같은 상황이 온다고 해도 결코 변하지 않으리라는 슬픔에 목이 멘다. 가슴이 타 내려갈 것 같은 아픔과 아쉬움을 안고서 바다 속으로 뛰어들었다. 그 순간 인어공주는 자기의 몸이 녹아내려 물거품으로 변하는 것을 느꼈다.

한스 안데르센의 동화 〈인어공주 Den lille Havfrue〉의 결론 부분이다.

코펜하겐 København 중앙역에서 북동쪽으로 약 3km 떨어진 곳에 게피온 분수 Gefionspringvande 가

| 인어공주 동상
실제 사람 크기의 청동상으로 높이는 165cm이다.

| 게피온 분수
북유럽의 여신 게피온이 황소 네 마리를 모는 모습을 조각한 분수이다.

있다. 북유럽의 여신 게피온이 황소 네 마리를 모는 모습을 조각한 분수이다. 여기서 북쪽 산책로를 따라 20분 정도 내려가면 바닷가 바위 위에 실제 사람 크기만 한 청동 인어 동상이 있다.

1913년 8월 23일에 칼스버그 맥주 양조자 제이콥슨은 유명 조각가에게 인어공주 동상을 주문한다. 완성된 높이 165cm의 청동 동상은 코펜하겐 시에 기부하여 인어공주는 코펜하겐의 대표 상징이 되었고, 매년 인어공주의 탄생일에 전 세계에서 많은 관광객이 찾아온다. 2013년에는 언어공주가 탄생한 지 100주년이 되는 해로, 100명의 여성이 물속으로 뛰어드는 퍼포먼스를 펼치며 인어공주의 탄생을 축하했다.

1989년 월트 디즈니는 한스 안데르센 Hans Christian Andersen의 동화 〈인어공주〉를 각색한 월트 디즈니의 28번째 장편 만화 영화 인어공주를 제작했다. 원작에서는 육지의 왕자를 사랑하다가 물거품이 되는 인어공주의 슬픈 운명을 그렸지만 이 영화는 인어공주가 인간이 되어 왕자와 행복한 결혼식을 올리는 해피엔딩으로 끝이 난다. 3년의 제작 기간 동안 400명 이상의 예술가와 기술자들을 동원하여 100만 장 이상의 그림으로 이루어진 인어공주는 전미 극장 흥행 수익 약 2억 달러를 기록하고 아카데미 주제가상과 작곡상을 수상하는 등 한때 쇠락의 길을 걷던 월트 디즈니의 애니메이션을 부활시킨 작품이다.

플러스 α

인어공주 동상에서 역으로 돌아오는 길에 있는 블랙 다이아몬The Black Diamond에 들러 보자. 덴마크 왕립 도서관인 이곳은 1993년에 설계를 공모하고, 1996년에 시작해서 1999년 완공된 건물로 검은색에 운하로 쏠려 있는 마름모꼴 때문에 '블랙 다이아  몬드'로 불린다. 7층짜리 신관 1층에는 카페, 식당, 서점, 400석의 연주회장 등이 있고 천장까지 훤히 뚫린 공간 양쪽으로 매 층마다 물결 모양의 발코니가 벽 역할을 한다. 20세기 말의 기념비적인 건축인 블랙 다이아몬드는 코펜하겐 시민의 자랑거리이다. 신관 건물 2층에 있는 차도 위로 구관과 연결되는 통로가 있어 구관으로 들어서면 책상마다 초록색 램프가 켜진 옛 모습 그대로의 열람실을 볼 수 있다. 과거와 현재가 연결되는 이 통로를 통해 시간 여행을 해 보자.

찾아가는 길

코펜하겐 중앙역 9~12 플랫폼에서 지하철 S-tog를 타고 북쪽으로 3정거장 외스터포트Osterport 역에서 하차하여 카스텔레트Kastellet 요새 쪽으로 나온다. 요새에서 공원을 가로질러 바다 쪽으로 가면 인어공주 동상이 나온다.

44 노이스:
인젤 홈브로이히 미술관 Museum Insel Hombroich

● 200년이 넘도록 개간되지 않은 천연 생태 공원 홈브로이히는 야생의 땅에 미술관 18채를 품고 있다. 공원으로 들어서면 덤불과 관목, 연못, 늪 그리고 초지와 정글이 축축한 흙길로 연결되어 있을 뿐 미술관은 보이지 않는다. 자연의 모습을 살리면서 미술관으로 만들기 위해 공간의 10%만 예술 공간으로 꾸미고, 나머지 90%는 자연 그대로를 살린다는 홈브로이히 미술관만의 원칙 때문이다. 홈브로이히 미술관에서 최고의 예술품을 보고 밖으로 나서면 언제나 아름다운 대자연이 기다리고, 자연에 취해 이리저리 헤매다 보면 다시 문득 미술관이 나타난다.

인젤 홈브로이히 Insel Hombroich 미술관은 1882년 칼 하인리히 뮐러가 뒤셀도르프 근교 노이스 홀즈하임의 숲에 지은 미술관으로 권위 의식에 사로잡혀 거대해지는 현대의 미술관에 반발해 자연과 함께 미술품을 감상할 수 있는 장소를 마련하기 위해 만들었다.

인젤 홈브로이히 미술관
자연 그대로를 살리면서 미술관으로 만들기 위해 주공간의 10%만 예술 공간으로 꾸미고, 나머지 90%는 자연 상태를 유지하고 있다.

'섬'을 뜻하는 인젤 Insel은 숲속과 늪 지대에 미술관을 설치해 미술을 위한 하나의 섬이라는 것을 강조하기 위해 붙여졌다. 이곳은 2004년 미술 전문지 아트 뉴스의 '세계의 숨겨진 미술관 Top 10'에 선정되었다.

홈브로이히 미술관의 가장 큰 특징은 지키는 사람도 없고 조명도 없이 자연 채광만 된 공간에 캄보디아 불상과 중국 인물상들이 세잔, 아르프, 클라인의 회화와 나란히 전시되어 있는 점이다. 또한 편견 없는 작품 감상을 위해 작품 설명을 하지 않고, 관람객들로 하여금 아무런 전제 없이 자유롭게 작품을 접하게 한다.

홈브로이히 미술관 입구에서 지도를 받아 들고 입장하면 숲속의 오솔길과 넓은 들판이 보인다. 어느 곳이 미술관이고 어느 곳이 숲인지 알 수 없다. 그저 길을 따라 숲길을 걷다 보면 미술관이 문뜩 나타난다.

처음 만나는 전시관 외부는 벽돌로, 내부는 흰색 회벽으로 되어 있으며 전시장 안에는 아무것도 없다. 텅 빈 건물로 들어서자 큰 유리 문과 창을 통해서 숲으로 난 오솔길과 하늘이 건물 안으로 쏟아져 들어온다. 작품은 건물 밖의 자연이고 미술관 건물은 그 작품을 보여주는 창임을 관람자는 순간 깨닫게 된다.

전시관을 나와 하늘과 나무 그리고 시내를 벗 삼아 한참을 걸으면 숲과 원시성이 살아 있는 늪지대가 나타나고 그 속에 두 개의 전시관이 있다. 한쪽은 캄보디아의 불상들이 전시되어 있고 다른 한쪽에는 텅 빈 공간으로 한 면이 통유리로 되어 있어 푸르게 빛나는 자연을 온몸으로 느끼며 감상할 수 있다.

코스를 따라 돌다 보면 뒤로 나타나는 전시관들에는 유명 작품들이 꽤 알차게 전시되어 있다. 마티스, 앤디 워홀, 브라우닝 등 이름 있는 작가들의 작품이 눈에 띈다. 물론 어떠한 설명이나 설정도 없다. 단지 자연 속에 묻혀 있어 더욱 빛난다.

마지막으로 들르게 되는 식당은 유기농 빵과 채소 그리고 과일들이 뷔페식으로 차려져 있다. 이곳에서 제공되는 모든 음식은 무료이다. 맑고 청정한 자연과 예술 작품을 감상하고 나서, 맛있는 음식으로 허기를 채우고 따뜻한 커피를 한 잔 마시면 온세상을 다 가진 듯 행복감이 밀려올 것이다.

| 뷔페 식당
방문객에게 무료로 제공되는 뷔페식 식당이다.

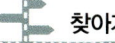 찾아가는 길

뒤셀도르프에 있는 인포메이션 센터에 가면 정확한 교통편과 시간을 알려준다.
대부분 1시간 간격으로 있는 기차를 타고 카펠렌 웨버링 호븐Kapellen-Wevelinnghoven 역에 도착하여 869번 또는 877번 버스를 갈아타고 10분 후에 홈브로이히에서 하차한다.
개장 시간: 10:00~17:00   마지막 입장: 폐관 1시간 전
휴일: 일요일, 1/1, 12/24, 12/25, 12/31

45 노이스:
랑엔 재단 Langen Foundation

● 홈브로이히 박물관Museum Insel Hombroich에서 나와 길 건너 끝없이 펼쳐진 들판을 가로지르면 콘크리트 벽이 덩그러니 놓여 있는 랑엔 재단Langen Foundation이 보인다. 미술관은 독립되어 있으면서도 자연과 하나가 되어 있다. 미술관은 자연을 담고 자연은 태연하게 건물을 감싼다. 게다가 건물 내부에는 인간이 만들어 놓은 예술품이 있어 자연과 건축 그리고 인간이 각각 존재감을 가지면서도 하나를 이루고 있다.

벽 가운데로 뚫린 사각 통로를 지나면 인공 연못이 하늘을 담고 그 끝에 사각의 유리 박스가 가볍게 떠 있는 듯 서 있다.

허허벌판에 덩그러니 세워진 미술관은 걸리버 여행기에 나오는 거인족이 길을 가다 잊어버린 포장된 선물처럼 보인다. 콘크리트로 만들어진 직사각형의 미술관을 투명한 유리 박스에 넣은 듯한 모습은 보석처럼 견고하고 우아하다.

| 랑엔 재단
콘크리트로 만들어진 직사각형의 미술관을 투명한 유리 박스에 넣은 듯한 모습이다.

건물에 들어서서 콘크리트 박스와 유리 박스 사이로 나 있는 길을 걷다 보면 지하에 있는 미술관으로 자연스럽게 이어진다. 단층으로 보이는 건물은 3층으로 대략 3m가 외부에 드러나 있고 6m는 지하에 묻혀 있지만 내부로 들어가더라도 그 높이나 깊이감은 전혀 느껴지지 않는다.

랑엔 재단이라는 이름은 이곳에 전시되어 있는 작품들을 수집했던 빅토르와 마리안 랑엔 부부의 이름을 딴 것이다. 이곳에는 1950년대부터 수집한 작품들과 12~20세기까지의 중요한 일본 작품 500여 점과 세잔, 워홀 등 20세기 서구 대가들의 작품 300여 점이 전시되어 있다.

랑엔 재단이 있는 이 지역은 오랫동안 북대서양조약기구(NATO)의 로켓 발사 기지가 있던 냉전의 사각지대였다. 1992년 나토와 옛 소련과의 무장 해제 조약으로 버려진 이곳은 오랫동안 저주받은 들판으로 불렸다.

랑엔 재단 뒤쪽에는 버려진 벙커들과 로켓 발사대, 격납고, 관제탑들이 남아 있다. 지도상에도 표시되지 않았던 이 땅에, 화가와 조각가 등 문인들이 모여 꿈의 프로젝트로 만들어진 것이 지금의 랑엔 재단이다.

랑엔 재단은 저렴하면서 큰 공간을 자유롭게 만들 수 있는 콘크리트를 제대로 디자인하면 얼마나 우아할 수 있는지를 보여주는 세계적인 건축가 안도 다다오의 작품이다. 미술 관람을 마치고 미술관을 찬찬히 둘러보면 햇빛, 물, 바람 같은 자연의 요소를 건축물에 그대로 끌어들이면서, 최고의 단순미를 추구한 안도 다다오의 건축의 대한 영적인 힘을 느낄 수 있다.

플러스 α

랑엔 재단은 홈브로이히 미술관과 함께 감상할 수 있는 콤비 티켓을 구입하면 할인 가격에 감상할 수 있다. 주의할 것은 매년 날짜를 달리하면서 총 7번 휴관하니 방문 전 홈페이지에서 확인하자. 또한 미술관은 유료지만 주변 전체를 둘러보는 것은 무료이다.

찾아가는 길

뒤셀도르프Dusseldorf에 있는 인포메이션 센터에 가면 정확한 교통편과 시간을 알려준다. 대부분 1시간 간격으로 있는 기차를 타고 카펠렌 웨버링 호븐Kapellen-Wevelinnghoven 역에 도착하여 869번 또는 877번 버스를 갈아타고 10분 후에 홈브로이히에서 하차하여 랑엔 재단 안내판을 따라 앞으로 보이는 들판을 가로지르면 철길이 나오고, 철길을 지나면 미술관이 나온다.

개장 시간: 10:00~17:00   마지막 입장: 폐관 1시간 전
휴일: 일요일, 12/24, 12/25, 12/31, 1/1

46 라인강 근교:
라인강 Rhein River 유람선

● 언덕 위로 넓게 펼쳐진 포도밭이 있는 뤼데스하임Rüdesheim은 인구 1만 명의 작은 도시지만 라인 강 유람선을 이용하는 여행자에게 출발지이다. 유람선을 타기 전에 라인 강과 푸른 포도밭으로 둘러싸인 뤼데스하임을 보고 싶다면 니더발트Niederwald 언덕 정상까지 케이블카를 타고 오르면 된다.

유람선을 타기 전에 시간적 여유가 있다면 '철새 골목'이라 불리는 드로셀 거리Drosselgasse를 방문하자. 좁은 골목길 사이로 유명한 와인 바와 식당, 선물 가게가 들어차 있다. 이리저리 헤매다가 마음에 드는 와인 바에 들러 하우스 와인을 주문하면 수준급 화이트 와인을 맛볼 수 있다. 특히 뤼데스하

| 드로셀 거리

| 뤼데스하임 강변 마을
인구 1만 명의 작은 도시지만 라인 강 유람선 출발지이다.

임에서 유명한 아이스바인Eiswein은 다른 와인에 비해 훨씬 섬세하고 싱그러운 맛을 낸다. 철새 골목의 식당은 대부분 라이브로 연주하는 악단이 있어 이곳에 들어서면 언제나 음악과 와인에 취한다.

뤼데스하임을 출발해 유람선을 타고 라인 강을 따라 내려가면 라인 강 위로 깎아지른 듯한 절벽과 많은 전설을 간직한 고성들 그리고 산 중턱에 늘어선 포도밭들이 여행자들을 반갑게 맞이한다.

독일은 중세 시대에 300여 개에 달하는 크고 작은 독립국으로 이루어져 있었다. 11~13세기 각국의 왕들은 라인 강변에 성을 쌓고 자신들의 영지 안에 들어오는 배들로부터 통행세를 거두었다. 이후 왕들의 세력이 커지면서 육지로 들어오면서 라인 강변의 성은 버려져 주로 군사 용도로 사용되었다. 그 후 독일의 힘이 강대해지자 프랑스는 라인 강변의 고성들이 군사적으로 이용될 것이 두려워 파괴하기 시작했다.

19세기 후반부터 독일은 무너진 고성들을 재건해 호텔, 레스토랑, 박물관 등으로 사용하고 있다. 라인 강변의 고성들은 그 형태만큼이나 이름도 특이하다. 예를 들면 장크트 고아르스하우젠Sankt Goarshausen에 있는 고양이 성은 1371년 카체네른 보겐 백작이 라인 강의 통행세를 걷기 위해서 지

| 장크트 고아르스하우젠
멀리 언덕 위에 고양이 성이 보인다. 강 반대편에는 생쥐 성이 있다.

었다. 당시 강 건너편에는 고양이 성의 영주와 라인 강의 권리를 다투던 트리어 대주교가 살았다. 그가 고양이 성에 대항하기 위해 맞은편에 성을 지었는데, 이에 화가 난 고양이 성 성주는 자신의 성을 확장하면서 대주교의 성을 생쥐 성이라고 놀린 데에서 유래하여 그 후로 계속 생쥐 성으로 불리게 되었다.

| 로렐라이 언덕
로렐라이 전설에 영감을 받은 하이네는 〈로렐라이〉라는 민요를 만들었다.

유람선을 타고 '요정의 바위'라고도 불리는 높이 132m의 로렐라이 언덕에 이르면 독일 민요 〈로렐라이Lorelei〉가 나온다. 로렐라이 언덕 바로 밑은 강 폭이 갑자기 90m로 좁아지고 물살이 급해져 사고가 많았다. 사고가 날 때면 사람들의 고함 소리가 협곡에 메아리 쳤는데, 그것이 마치 유령 소리처럼 들렸다. 여기에서 로렐라이 전설이 생겼다고 한다.

로렐라이 전설은 로렐라이라는 처녀가 사랑하는 사람으로부터 배신을 당해 라인 강에 투신해 죽은 후 물의 요정이 되어 이 언덕 바위에 앉아 황금 머릿결을 황금 빗으로 빗으면서 노래를 불렀는데 이곳을 지나가는 뱃사공들이 그 모습에 반해 넋을 잃고 바라보다 암초에 부딪히고 난파 당한다는 이야기이다.

19세기 당시 이 전설은 많은 시인들에게 영감을 주었는데 하이네도 그중 한 명이다. 그 후 하이네의 시에 프리드리히 질허가 곡을 붙여 〈로렐라이〉라는 독일 민요가 완성되었다. 제2차 세계 대전 당시 나치는 하이네가 유태인이라는 이유로 이 노래를 금지시켰으나 너무나 많은 독일 국민이 이 노래를 애창하여 막을 수가 없게 되자, 작자 미상의 민요로

간주하기로 하고 노래를 허용하였다.

로렐라이 언덕 자체는 평범해서 우리나라 여행자들이 꼽는 '유럽 3대 썰렁' 관광지 중 하나이다. 하지만 매년 100만 명 이상의 여행자들이 이곳을 찾는 이유는 아름다운 〈로렐라이〉 노래 때문일 것이다. 로렐라이 언덕을 오르려면 장크트 고아르스하우젠에 내려 4km의 도로를 돌아서 올라야 한다. 언덕에는 조그마하고 하얀 로렐라이 석상이 있는데 이곳에서 바라보는 라인 강의 모습이 일품이다.

 플러스 α

독일 라인 강 유람선을 유레일 패스로 무료로 즐기려면 마인츠Mainz에서 쾰른Köln까지 운항하는 상하행선을 이용하면 된다. 이 구간을 모두 유람선으로 이용할 경우 12시간 이상 소요되어 무료해지기 쉽다. 추천 일정은 프랑크푸르트에서 뤼데스하임까지 기차로 이동하고 뤼데스하임에서 라인 강 유람선을 이용해 로렐라이 언덕이 있는 장크트 고아르스하우젠까지 가는 2시간 정도의 코스가 적당하다. 뤼데스하임 강변에서 유레일 패스로 탈 수 있는 유람선은 기차역에서 가장 멀리 떨어진 KD 선착장이다. 선착장 입구에 유람선 시간이 적혀 있으니 시간에 맞추어 와서 유레일 패스를 보여주면 유람선을 무료로 탈 수 있다. 유람선은 3월 말부터 10월 말까지 운행하며 성수기와 비수기 운항 스케줄이 다르다. 독일 내 모든 도시의 관광 안내소나 KD 인터넷 홈페이지에서 확인하면 된다. 유람선이 만원인 경우는 거의 없으니 굳이 예약할 필요는 없다.

KD 홈페이지 www.k-d.com

47 독일 일주:
로맨틱 가도

● 유럽 자유 여행을 할 때 흔히 유럽의 모든 기차를 저렴하게 탈 수 있는 유레일 패스를 구입해 기차 여행을 한다. 하지만 도로가 너무 아름다워 로맨틱이라는 이름이 붙은 독일에서는 잠시 기차 여행을 멈추고 버스 여행을 한다면 색다른 즐거움을 맛볼 수 있다.

기차로 갈 수 없는 로맨틱 가도의 작지만 아름다운 중세 도시의 구석구석을 돌아볼 수 있으며, 그 정점인 노이슈반슈타인 성에서는 동화 속 마을을 체험한다.

로맨틱 가도의 시작 도시 뷔르츠부르크Würzburg는 마인 강변을 따라 펼쳐져 있다. 뷔르츠부르크에서의 가장 큰 즐거움은 이 지역의 특산품인 프랑켄 와인을 맛보는 것과 레지덴

| 레지덴츠 궁
규모와 실내 장식이 베르사유와 비견할 만하다.

┃ 로텐부르크
400년이 넘는 가옥으로 가득 차 있는 이곳은 유럽의 도시 중 가장 중세의 모습과 닮아 있다.

츠Residenz 궁을 방문하는 것이다. 두 가지를 다하고 싶다면 레지덴츠를 관람하고 바로 옆 지하에 있는 호프켈러에서 프랑켄 와인 맛보기를 추천한다. 식사 시간이라면 이집의 주요리인 스테이크를 곁들이면 더욱 좋다.

세계 문화유산으로 지정된 레지덴츠 궁은 18세기 마리엔베르크 요새의 주교가 지시해 건축가 노이만이 지은 궁전으로, 그 규모와 실내 장식이 베르사유 궁과 비견할 만하다.

이곳에서도 황금과 거울로 장식된 화려한 거울의 방을 감상할 수 있다. 또한 1층과 2층 사이에 있는 계단의 방에 있는 천장 프레스코화는 세계 최대인 600㎡ 크기로 화려함의 극치를 이룬다.

인형의 도시라 부르는 로텐부르크Rothenburg는 도시 전체가 마치 거대한 테마파크 같다. 400년이 넘는 가옥으로 가득 차 있는 이곳은 유럽의 도시 중 가장 중세의 모습과 닮아 있다. 중심에는 마르크트 광장과 시청사가 있다. 시청사에 있는 60m 높이의 탑에 오르면 도시 전체가 한눈에 들어온다. 시청사 옆 의원 회관의 인형 장식 시계는 매시 정각에 시장과 장군의 인형이 나오고 시장이 와인 마시는 모습을 보여준다.

1618년에 독일을 중심으로 한 개신교와 로마 가톨릭 사이에서 최후의 종교 전쟁인 30년 전쟁이 있었다. 구교 측인 틸리 장군이 신교 측의 로텐부르크를 점령하면서 로텐부르크를 불태우고 시 의원들을 모두 사형시킬 것을 명하였다. 로텐부르크 시장인 누슈와 시 의원들은 틸리 장군을 회유하려고 연회를 베푸는데 기분이 좋아진 틸리는 3.25리터 큰 잔에 와인을 따르고 이것을 단숨에 마시면 없던 일로 하겠다고 약속한다. 그때 시장인 누슈가 단숨에 포도주를 들이켜 로텐부르크를 구해냈다고 한다.

로텐부르크 거리 곳곳에는 인형 가게와 과자점이 있어 여행자의 눈길을 사로잡는다. 이 중 우리에게 잘 알려진 슈니발렌Schneeballen은 이 도시의 전통 과자로 여행자의 입맛을 돋우기에 부족함이 없다. 둥그런 밀가루 과자에 초콜릿이나 설탕가루를 입힌 슈니발렌은 독일어로 '눈뭉치'라는 뜻으로 실제 그 모양을 보면 정말 눈을 굴려 놓은 모양이다.

| 슈니발렌

로맨틱 가도의 마지막 지점인 퓌센Füssen을 향해 가는 중에 한적한 시골 언덕 위에 있는 비스키르헤 성당Wieskirche을 만날 수 있다. 유네스코 지정 세계 문화유산인 이 성당은 18세기 교회 건축물 중 그 원형을 잘 간직하고 있는 몇 안 되는 교회 중 하나이다. 성당은 한 농부의 아내가 가지고 있던 눈물 흘리는 예수 상을 모시기 위해 1745년부터 9년에 걸쳐 지어졌다. 그 후 치유의 기적을 바라는 순례자들의 발길이 끊이지 않고 있다. 성당 안에는 무려 342개의 아기 천사 상이 자리하고 있다.

 플러스 α

독일 버스 여행의 하이라이트는 프랑크푸르트와 뮌헨을 연결하는 로맨틱 가도이다. 5월에서 9월까지만 이곳을 운행하는 유로파 버스는 매일 1회 양방향으로 운행하며

중간 도시 어디서나 지정된 시간에 탑승할 수 있다. 1박을 한 뒤에도 다시 탈 수 있어 편리하다. 오전 8시에 프랑크푸르트를 출발해 로텐부르크에서 점심을 먹고 30분 가량 여행한 다음, 저녁 7시에 퓌센에 도착하며, 종착지 뮌헨에는 저녁 9시에 도착한다. 하루 일정으로는 로맨틱 가도를 제대로 감상할 수 없다.

추천1

프랑크푸르트에서 하이델베르크 행 버스를 여행 전날 예약한다. 다음 날 아침 프랑크푸르트 역에서 버스를 타고 출발하면 로맨틱 가도의 중간 정점인 로텐부르크에 12시 15분에 도착한다. 로맨틱 가도의 하이라이트인 동화 같은 이 마을에서 1박을 한다. 이때 다음 날 퓌센에 늦게 도착하니 인터넷을 통해 다음날 숙박을 미리 예약한다. 다음 날 12시 30분 버스를 타고 퓌센으로 이동해 1박을 하며 노이슈반슈타인 성을 여유 있게 감상하고 뮌헨으로는 기차로 이동하면 좋다.

추천2

프랑크푸르트에서 예약을 하고 하이델베르크로 넘어와 1박을 한다. 아침에 하이델베르크 중앙역에서 고성 가도를 달리는 유로파 버스를 타면 고성 가도와 로맨틱 가도의 교차점인 로텐부르크에 오전 11시 30분에 도착한다. 여기서 1박을 하거나 아니면 당일 12시 45분에 출발하는 로맨틱 가도를 달리는 버스를 갈아타고 퓌센까지 가는 일정이 있다. 이 경우는 로맨틱 가도의 시작 도시인 아름다운 뷔르츠브루크를 감상할 수 없다는 단점이 있다. 유로파 버스는 유레일 패스를 소지하고 있으면 60% 할인 받을 수 있으며 갈아타거나 길을 물어 가야 하는 번거로움이 없어 여행자들에게 인기가 좋다. 티켓은 프랑크푸르트 중앙역에 있는 도이치 투어링 회사를 방문하거나 인터넷으로 직접 예약할 수 있다.

www.deutsche-touring.de

48 퓌센: 노이슈반슈타인 성 Schloss Neuschwanstein

- 깎아지른 산꼭대기에 백조의 모양으로 환상적인 분위기를 간직한 성은 온갖 동화적인 상상을 자아낸다. 뉴 스완 캐슬 New Swan Castle (새로운 백조의 성)이라고 번역되는 이 성을 방문하면 왜 디즈니 월터가 이 성을 모델로 자신의 디즈니랜드 성을 만들었는지 금방 이해가 된다.

노이슈반슈타인 성 Schlos Neuschwanstein 은 루드비히 2세의 지시로 바그너의 오페라 〈로엔그린〉에 나오는 주인공이 사는 성처럼 만들었다. 성 안에는 오페라 가수들의 화려한 방이 즐비하며 왕의 침실 세면대에는 백조의 주둥이에서 물이 나오는 백조의 샘이 있다. 또한 지하 주방에서 꼭대기 방까지 곧바로 연결되는 음식 배달 장치와 내부 장식에 금을 사용해 화려하게 꾸민 실내 등 루드비히 왕의 낭만주의적 색채와 사치를 보여준다.

그래서 성은 방어나 요새로서의 기능은 전혀 없고 한 낭만주의자의

| 노이슈반슈타인 성
루드비히 2세의 지시로 바그너의 오페라 〈로엔그린〉에 나오는 주인공이 사는 성처럼 만들었다.

꿈속을 들여다보는 듯 화려하기만 하다. 이 성을 완성한 후 루드비히는 성을 지키는 집사를 제외하고는 아무도 성에 들이지 않고 오직 혼자서만 있었다고 한다.

루드비히 2세는 191cm의 큰 체격에 검은 갈색 머리를 가진 미남으로 여자들에게 인기가 많았고, 여배우들과의 염문은 있었지만 평생을 미혼으로 살았다. 그는 16세에 바그너의 오페라 〈로엔그린〉을 보고 감동하면서 예술에 눈을 떴다. 16세 청년의 눈에 게르만족의 설화와 독일의 영웅담을 자극하는 중세의 기사와 환상적인 백조가 나오는 로엔그린은 꿈의 세계였고, 바그너는 영웅이었다.

루드비히 2세는 노이슈반슈타인 성 건축에 모든 재산을 쏟아부어 엄청난 재정 적자에 시달리게 되었다. 이를 보다 못한 정부는 왕을 퇴위시키기로 결정했다. 1886년 정부는 왕의 병은 중증이며, 회복 불가능한 정신병이라는 진단을 내리고 왕의 거처를 슈탄베르크 호숫가 요양소로 옮졌다. 그로부터 사흘 후 저녁 산책을 나갔던 호수에서 왕은 익사체로 발견되었다. 어려서부터 수영을 잘했던 왕이 깊지 않은 호수에서 익사체로 발견되어 그의 죽음은 아직도 미스터리로 남아 있다.

노이슈반슈타인 성의 최고의 전경은 마리엔 다리^{Marienbruke}에서 바라보는 모습이다. 성을 나와 뒤편으로 걸어 오르면 중간쯤 퓌센의 아름다운 들판과 호수 위로 호엔슈반가우 성^{Hohenschwangau}이 보인다. 어려서 루드비히가 살았던 성이다. 여기서 15분쯤 오르면 루드비히 2세 어머니의 이름을 딴 마리엔 다리가 나온다. 밑이 까마득하게 보이는 깊은 골짜기 위에 있는 다리에 서면 마치 번지 점프 대에 서 있는 듯 두려움이 느껴진다. 두려움을 누르고 다리 중간으로 가면 사진에서 보았던 노이슈반슈타인 성의 전경이 펼쳐진다.

유럽 최고의 아름다움 중 하나인 전경 앞에 서면 두려움은 어느덧 사라지고 감탄

| 호엔슈반가우 성
루드비히 2세가 어렸을 때 살았던 성

사와 함께 사진을 찍느라 정신이 없다. 오직 이 다리 위에서만 여행자와 성 전체가 나오는 사진을 찍을 수 있다.

 **플러스 α**

매표소에서 성까지 오르는 방법은 세 가지가 있다. 도보(30분 소요)로 가거나 마차를 이용할 수 있으며 마리엔 다리까지 버스를 이용할 수도 있다. 천천히 걸어도 30분 정도면 성에 도착할 수 있으니 맑은 공기를 마시며 도보로 올라갈 것을 권한다. 점심은 퓌센 역 주변에 있는 큰 슈퍼와 저렴한 케밥 식당 및 타이 식당을 이용하자. 선물용으로 식당 근처에 있는 약국에서 파는 물에 타 먹는 비타민이 좋다.

 찾아가는 길

뮌헨München 중앙역 31번 플랫폼에서 짝수 시간대(예를 들면 08:51)에 출발하면 갈아탈 필요 없이 퓌센까지 곧바로 갈 수 있으나 홀수 시간대(예를 들면 09:51)에 타면 부흐뢰Buchloe에서 갈아타야 한다. 반대로 퓌센에서 돌아올 때는 홀수 시간대에 갈아탈 필요가 없고, 짝수 시간대에는 역시 부흐뢰에서 갈아타야 한다. 퓌센 역에 도착하면 역 앞에 성으로 가는 버스가 대기하고 있는데, 티켓은 버스 안에서 운전사에게 구입하면 된다. 버스를 타고 10분 후면 성 밑 버스 정류장에 도착한다.
버스에서 내린 뒤 오른쪽으로 오르막길을 30m 정도 오르면 매표소가 있다. 여기는 성 안을 관람하는 티켓을 판매하는 곳으로 성 안은 반드시 현지 가이드를 동반해야 하는데 한국어 가이드는 없으니 영어 가이드 표를 구입하면 된다. 보통 2시간 이후의 입장표를 준다. 매표소에서 성까지 걸어가는 시간과 기다리는 시간 1시간 정도 소요됨을 감안해서이다. 만약 성 안을 관람하지 않는다면 표를 구입하지 않고 바로 올라가면 된다.

49 뮌헨:
렌바흐하우스 Lenbachhaus 와 칸딘스키 Wassily Kandinsky

● 체코가 잘생긴 남자의 뒷모습 같다면 독일은 이지적인 남자의 이미지가 떠오른다. 뮌헨의 거리는 이지적인 남자의 모습처럼 언제나 깨끗하고 문화적인 기품이 넘친다.

뮌헨München에서 가장 이지적인 남자를 만나보고 싶다면 렌바흐하우스로 가자. 렌바흐하우스Lenbachhaus는 19세기 말에 활약한 화가 프란츠 폰 렌바흐를 기념하기 위해 그의 사후인 1929년에 세웠졌다. 건물은 렌바흐가 생전에 사용하던 아틀리에에 세웠는데, 고성 형태의 노란 로마식 2층 건물은 지금도 그 모습을 유지하고 있다. 미술관 설립 이래 전쟁 등 수많은 수난을 겪으면서 양쪽 날개 끝부분만 전시장으로 사용하다가 1952년 전면 수리를 끝내고 화랑으로 개관하였다. 그 후에도 여러 차례 문을 닫았는데, 1957년 칸딘스키의 부인이었던 화가 G. 뮌터가 칸딘스키의 작품을 상설 전시하면서 본격적으로 미술관으로서의 역할을 하게 되었다.

칸딘스키는 1866년 모스크바에서 태어나 독일에서 청기사파 운동(작가의 내부 표현과 색채의 상징적 의미를 강조하는 그룹)을 주도하며 자기 눈앞에 벌어지는 모순된 현실과 추한 인간들의 모습을 표현했다. 히틀러가 퇴폐 미술로 청기사파들을 탄압하고 바우하우스를 폐교하자 칸딘스키는 프랑스로 건너가 활동하다가 1944년 78세로 일생을 마감했다.

칸딘스키는 그림에서 대상의 묘사는 불필요하고 눈에 띄는 대상을 그리지 않고 감정의 내용을 전달할 수 있다고 믿었다. 렌바흐

| 렌바흐하우스
19세기 말에 활약한 화가 프란츠 폰 렌바흐를 기념하기 위해 그의 사후인 1929년에 세웠다.

하우스를 방문하면 칸딘스키가 추상의 길로 들어가기 전의 작품부터 완전히 추상의 길로 들어서서 완성한 대작까지 모두 감상할 수 있다. 칸딘스키 초기 작품 중 하나인 〈말 위의 연인〉과 중기 작품인 〈인상〉, 〈낭만적 풍경〉 그리고 그의 대작인 〈구성〉을 놓치지 말자.

칸딘스키가 추상의 길로 들어서기 전 작품인 〈말 위의 연인〉은 러시아의 민속적 모티브로 그려졌으며 아직 형태가 남아 있다. 그러나 형태를 재현하는 것이 아니라 형태 그 자체가 색채와 어우러져 직접적인 감정을 나타내고 있다. 그의 중기 작품인 〈인상3〉을 보면 형태가 완전히

사라진다. 이 작품은 1911년 1월 1일 칸딘스키가 쇤베르크의 연주회에 참석하여 〈현악 4중주〉와 〈3개의 피아노 소품〉을 듣고 그린 작품이다. 이날 음악회 이후로 칸딘스키는 점점 색채와 형태의 내적 구성에 주목하는 추상의 세계로 빠져든다.

| 작품 〈구성〉
칸딘스키 중기 작품으로 아직은 형태가 남아 있다.

작품 아래쪽 가운데에서 시작되는 노란색의 대각선은 그랜드 피아노를 연상케 하는 검은색과 만난다. 피아노 앞에 피아니스트가 앉아 있고 그 뒤에는 몇몇 청중의 모습이 눈에 띈다. 빨간색과 흰색 기둥이 여기에 리듬감을 더하고 있다. 작품에서 노란색은 고통스러운 자극을 상징하고 있으며 검은색은 미래도 희망도 없는, 영원한 침묵의 소리를 담고 있다.

이 작품부터 칸딘스키는 본격적으로 추상 미술이 '정신적인 것'에 봉사하는 순수 예술로 나아가기 시작했다. 이후 칸딘스키는 외부의 대상 묘사가 아니라 자신의 주관에 의해 만들어진 것을 내적인 필요성에 근거하여 그림을 완성하였다. 그것의 절정체가 그의 작품 〈구성〉이다. 제2차 세계 대전 때 분실되었던 이 작품은 색채의 소용돌이 안에서 어떤 명확한 연계성도 가지지 않은 듯 보이는 형상들이 혼란스러운 모습을 보여주고 있다.

| 작품 〈인상3〉
쇤베르크의 연주회에 참석하여 〈현악 4중주〉와 〈3개의 피아노 소품〉을 듣고 그린 작품이다.

| 쾨니히스플라츠 역
지하철역 안 모든 벽면은 칸딘스키의 작품과 여러 명작들로 도배되어 있다.

렌바흐하우스를 나와 길을 건너 지하철역으로 내려가면 뜻하지 않는 선물을 받는다. 지하철역 안 모든 벽면은 칸딘스키의 작품과 여러 명작들로 도배되어 있고, 잔잔한 클래식 음악이 역 안에 울려 퍼지고 있다.

찾아가는 길

지하철 U2 쾨니히스플라츠Königsplatz 역에서 내려 표지판 렌바흐하우스를 따라 올라가면 정면에 노란색 건물이 보인다.
개장 시간: 10:00~18:00   휴일: 월요일, 12/24, 12/25, 12/31

50 뮌헨: 호프브로이하우스 Hofbräuhaus

● 호프브로이하우스Hofbräuhaus는 1895년 빌헬름 5세가 만든 왕실 양조장으로 100년이 넘는 전통을 자랑하며, 이곳의 문양 역시 왕관 모양이다. 세계에서 가장 큰 맥주 홀로 1층과 2층 그리고 정원을 포함해 3,000여 명을 수용할 수 있는데, 홀 안은 언제나 세계 여기저기서 모인 관광객들로 가득하다. 호프브로이하우스에서만 느낄 수 있는 깊은 술맛과 자유스럽고 흥겨운 분위기가 수많은 관광객들을 매료시키기 때문이다.

호프브로이하우스에는 유명한 세 가지 맥주가 있다. 흑맥주Dunkelbier, 오리지널 맥주Originalbier 그리고 흰 맥주Weissbier 이다.

맥주는 저온에서 발효하는 하면 맥주와 고온에서 발효하는 상면 맥주로 나눈다. 독일은 하면 맥주, 영국은 상면 맥주를 대표하는 나라이다. 우리나라 맥주는 대부분 하면 맥주고, 전 세계적으로 유명한 체코 맥주 필스너도 하면 맥주이다.

| 호프브로이하우스
1층과 2층 그리고 정원을 포함해 3,000여 명을 수용할 수 있다.

호프브로이를 대표하는 오리지널 맥주는 우리가 주로 먹는 하면 맥주로 처음 마시면 걸쭉하게 입에 쫙 달라붙으면서도 시원한 목 넘김이 좋다. 호프브로이 흑맥주 역시 하면 맥주로 오리지널보다는 진하고 풍부한 맛을 느낄 수 있다. 보통 여성들이 애호하는 호프 브로이의 흰 맥주는 밀을 고온에서 발효시켜 만든 상면 맥주이다.

옛날 바이에른 군주들이 보리 맥아의 생산을 독점하고 가격을 통제했는데 이에 대항하기 위하여 밀 맥주의 발달이 촉진되었다. 흰 맥주는 밀의 부드러움과 함께 상면 맥주의 독특한 향을 가지고 있지만 하면 맥주에 익숙한 우리에겐 낯선 맛이다.

호프브로이에서 맥주와 더불어 뮌헨의 명물 흰 소시지Weißwürste와 족발Schweinshaxn을 곁들인다면 진수성찬의 호사를 누릴 수 있다. 흰 소시지는 입에 넣으면 사르르 녹을 정도로 부드러우면서도 소시지 특유의 고기 맛을 간직하고 있다. 족발은 겉은 딱딱하나 안은 부드럽고 훈제 고기 특유의 향이 배어 있어 맥주와 곁들이기에는 최고의 음식이다.

호프브로이 중앙에는 브라스 밴드가 홀이 떠나가라 연주를 한다. 세계적인 맥주 홀이라 독일 민요를 비롯해 세계 각국의 민요들을 신나게 연주하며 여행자의 흥을 돋운다. 여행자들은 자기 나라 음악이 나오면 모두 일어서서 합창을 하고 때로는 탁자 위에 올라가서 춤을 추기도 한다. 호프브로이하우스의 흥겨운 분위기를 제대로 즐기기 위해서는 브라스 밴드가 보이는 자리에 앉는 것이 좋다. 항상 사람들로 북적거리는 이

| 오리지널 맥주와 족발 요리

호프브로이 오리지널 맥주와 더불어 뮌헨의 명물 흰 소시지나 족발을 곁들이면 좋다. 브라스 밴드가 중앙에서 독일 민요를 비롯해 세계 각국의 민요를 신나게 연주하여 여행자의 흥을 돋운다.

곳에서 세계인들과 함께 취하고 노래하고 이야기하다 보면 독일 특유의 흥겨움에 여행의 재미는 극에 달한다.

 플러스 α

맥주나 안주를 주문할 때는 각 테이블 담당자가 있으니 앉아서 기다리면 웨이터가 와서 주문을 받는다. 주문을 독촉하면 굉장히 불친절해진다.

 찾아가는 길

지하철 U 또는 S bahn을 타고 마리엔 광장Marien pl 역에서 하차한다. 시청사를 왼쪽에 두고 정면에 보이는 아치문을 통과해 왼쪽으로 꺾어 들어가 첫 번째 블록에서 오른쪽으로 꺾어 다시 첫 번째 블록에서 왼쪽으로 꺾으면 보인다.

51 하이델베르크:
하이델베르크 Heidelberg

- 600년이 넘는 대학과 300년이 넘는 학사 주점 그리고 고풍스러운 다리와 폐허가 된 고성을 간직한 대학 도시 하이델베르크Heidelberg는 자연과 문화가 어우러진 품격 있는 도시의 표본이다. 비대해진 도시에서는 볼 수 없는 고색창연한 건물들과 네카 강변의 아름다운 자연이 어우러져 뿜어내는 문화적 기품에 여행자들은 단박에 발걸음을 멈춘다.

800년 역사를 지닌 인구 14만 명의 중세 도시 하이델베르크는 수많은 철학자와 예술가들의 사랑을 받아 왔다. 괴테는 이곳을 여덟 번이나 방문하며 영감을 얻고 시를 구상하였으며, 그의 대작〈파우스트〉도 이곳에서 구상했다.〈파우스트〉1권에 나오는 부활절의 산책 장면은 하이델베르크의 자연을 노래한 것이다.

하이델베르크의 여행은 비스마르크 광장에서 시작한다. 구시가 안으로 형성된 하우프트 거리를 걸으면 선제후 박물관과 하이델베르크 대학,

| 하이델베르크 구다리와 하우프트 거리
구다리를 건너서 들어가면 하우프트 거리가 나온다.

도서관 등을 차례로 만날 수 있다.

하이델베르크 대학Ruprecht-Karls-Universität은 독일에서 가장 오래된 대학으로 자유분방한 분위기 속에서도 노벨상 수상자를 55명이나 배출하였으며 헬무트 전 독일 총리 등 여러 국가의 정상이 이곳에서 수학했다. 하이델베르크의 시민 중 4분의 1이 학생인 하이델베르크 대학은 1712년부터 1914년까지 치외 법권의 특혜를 누렸으며, 대학 뒤편에 있는 학생 감옥Studentenkarzer은 치외 법권을 누렸던 학생들이 잘못을 하면 가두던 곳이었다. 이곳에 학생들이 감금되면 1일에서 30일 동안 빵과 물만 지급하였으며, 수업 등 정당한 사유가 있으면 나올 수 있었다. 지금도 당시 구금된 학생들이 감옥 천장이나 벽에 자신의 이상이나 깃발 등을 낙서했던 흔적들을 볼 수 있다.

13세기에 고딕 양식으로 지어진 하이델베르크 성Heidelberger Schloss

| 하이델베르크 성
13세기에 고딕 양식으로 짓고, 16세기에 르네상스 양식으로 개조하였다.

　은 16세기에 르네상스 양식으로 개조된 독일에서 가장 아름다운 성이다. 17세기 구교도와 신교도가 벌인 30년 전쟁(1618~1648)으로 파괴되었으나 칼 루드비히가 복구한 성은 후계자 싸움인 팔츠 계승 전쟁(1689~1697) 때 프랑스군에 의해 성은 다시 파괴되었다. 당시의 전쟁을 상기하기 위해 지금도 그때 파괴된 모습을 그대로 간직하고 있다.

　하이델베르크 성에 입장하면 가장 먼저 보이는 것이 프리드리히의 관이다. 이 건물 정면에는 프리드리히 4세의 선조들과 바이에른 지역을 통치한 비텔 왕가 출신의 선제후들의 조각상이 장식되어 있는데 제2차 세계 대전 당시 연합군의 폭격을 피할 정도로 아름다움을 자랑한다. 프리드리히의 관 지하에는 독일에서 가장 큰 포도주 통인 파스Fass가 있다. 집채만 한 와인 통으로 22만 리터를 담을 수 있는데 포도 재배 농가들이 영주에게 포도주를 현물세로 바치면 보관하는 통이었다. 와인 통 맞

오른편에는 페르키오Perkeo 조각상이 있다. 페르키오는 1728년부터 술통을 지키는 임무를 맡았던 이탈리아 난쟁이로 하루에 15리터의 포도주를 마셨다고 한다. 사람들이 그에게 포도주를 한 잔 더 할 수 있냐고 물으면 그는 항상 이탈리아어로

| 학생 감옥
학생들이 감금되면 1일에서 30일 동안 빵과 물만 지급하였으며 수업 등 정당한 사유가 있으면 언제든 나올 수 있었다.

"Perche no!(물론입니다)"라고 답했다. 여기서 그의 이름이 생겨났다고 한다. 그는 항상 취해 있어 그를 깨우기 위해서는 비상시에는 종을 흔들어야 했다고 한다.

하이델베르크 여행의 하이라이트는 철학자의 길이다. 성을 내려가 네카 강가에 놓인 칼 테오도르 다리를 건너면 베르크 거리에 언덕을 오르는 조그만 길이 나타난다. 가파른 언덕을 20분 정도 올라가면 철학자의 길이 나온다. 철학자의 길Philosophenweg이라는 명칭은 하이델베르크 대학생들의 산책로에서 유래했다. 옛날에는 대학생과 철학자라는 단어가 동의어였다. 학생들은 누구나 전공을 시작하기 전에 교양인 철학을 공부해야 했기 때문이다. 대학의 맞은편에 있는 산책길은 누구에게도 방해받지 않고 둘만의 낭만적인 시간을 갖기에는 이상적인 곳이었다.

철학자의 길에서 하이델베르크 시내와 성을 바라보고 있으면 이 도시가 가진 자연과 문화의 아름다움을 한눈에 볼 수

| 철학자의 길
명칭은 하이델베르크 대학생들의 산책로에서 유래했다.

있다. 이곳을 힘들게 올라온 노고가 순식간에 사라진다. 이곳에 서면 하이델베르크 도시 전체가 유네스코에 의해 세계 문화유산으로 왜 지정되었는지 누구라도 알 수 있다.

 플러스 α

하이델베르크 대학 안에 있는 학생식당 멘사는 뷔페식 식당으로 여행객들이 저렴한 비용으로 맛있는 음식을 즐길 수 있는 곳으로, 점심을 해결하기에 안성맞춤이다. 슈니첼이나 치킨 요리 등을 맛보자.

 찾아가는 길

프랑크푸르트에서 기차로 2시간이 소요된다.

스위스

Switzerland

52 알프스: 알프스를 걷다

- 만년설을 머리에 얹은 봉우리들 아래 눈부시게 아름다운 전망과 경이로운 대자연의 세계를 만끽하고 싶다면 알프스로 가자. 유럽의 최고봉 융프라우요흐 Jungfraujoch, 괴테가 극찬한 리기 산 Rigi, 너무 장엄하여 영화사의 심벌이 된 마터호른 Matterhorn 등 3,000m가 넘는 고봉들이 즐비하다. 자연의 모든 요소가 완벽하게 갖추어진 알프스를 걷는 것은 놀라운 축복이다.

메리헨 트래킹

- 인터라켄에서 출발하여 그린델발트 Grindelwald에 도착하면 메리헨 Menrihen 정상까지 올라가는 케이블카를 타는 곳이 보인다. 4인용 케이블카는 운전하는 사람 없이 자동으로 돌고 있다. 케이블카에 타면 케이블카의 노선에 따라 목적지까지 갈 수 있다. 메리헨 정상에 도착하면 목적

| 메리헨 케이블카 타는 곳
그린덴발트에서 메리헨까지는 케이블카를 타고 오른다.

| 베기스 유람선 선착장
루체른으로 가는 유람선을 타는 곳이다.

지인 클라이네 샤이데크까지의 트래킹 길이 기다린다. 트래킹 내내 만년설로 뒤덮힌 유럽의 정상, 융프라우요흐를 마주하며 걷는 이 코스는 알프스의 수많은 트래킹 코스 중 단연 으뜸이다. 어린아이도 걸을 정도로 편안한 트래킹 길을 걸으면 내딛는 걸음마다 짜릿함과 행복감이 솟구친다. 만년설로 뒤덮혀 신비로움을 자아내는 융프라우요흐와 햇볕을 받아 유리처럼 반짝이는 호수 그리고 한없이 이어지는 들꽃들을 마주할 때마다 문명과 도시 생활로 불안에 싸여 있던 마음이 씻은 듯이 사라진다.

리기 산

● 스위스의 아름다운 호수와 알프스를 동시에 즐기려면 리기Rigi 산으로 가야 한다.

산들의 여왕 리기 산의 출발점은 루체른Luzern이다. 맑고 싱그러운 유람선을 타고 유유자적 호수를 건너면 푸른 산에 둘러싸인 피츠나우Vitznau가 나타난다. 이곳에

| 리기 산 정상

서 정상을 오르는 등산열차를 타고 리기 산 정상 칼트바트에 오르면 헤아릴 수 없이 깊은 골짜기 밑으로 짙고 푸른 호수가 보인다. 호수를 발아래 두고 리기칼트바트Rigi Kaltbad에서 리기쿨룸Rigi Klum까지 1시간 정도의 트래킹은 부드럽고 우아한 자연의 절경이다. 푸른 알프스를 누비는 소의 종소리가 트래킹 내내 이어지고 호수와 하늘 그리고 알프스가 만들어내는 비경은 트래킹 내내 감동을 선사한다. 리기쿨룸에서 곤돌라를 타고 베기스Weggis로 내려오면 루체른으로 가는 유람선이 기다린다.

마터호른

- 4,000m의 알프스 봉우리가 하늘로 솟아 있는 마터호른Matterhorn에 가려면 환경 보호를 위해 외부 차량 진입이 금지되어 있고 전기차만 다니는 체르마트Zermatt로 가야 한다. 이곳에서 수넥가 파라다이스Sunnegga paradise까지 곤돌라를 타고 오르면 마터호른이 그 자태를 드러낸다. 여기서 다시 케이블카를 타고 5대 호수 트래킹의 출발점인 블라우헤르드Blauherd로 이동해야 한다. 마터호른을 마주하며 올라가는 케이블카에 내려서 첫 번째 목적지인 슈텔리Stellisee 호수에 도착하면 물고기들이 맑게 내려다보이는 큰 호수 위로 마터호른이 환상적으로 떠 있다. 수많은 들꽃들로 둘러싸인 아름다운 트래킹 길은 푸른 나무들이 초록색 물감을 풀어 놓은 듯한 절경의 그린드예Grindjesee 호수, 에메랄드빛이 너무나 선명한 그룬Gruensee 호수와 무스지Moosjisee 호수, 마지막 여정지 라이Leisee 호수로 이어진다. 호수에 빠진 마터호른의 장엄한 위용을 즐

| 마터호른

기는 5대 호수 코스는 4시간 정도 소요되며, 라이 호수에 도착하면 수넥가 파라다이스로 가는 기차가 기다린다.

플러스 α

트래킹 전에 보온을 위한 따뜻한 옷과 등산화 장갑 모자, 스틱, 소형 배낭, 선글라스, 선크림, 비상약, 간단한 음식 및 음료수를 준비하고 아래 사항을 주의한다.
1. 출발 전 주요 지역에 설치된 전광판에서 하이킹 코스 개방 여부를 반드시 파악한다.
2. 천천히 20분 정도 걷고 한차례 쉬고, 그 후는 자신이 걷기 쉬운 속도로 걷는다.
3. 몸에 이상이 생겼거나 악천후 등을 만났을 때 무리하지 말고 되돌아온다.
4. 길을 잘못 들었을 때 가급적 갔던 길로 되돌아온다.
5. 중간마다 산악 레스토랑이 있다. 물과 비상식량 외에는 많이 가지고 다니지 않도록 한다.

찾아가는 길

여행자들이 즐겨 찾는 트래킹 코스
- **추천1**

유럽의 정상 융프라우요흐를 마주하며 웅장한 알프스의 파노라마를 즐기는 코스
인터라켄Interlaken (기차) → 그린델발트Grindelwald (곤돌라) → 메리헨Menrihen 전망대(트래킹, 2시간 소요) → 클라이네샤이데크Kline Schaidegg 전망대(기차) → 인터라켄

- **추천2**

엽서에서 본 해발 2,000~4,000m 거봉들의 파노라마와 호수가 펼쳐지는 코스
그린델발트(케이블카) → 휘르스트 바알 호수 First Baalisee 왕복(트래킹 2시) → 그린델발트

- **추천3**

깊은 호수와 산이 조화를 이루며, 하이킹 내내 기분 좋은 종소리를 듣는 코스
루체른Luzern (유람선) → 피츠나우Vitznau (기차) → 리기칼트바트Rigi Kaltbad (트래킹, 2시간 소요) → 리기쿨룸Rigi Klum (케이블카) → 베기스Beggis (유람선) → 루체른

- **추천4**

4,000m의 마터호른이 호수에 빠진 장엄한 위용을 즐기는 코스
체르마트Zermatt (푸니쿨라) → 수넥가 파라다이스Sunnegga paradise → 블라우헤르드Blauherd (곤돌라) → 5대 호수 → 라이 호수Leisee (기차) → 블라우헤르드Blauherd (곤돌라) → 수넥가 파라다이스 Sunnegga paradise → 체르마트

53 융프라우요흐:
유럽의 지붕 융프라우요흐 Jungfraujoch

● 　스위스 알프스를 대표하는 융프라우요흐Jungfraujoch를 오르기 위해서는 베른이나 슈피에츠를 거쳐 인터라켄Interlaken으로 가야 한다. 로마에서 야간 열차를 타고 스위스로 올라온다면 슈피에츠Spiez 역에서 내리는 것이 좋다. 슈피에츠는 인터라켄으로 가는 유람선 선착장이 있는 곳으로 만년설이 깔린 알프스 산을 배경으로 큰 호수를 끼고 있어 그 절경만으로도 감탄을 자아낸다.

　유람선이 슈피에츠를 출발하면 알프스 산을 배경으로 그림처럼 지어진 집들과 싱그러운 호수가 어우러져 1시간이 넘는 인터라켄까지의 호수 여행은 지루할 틈이 없다. 유람선은 유레일 패스로 무료로 탑승할 수 있으며 1등석은 유람선의 2층에도 갈 수 있다.

　인터라켄의 INTER는 영어의 BETWEEN, LAKEN은 영어의 LAKE라는 뜻으로 호수와 호수 사이의 도시다. 인터라켄은 바다와 같은 툰 호수와

| 융프라우요흐
클라이네 샤이데크(왼쪽)를 거쳐 도착한 유럽의 정상 융프라우요흐는 해발 3454m에 위치한다.

브린엔저 호수 사이에 있다. 인터라켄에 도착하면 여기서 머물지 말고 산악 열차(유레일 패스 적용 안 됨) 티켓을 구입해서 라우터부르넨까지 올라가자. 융프라우요흐가 보이는 산 중턱에 위치한 융프라우요흐 산장에 도착하면 맑고 상쾌한 공기가 여행의 피로를 말끔히 씻어 준다. 특히 밤이 되면 거대한 폭포의 야경과 쏟아질 것 같은 별들로 인터라켄에서는 절대 느낄 수 없는 알프스 산의 매력에 매료된다.

다음 날 아침 일찍 일어나 두터운 옷을 준비하고 등산 열차를 이용해 클라이네 샤이데크를 거쳐 융프라우요흐에 오른다. 장엄하고 아름다운 경치를 배경으로 기차가 쉬지 않고 유럽의 정상(3454m)까지 오르면 여행자들의 탄성이 쉬지 않고 나온다.

융프라우요흐 정상 역에서 내리면 간이식당이 나오고 여기서 티켓에 포함되어 있는 쿠폰으로 컵라면을 받을 수 있다. 2시간 넘게 기차 안에서 추위에 떨면서 허기진 배를 컵라면으로 달래니 그 맛은 꿀맛이다. 라면을 다 먹

| 컵라면
티켓에 포함되어 있는 쿠폰으로 먹을 수 있다.

| **우체국**
세상에서 가장 높은 곳
에 있는 우체국

고 역 안에 있는 세상에서 가장 높은 곳에 있는 특별한 우체국으로 가서 연인이나 친구에게 엽서를 보내자. 안 보면 절대 후회하는 얼음 궁전을 관람하고 야외로 나서면 하얀 만년설로 눈이 부시다. 선글라스를 착용하고 앞으로 나가면 스키장이 나온다. 비록 리프트가 없어 밧줄로 잡고 올라가는 스키장이지만 한여름에도 3000m 높이에서 반팔을 입고 타는 스키의 쾌감은 이루 말할 수 없다. 스키에 자신이 없는 사람이라면 눈썰매를 추천한다.

융프라우요흐에서 내려올 때는 아이거글랫처 역에서 내려 클라이네 샤이데크까지 트래킹을 권한다. 웅장한 아이거 북벽을 배경으로 내가 알프스를 걷고 있다는 사실이 믿어지지 않을 만큼 황홀하다. 트래킹이 신이 난다면 클라이네 샤이데크에서 알파글렌 역까지도 걸어가자. 역시 만년설인 융프라우요흐를 옆으로 하면서 걷는 코스로 최고의 알프스 조망을 자랑한다.

만약 날씨가 좋지 않아 많이 흐리거나 비가 온다면 융프라우요흐 등

| **레포츠**
한여름에 3000m 높이에서 반팔을 입고 타는 스키의 쾌감은 이루 말할 수 없다.

정은 다음날로 미루는 것이 좋다. 궂은 날씨에 융프라우요흐를 올라가봐야 보이는 것은 운무뿐이다. 궂은 날씨라면 라우터부르넨에 있는 트뤼멜바흐 폭포를 방문하자. 산장에서 걸어서 30분 거리에 있는 이곳까지의 산책도 의외의 감동을 준다.

 플러스 α

겨울에 융프라우요흐 정상을 방문하는 여행자라면 일찍 날이 어두워지니 새벽부터 서두르는 것이 좋다. 또한 눈 때문에 모든 하이킹 산책로가 막혀 있어 하이킹은 포기하는 것이 좋다. 다만 온통 알프스가 세계적인 스키장으로 변모해  겨울 레포츠를 즐기기에는 최상의 조건이 된다. 만약 겨울 스포츠를 즐기고 싶다면 인터라켄에 있는 인터스포츠Intersport 에 가면 장비를 대여할 수 있다.

54 인터라켄:
인터라켄 레포츠 Interlaken

●   유럽 여행 중 가장 좋았던 곳을 뽑으라면 대부분 스위스를 이야기한다. 화려한 알프스의 아름다움이 있는 유럽의 정상 융프라우요흐의 모습도 좋지만 인터라켄 Interlaken 에서 즐기는 레포츠의 재미 때문이다. 인터라켄에서 즐기는 레포츠는 크게 래프팅, 번지 점프, 패러글라이딩을 꼽을 수 있다.

    래프팅을 하기 위해서는 서약서에 서명을 해야 한다. 위험에 대비한 서약서로 신체적으로 건강하며 수영을 할 수 있다고 약속한다는 내용이다. 서명을 마치면 두꺼운 고무 옷과 장화로 갈아 신고 8명씩 조를 나눈 다음 잘생긴 교관에게 규칙을 듣는다. 물론 영어로 진행한다. 생명에 관계된 일이니 집중해서 들어야 한다.

    노를 저을 때는 모두 동일한 방향으로 저어야 한다고 설명하면서 전진은 '앞으로', 후진은 '뒤로'라고 말하니 여기저기서 웃음소리가 나온다.

| 인터라켄 레포츠
대표적인 레포츠로 **왼쪽**_번지 점프 **가운데**_래프팅 **오른쪽**_패러글라이딩을 할 수 있다.

한국인 관광객을 위해서 '앞으로', '뒤로' 라는 말을 우리말로 정확히 발음하기 때문이다. 이어서 교관이 "위험한 급류에서는 모두 노를 안쪽으로 하고, 보트 안으로 몸과 머리를 숨겨야 한다."라고 이야기하며 교관이 '숙여라'의 경상도 사투리 '수그리'라는 말을 하면 또 한바탕 웃음바다가 된다.

어쨌든 '앞으로', '뒤로', '수그리'만 잘하면 위험하지 않다는 이야기다. 마지막으로 보트가 뒤집히면 모두 배의 머리나 꼬리로 가되 '렛츠 고'라는 이야기가 들리면 모두 동시에 보트에서 손을 떼어야 한다. 그래야 배를 뒤집을 수 있다는 이야기이다.

설레면서도 긴장된 마음으로 보트를 들고 강으로 향한다. 시커먼 알프스 빙하 물에 보트가 놓이고 차례대로 보트에 오른다. 심한 요동과 함께 보트는 출발한다. 보트의 흔들림과 급한 물결은 생각 이상이다. 거칠게 요동치는 보트 안에서 보이는 것은 하늘과 물거품뿐이다. 자신도 모르게 보트 안에 고정시킨 발에 힘이 들어가고 눈을 부릅뜨게 된다. 그리고 교관의 말에 따라 정신없이 '앞으로', '뒤로'를 반복한다. 시간이 조금 지나 앞이 보이기 시작할 때쯤 저 멀리 큰 바위 아래 2~3m 밑으로 낙하

지점이 나타난다. 낙하 지점이 가까워지자 조교는 '앞으로', '뒤로'를 연발하다가 바위 밑에 다다를 즈음 '수그리'라는 명령을 내린다. 모두들 두려움으로 수그림과 동시에 몸이 붕 뜨는 것을 느낀다. 보트가 뒤틀리면서 물길을 따라 하강한 후 아래쪽 지점으로 급하게 앉았다. 순간 모두가 고함을 지르면서 짜릿한 쾌감과 동시에 안착했을 때의 안도감을 느낀다. 몇 번 연속해서 반복되는 상황에 흥분과 쾌감을 몇 차례 즐길 수 있다. 잔잔한 물결 지점이 되자 마음 급한 친구는 몸을 위로 뻗쳐 목까지 물속에 담근다. 아예 물속으로 빠지는 사람도 있다. 물론 조교의 허락을 받고 하는 행동이다. 다른 조가 나타나면 노를 들고 고함을 치며 자기 조의 단결력과 용기를 과시한다.

래프팅이 끝나고 돌아오면 신나는 음악과 함께 시원한 맥주와 빵이 무료로 제공된다. 모두들 타는 목마름을 맥주로 적시며 신나는 체험에 입이 귀에 걸린다. 돌아오는 차 안에서 한목소리로 "유럽 여행자는 래프팅을 한 사람과 하지 않은 사람의 두 가지 종류로 나눌 수 있다."고 이야기한다. 전체 소요 시간은 2시간 30분이다.

우리나라에서 대부분의 번지 점프는 60m이지만, 인터라켄의 번지 점프는 110m와 140m 두 종류이다. 알프스의 높은 계곡을 걸어 올라가서 뛰어내리는 번지 점프는 그 높이나 험준한 알프스의 아름다움 등 무엇 하나 부족한 것이 없다. 140m 번지 점프는 장비를 설치해야 하는 관계로 수요일만 실시한다.

번지 대에 서면 알프스 골짜기 밑으로 바닥이 아련하게 보인다. 줄을 매고 뛰어내리면 끝없이 시간이 흘렀는데도 아래에 도착하지 않는다. '이렇게 죽는 걸까?' 하는 생각이 들 때 쯤 '텅' 하는 소리와 함께 위로 한껏 솟구친다. 차라리 내려가는 것이 낫다. 위로 솟구치는 공포감은 조금

전의 내려오는 두려움의 두 배이다. 어느 순간 다시 내려가고 다시 오르고 그렇게 오르내림을 반복한다. 이제야 아름다운 알프스의 경치가 보인다. 마음은 해냈다는 자신감과 짜릿함으로 충만해진다. 총 소요 시간은 3시간이다.

우리나라 배낭여행자들이 가장 많이 하는 것은 패러글라이딩이다.

패러글라이딩은 건장하고도 매력적인 젊은 조교들과 함께 탄다. 유의할 것은 단 하나다. 패러글라이딩을 타고 날기 위해서 언덕을 뛰어내려가는데, 공중으로 날아오를 때까지 계속 발을 굴려야 한다. 급경사인 언덕 끝에서 땅을 박차고 하늘을 날면 오금이 저려오는 두려움이 밀려온다. 마치 놀이동산에서 바이킹을 타고 내려올 때 밑이 빠지는 기분이다. 조금 지나 여유를 찾게 되면 발아래 아름다운 알프스의 산과 도시가 눈에 들어온다. 세상에 태어나 처음으로 직접 하늘을 날고 있다는 그 짜릿한 기분을 어떻게 표현할 수 있을까. 아쉽지만 비행 시간은 15분밖에 되지 않는다. 높은 하늘에 떠 있는 것이 익숙해지면 세상의 고요를 만끽한다. 사람들이 높은 산에 오르고 깊은 바다를 가는 이유는 '고요함' 그 절대적인 매력 때문이다. 총 소요 시간은 1시간 30분이다.

 플러스 α

인터라켄에서 레포츠를 신청하는 방법은 다양하다. 먼저 자신이 묵고 있는 숙소나 도심 중앙에 있는 인포메이션 센터에서 신청할 수 있다. 또한 역 앞에 있는 레포츠 간이 가판대에서도 신청할 수 있다. 한국에서 미리 할인권을 가져가는 사람이라면 직접 해당 업체로 방문하거나 전화로 예약해야 할인을 받을 수 있다.

55 스위스: 퐁뒤 Fondue

● 18세기 초 스위스 산악 지대에 사는 사냥꾼들이 마른 빵과 치즈만 들고 사냥하러 갔다가 밤에 모닥불을 피워 놓고 치즈를 녹여 빵을 적셔 부드럽게 해서 먹었는데 이것이 스위스 퐁뒤Fondue이다. 서구 음식 중 드물게 식탁 위에서 조리해 먹는 퐁뒤는 치즈와 화이트 와인을 넣은 냄비에 빵을 찍어 먹는 치즈 퐁뒤와 식용유나 샐러드 오일을 끓여 고기를 막대기에 꽂아 튀겨 먹는 비프 퐁뒤 그리고 초콜릿을 녹여 딸기, 바나나 등을 찍어 먹는 초콜릿 퐁뒤로 나뉜다.

| 퐁뒤
18세기 초 사냥꾼들이 치즈를 녹여 빵을 적셔 부드럽게 먹던 것에서 유래한다.

대부분의 여행자는 스위스를 여행하면서 퐁뒤를 떠올리지만 전문적으로 퐁뒤를 취급하는 식당에서 식사를 한다면 가격만 비싸고 기대하는 만큼 맛도 좋지 않다. 스위스에서 우리 입맛에 맞는 퐁

| 여러 가지 퐁뒤
왼쪽_미트 퐁뒤 **가운데**_초콜릿 퐁뒤 **오른쪽**_치즈 퐁뒤

뒤를 찾기가 그다지 쉽지는 않다. 더욱이 치즈 퐁뒤는 그 특유의 냄새로 퐁뒤를 처음 먹는 사람에게는 권하고 싶지 않다. 퐁뒤를 처음 접하는 여행자라면 비프 퐁뒤의 한 종류인 차이니즈 퐁뒤를 추천한다. 차이니즈 퐁뒤는 샤브샤브와 비슷한 음식으로 샐러드 오일에 양고기와 쇠고기를 데쳐 야채 샐러드와 바게트, 와인을 곁들여 먹는다. 주문을 하면 칠리, 땅콩 등의 여러 가지 소스가 함께 나와 느끼하지 않고 맛있다. 특히 퐁뒤를 다 먹고 나서 고기를 담근 육수를 여러 재료와 함께 수프를 해서 먹으면 그 맛이 또한 일품이다. 주의할 것은 비프 퐁뒤는 반드시 2인분 이상 주문해야 한다.

스위스 퐁뒤를 제대로 즐기고 싶다면 인터라켄 중앙에 있는 슈Shu 식당을 추천한다. 실내 장식이 매우 고급스러운 식당을 들어서면 친절한 종업원들이 인사를 하면서 메뉴판을 건넨다. 메뉴판을 보고 적당한 가격의 퐁뒤 세트와 퐁뒤와 잘 어울리는 스위스 화이트 와인을 주문하면 오래지 않아 음식이 나온다.

제일 먼저 음식을 따뜻하게 데울 버너를 가져다주고 잠시 후 치즈 퐁뒤가 나온다. 치즈는 식당 주인인 스위스 아저씨와 결혼한 한국인 부인이 선택한 것이어서 특유의 냄새가 나지 않으며 달고 고소하다. 곁들여 나오는 고추 역시 치즈에 찍어 먹으면 매우면서 고소하다. 고추와 빵을 계속해서 리필해서 치즈가 바닥이 보일 때까지 먹을 수는 있지만, 다음 음식을 생각해 절제해야 한다.

두 번째 음식으로 소고기, 돼지고기, 칠면조로 구성된 비프 퐁뒤가 나온다. 칠리, 버터, 땅콩 등 4가지 소스와 감자튀김 그리고 볶음밥도 함께 제공된다. 끓는 육수에 얇게 썰은 고기를 넣어 익힌 후 입에 넣으면 고기가 주는 쫀득쫀득한 육질과 고소함이 입안에 가득 넘친다. 칠면조는 부드럽고, 돼지고기는 풍미가 넘치며, 소고기는 달다. 4가지 소스는 고기의 느끼함을 제거하고 입맛을 돋우며 피클은 입안을 깨끗하게 한다.

퐁뒤 외에 감자튀김과 볶음밥으로 배가 슬슬 부를 무렵 마지막 코스인 초콜릿 퐁뒤가 제공된다. 초콜릿 가게를 겸하고 있는 식당은 엄선한 초콜릿을 녹여서 싱싱한 딸기, 파인애플, 바나나를 담가 먹는데 둘이 먹다가 죽어도 모를 맛이다.

 플러스 α

개별 유럽 여행자를 위한 사이트 마이 유럽 www.my-europe.co.kr로 가면 슈 Shu 식당 10% 할인권을 받을 수 있다. 퐁뒤 외에 돼지고기 스테이크도 일품이다. 슈 식당은 인터라켄 서역이나 동역에서 중심 시가지로 들어서면 중앙에 푸른 잔디밭이 나오는데 잔디밭 끝에 식당이 있다.

56 마이언펠트:
하이디 마을

어린 시절에 동화책이나 TV 애니메이션으로 〈알프스의 소녀 하이디〉를 한 번쯤은 봤을 것이다. 그것 때문인지 알프스라는 말을 들으면 눈 덮인 알프스를 배경으로 푸른 들판 위에 서 있는 나무집에서 연기가 피어오르고 집으로 달려가는 하이디의 모습이 생각난다.

하이디 마을 마이언펠트Maienfeld는 취리히Zürich에서 기차로 2시간 거리에 있다. 하루 여행 코스로 충분한 이곳에 도착하면 만화 속 배경과 똑같이 생긴 나무 지붕과 하얀 집들을 배경으로 한 우물과 하이디 집 그리고 드넓은 포도밭이 펼쳐진다. 특별히 눈길을 끄는 것은 하이디가 겨울에 내려와 살았던 겨울 집 2층에 전시된 각 나라별 하이디

| 세계 각국 언어로 출판된 〈알프스의 소녀〉 겨울 집 2층에 전시된 각국의 동화책

| 하이디의 집
왼쪽_겨울 집 오른쪽_여름 집

동화책이다. 각 나라별 동화책은 문자도 다르지만 하이디의 모습도 제각각이다. 동화책이 세계로 전파되면서 각 국가 어린이의 눈높이에 맞게 다양하게 표현된 하이디의 모습을 보는 재미가 있다.

하이디의 작가 슈피리는 변호사 남편과 함께 유복한 생활을 했다. 겉보기에는 여유로운 생활이었지만 정작 자신은 도시 생활에 찌들어 몸은 쇠약해졌고 우울증을 앓았다. 힘든 도시 생활을 피해 찾은 곳이 마이엔펠트이다. 슈피리는 이곳에서 하이디를 만들어냈다.

하이디는 어렸을 때 부모님을 모두 여의고 알프스에서 할아버지와 살아간다. 그러던 어느 날 병약한 소녀 클라라의 말동무를 위해 하이디는 프랑크푸르트로 간다. 클라라는 하이디를 좋아하게 되었으며, 하이디도 역시 착한 클라라를 좋아하지만 도시 생활에 적응하지 못한 하이디는 몽유병에 걸린다. 알프스로 돌아온 하이디는 할아버지와 행복한 알프스 생활을 하면서 건강을 회복하고 클라라를 알프스로 초대한다. 알프스에서 지내던 클라라가 휠체어를 잃어버리자 하이디의 도움으로 혼자 걸을 수 있게 된다는 내용이다.

소설 속 알름 할아버지 집은 마을에서 최소한 1시간 이상 올라가야 한다. 숲으로 우거진 길을 따라 오르면 곳곳에 소설에서 나왔던 장소와 살

| 〈알프스의 소녀〉를 재현해 놓은 전시장

앉던 사람들의 이야기를 적은 표지판들이 나온다. 간간히 내려오는 사람들과 눈웃음을 나누고 푸른 하늘이 점점 가까이 다가오면 삼각형 지붕 모양을 한 하이디의 여름 집이 나온다.

빨간색 스위스 국기가 휘날리는 하이디의 여름 집은 만화 속 전경과 똑같이 우람한 산들이 집을 둘러싸고 있고, 집 앞으로 푸른 초원이 끝없이 펼쳐져 있다. 이곳에 서서 발아래를 내려다보면 햇볕을 받아 윤기 있게 빛나는 포도밭과 옹기종기 모여 있는 집 그리고 앞에 마주선 알프스의 산맥들이 병풍처럼 펼쳐진다. 도시가 아무리 편리해도 자연처럼 인간을 편안하고 행복하게 할 수 없다는 〈하이디〉의 작가 슈피리의 이야기가 가슴에 와닿는다.

 플러스 α

마이엔펠트 역에서 기차를 타면 다음 역이 로이커 역이다. 우편 버스를 타고 약 30분 동안 산길을 오르면 스위스 전통 온천지 로이커바드가 나온다. 따뜻한 물이 샘솟는 분수도 있고 한겨울에도 수영복만 입고 온천욕을 즐길 수 있는 노천 온천이 즐비한 이곳은, 호텔은 물론 온천을 이용한 다양한 일반 시설이 발달돼 있어 여행 중 피로를 풀기에 적합하다.

온천은 우리나라처럼 입장료를 내고 입장하여 라커에 짐과 옷을 보관하고 들어가면 알프스 전경 아래 야외 온천이 나온다. 이곳에서는 온천욕은 기본이고 유황 성분이 담긴 진흙 등을 이용해 머드 팩이나 미용 팩을 즐기기도 한다.

가장 유명한 알펜테르미 Alpentherme 는 온천욕과 마사지 등을 할 수 있는 시설과 함께 은행과 식당, 세미나룸, 피트니스 센터가 있다. 이중 여행객들의 마음을 사로잡는 최고의 온천은 따뜻한 물에 몸을 담그고 눈 쌓인 알프스의 아름다움을 즐기는 노천 온천탕이다.

찾아가는 길

취리히 Zurich 에서 자르간스 Sargans 까지 기차로 1시간 이동하여 완행열차로 마이언펠트 Maienfeld 까지 15분이 소요된다.

이탈리아

Italia

57 남부:
나폴리 Napoles에서 포지타노 Positano까지

● 이탈리아 남부 투어는 로마를 출발하여 나폴리Naples, 폼페이Pompeii 유적지, 소렌토Sorento를 거쳐 세계 7대 비경인 아말피 해안선 Costiera Amalfitana을 따라 포지타노Positano까지의 여행을 포함한다. 로마를 출발하여 나폴리가 보이는 산 마르티노 언덕에 잠시 서면 부드러운 산세를 가진 베수비오 산과 세계 3대 미항인 산타루치아 항구가 어우러져 잊지 못할 장관을 연출한다. 나폴리의 매력에 빠져 사진을 찍다 보면 어느새 남부 투어의 첫 번째 방문지 폼페이에 도착한다.

폼페이는 서기 79년에 일어난 베수비오 산의 엄청난 화산 폭발로 한순간에 화산재에 묻혀 사라진 도시로, 2000년 전 고대 도시의 모습을 그대로 보여주는 역사의 현장이다.

긴 시간 잠들어 있던 폼페이는 1748년 발굴이 시작되면서 다시 세상에 모습을 드러냈다. 폼페이 발굴 작업에 참여했던 사람들은 하루하루를

  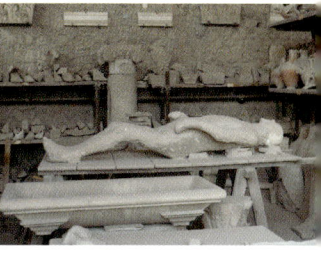

| 폼페이 유적지
건물의 지붕과 벽은 무너져 내렸지만, 나머지 부분은 화산 폭발 당시의 모습을 고스란히 보존하고 있다.

탄성으로 보냈다. 건물의 지붕과 벽은 엄청난 화산재의 무게를 감당하지 못하고 무너져 내렸지만, 나머지 부분은 화산 폭발 당시의 모습을 고스란히 보존하고 있었기 때문이다.

가장 놀라운 것은 폼페이에서 빠져나오지 못한 사람들의 모습이다. 화산이 폭발하면서 날아온 돌과 용암, 화산재, 유독 가스 등으로 목숨을 잃은 사람이 적어도 2000명이 넘었다고 한다.

폼페이 유적지에서 가장 흥미로운 곳은 델라본단차 거리이다. 이 거리는 폼페이에 있는 여러 도로 가운데 하나로, 호화 저택이나 유명한 명소는 없지만 당시의 독특한 풍물과 생활상을 엿볼 수 있는 공간이다. 마차 바퀴 자국이 선명한 거리를 걷다 보면 마차가 인도로 들어오는 것을 막기 위해 도로 가에 박혀 있는 돌들을 발견할 수 있다. 델라본단차 거리에는 많은 술집과 여인숙이 줄지어 있는데 요즘으로 치면 일종의 유흥가이다. 집에 들어가 보면 빵을 굽던 주방과 벽과 실내에 그려진 희미한 벽화에서 당시 서민들의 삶과 애환을 느낄 수 있다.

폼페이를 지나 유네스코 세계 문화유산으로 지정된 세계에서 가장 아름다운 지중해 해안인 아말피 코스트 Costiera Amalfitana에 접어들면 명성에 어울리는 절경이 펼쳐진다. 흰색과 파스텔 색조의 가옥과 호텔들이 마치

| 아말피 해안과 포지타노 마을
포지타노는 내셔널 지오그래픽에서 죽기 전에 꼭 가 보아야 할 곳 50곳 중에서 1위로 선정되었다.

바다 위의 하얀 조개껍질처럼 층층이 자리 잡고 있는 가운데 코발트 색깔의 바다가 넘실거린다.

아말피 해안의 절경은 포지타노Positano에서 그 절정을 이룬다. 끝이 없이 펼쳐진 지중해를 마주하며 원시 그대로의 험준한 산맥 위로 전통 돌집들이 옹기종기 모여서, 앞다투어 하늘을 섬기는 해안 마을이다. 영국의 저명한 다큐 방송 내셔널 지오그래픽에서는 죽기 전에 꼭 가 보아야 할 곳 50곳 중에 1위로 이곳을 선정했다.

폭 1m를 간신히 넘는 가파른 경사의 포지타노 골목길은 지중해 특유의 하얀 벽과 그것이 만들어내는 그림자가 어우러져 골목 여기저기서 파는 레몬 술과 레몬 아이스크림의 향기를 더욱 진하게 한다. 골목 곳곳에 쉬어 가라는 벤치와 작은 화단 그리고 이름 없는 카페와 작은 바 등 모든 곳에 이탈리아 남부 사람들의 체취가 묻어 있다. 정상에 위치하는 영국식 장미 정원이 있는 빌라 침브로네 호텔에 도착하여 내려다보는 아말피 해안 풍경은 사진을 찍어 놓은 듯이 아름답다. 이 절경을 작가 고어 비달은 '세상에서 가장 아름다운 파노라마'라고 극찬했다.

물빛이 맑은 아말피 해변으로 가서 보트를 타고 지중해로 나가면 포지타노의 아름다운 경치는 더욱 빛난다. 보트가 주는 쾌속감과 바다의 향기 그리고 쏟아지는 포지타노의 전경은 며칠이 지나도 머릿속에서 지워지지 않

| 포지타노 골목길
폭 1m를 간신히 넘는 가파른 경사의 골목길

는다. 노년이 되어 지난 날의 여행들을 떠올릴 때가 되면, 어쩌면 이곳이 가장 선명하게 떠올라 즐거운 추억으로 미소 짓게 할 곳이다.

 플러스 α

이탈리아 남부에 아주 유명한 특산물이 새콤달콤한 레몬이다. 그래서 포지타노를 방문한다면 빼놓지 말고 먹어야 하는 음식이 레몬 슬러시이다. 포지타노 골목길을 다니다 길거리에 있는 간이 판매대에서 레몬 슬러시를 맛보고, 가게에 들러 선물용으로 레몬 리큐어를 구입하기를 추천한다.

 찾아가는 길

로마 테르미니Termini 역에서 나폴리Naples 역으로 이동 후 다시 소렌토Sotrento 역으로 이동하여 소렌토 역 앞에 있는 시타버스Sita Bus를 타고 포지타노 및 아말피 해안으로 이동한다.

58 로마:
바티칸 박물관 Musei Vatican

●   로마Roma를 찾는 여행자들은 호불호가 확연하게 갈린다. 콜로세움과 포로 로마노의 장대한 역사적 현장에 환호하는 사람이 있는가 하면 불볕더위와 불결함 그리고 소매치기에 지쳐 다시는 로마를 찾지 않겠다는 여행자도 많다. 호불호는 갈릴 수 있지만 로마를 방문하는 사람이라면 반드시 들르는 장소가 바티칸 박물관Musei Vaticani이다. 미켈란젤로의 〈천지창조〉와 〈최후의 심판〉, 라파엘로의 〈아테네 학당〉을 보기 위해서이다. 여행자들은 박물관 입자을 위해 새벽부터 따가운 태양 아래 줄을 서서 1시간이고 2시간이고 마냥 기다린다.

바티칸의 가장 성스러운 장소 시스티나 성당

●   중앙 제단에 선 율리우스 교황은 뭔가 석연치 않은 표정을 지었다. 제단을 중심으로 한 양쪽 벽으로 당대의 최고 화가들이 그린 예수의

| 바티칸 시국
로마 교황을 원수로 하는, 세계에서 가장 작은 독립국이다.

일생과 모세의 일생이 드라마틱하게 펼쳐져 있는데 천장은 그냥 어두운 밤하늘에 별들만이 반짝거린다. 교황은 바티칸 증축 공사의 책임자인 브라만테를 불러 천장에 열두 제자의 모습을 그렸으면 좋겠다고 이야기한다. 재정난으로 난색을 표하던 브라만테는 미켈란젤로를 추천한다. 미켈란젤로는 당시 교황의 묘지를 짓고 있었는데 시스티나 성당^{Cappella Sistina}의 천장 벽화를 맡게 되면, 자연히 묘지 사업은 중단되고 재정적 여유가 생길 것이라 생각했다.

　미켈란젤로는 기꺼이 받아들이고, 작품 구상을 위해 시골 마을로 여행을 갔다가 새벽에 밝아 오는 태양을 보면서 〈천지창조〉를 그릴 결심을 한다. 그는 교황에게 작품이 완성될 때까지 시스티나 성당 안에 아무도 들어오지 못하게 할 것을 약속 받는다. 시스티나 성당 벽에는 이미 보티첼리, 기를란다요 등 쟁쟁한 화가들의 작품이 있었고, 자신이 이들과 다른 화풍으로 그릴 때 그들이 간섭하는 것을 막기 위해서였다.

1508년 5월 10일 제자들과 함께 작업을 시작하지만, 결국 제자들을 물리친 후 20m 천장 밑에 받침대를 세우고 본인이 직접 작품을 그리기 시작한다. 얼굴에는 온갖 물감이 흘러내려 피부병이 생기고 몸은 휘어지고, 항상 고개를 뒤로 젖히고 작업을 해 고개가 굳는 고통스럽고 긴 작업이었다. 한쪽 눈은 이미 실명 상태였다.

　작업이 거의 끝날 무렵 호기심을 못 참은 교황이 시스티나 성당을 찾았다. 이에 미켈란젤로는 격노하여 교황에게 나가라고 소리쳤고, 화가 난 교황은 미켈란젤로를 끌어내어 분이 풀릴 때까지 때렸다. 미켈란젤로는 모든 작업을 중단하고 자신의 고향인 피렌체로 돌아갔다.

　미켈란젤로가 없는 사이에 라파엘로 등 많은 예술가가 그의 중단된 작품을 보고 놀랐다. 미켈란젤로가 아니면 그 누구도 흉내조차 낼 수 없는 없는 대작이었다. 브라만테로부터 미켈란젤로 외에는 누구도 〈천지창조〉를 완성할 수 없다는 이야기를 들은 교황은 고심 끝에 미켈란젤로에게 사과의 편지를 보내고 엄청난 금은보화를 보내기도 했지만 그는 돌아오지 않았다. 마침내 교황은 피렌체 교구에 미켈란젤로를 보내지 않으면 전쟁을 불사하겠다는 엄포를 놓아 미켈란젤로는 할 수 없이 로마로 돌아와 다시 작업에 들어간다.

　작업을 시작한 지 만 4년 만에 〈천지창조〉가 완성되어 일반인에게 공개되었다. 그림을 본 사람들은 입을 다물지 못했다. 머리 위 수천 피트의 천장에 300명이 넘는 인물들이 생동감 있게 그려져 있었고, 어떤 인물은 실물보다 3.5배나 더 크게 그려져 있었다. 성경에 있는 창세기의 여러 장면이 이제까지 본 일이 없는 거대한 스케일과 찬란한 색채로 빛나고 있었다.

천지창조

중앙 9개의 사각형과 양쪽 8개의 삼각형 그리고 4개의 모서리 장면으로 이루어져 있으며 중앙 9개 사각형에 창세기 이야기를 담고 있다. 구약 성서 창세기를 보면 하느님이 일주일 동안 빛과 어둠, 해와 달, 바다와 육지 그리고 인간을 창조하는데 미켈란젤로의 〈천지창조〉에서는 그 과정을 차례대로 보여주고 있다. 첫 번째 작품인 〈빛과 어둠의 창조〉에서 하느님이 팔을 크게 저어 빛이 있으라 하자 어둠 속에서 빛이 나타나는 장면을 담고 있다. 다음 작품인 〈해와 달과 초목의 창조〉는 3일째에 하느님이 뒤돌아 초목을 만들고, 4일째에 커다란 2개의 빛을 만들어 하나는 낮을 비추는 태양으로, 하나는 밤을 비추는 달을 창조하는 장면을 그린 것으로 달밑에 있는 천사는 추워서 옷을 뒤집어쓰고, 태양 아래의 천사는 눈이 부셔 눈을 가리고 있다.

이 작품의 하이라이트는 〈인간의 창조〉와 〈원죄와 낙원 추방〉이다. 〈인간의 창조〉에서는 하느님이 세상을 창조하는 닷새째 되던 날, 동물을 만든 신은 마지막으로 '나와 닮은 인간을 만들고 모든 동물이 따르도록 하겠다'며 아담을 만든 장면이다. 작품에서 몸을 반쯤 세운 아담이 하느님에게 생명의 힘을 전해 받을 때의 표정에는, 앞으로 에덴동산에서 추방되어 고통스러운 시간을 보내게 될 것을 암시하고 있다. 한편으로 하느님이 취하고 있는 역동성과 신비함은 인간이 다다를 수 없는 절대적 존재로 표현되어 있는데 당시 율리우스 교황의 모습을 하느님의 모습으로 형상화했다. 신이 최초로 인간을 창조하고 그의 육체 속에 영혼을 불어넣으려는 순간을 막 닿을 것 같은 아담과 하느님의 손가락으로 표현하였다. 〈원죄와 낙원 추방〉은 아담과 이브가 뱀의 꼬임에 빠져 결코 먹어서는 안 되는 금단의 열매를 먹고, 그 결과 낙원에서 추방당하는 벌을 받는 장면이다. 여기서 미켈란젤로는 금단의 나무를 중앙에 설정해 좌우로 다른 두 이야기를 한 화면에 그리고 있다. 한 장면은 금단의 열매를 따먹는 장면이며, 다른 한 장면은 에덴동산에서 쫓겨나는 장면이다.

| 최후의 심판

미켈란젤로가 〈천지창조〉를 그린 후 23년이 지난 후 시스티나 성당 재단 뒤쪽에 그렸다. 당시 유럽은 신구교로 분열되고, 로마가 이슬람 세력에 약탈당하면서 교황의 권위는 땅에 떨어져 있었다. 혼탁한 세상에 대한 미켈란젤로는 분노와 인간과 예술에 대한 심판의 의미를 담고 작품을 완성했다.

가능한 한 모든 인간상의 포즈나 행동이 자세히 표현되어 있다. 중앙에 예수가 보이고 아래로 요한 계시록에 언급한 일곱 천사가 땅 끝 모든 구석에 있는 죽은 자들을 심판의 나팔로 부르며 지나간 자신의 삶을 읽고 스스로 심판할 수 있는 책을 펼쳐 들고 있는 모습을 보여주고 있는데 지옥에 갈 명단이 천국보다 훨씬 두껍게 그려져 있다.

중앙의 심판자 예수는 천사들의 호위를 받으며 하늘과 땅에 창조된 모든 것들 사이에서 가장 밝게 빛나고 있다. 토르소의 몸을 가진 예수는 오른손을 들어 악한 자를 심판하고, 왼팔을 오른쪽으로 뻗어 선한 자를 가까이 하고 있다. 예수 주위에 있는 순교자와 선지자를 살펴보면 예수 오른쪽에 천국의 열쇠를 든 베드로를 그렸고 예수의 왼쪽에는 가슴 아픈 듯 고개를 숙이고 있는 마리아와 십자가를 든 순교자 안드레아 그리고 빨간 망토를 가지고 있는 사도 요한이 보인다. 그 아래로 화형을 당한 로렌스를 그렸다. 로렌스는 자신이 화형당했던 석쇠를 들고 있다. 예수의 발아래에는 살이 벗겨진 채 순교한 성 바르톨로메오가 영혼과 육체가 빠져나간 껍데기와 칼을 쥐고 있는데 미켈란젤로 자신의 얼굴을 그려 넣었다고 한다. 예수의 머리 위 왼쪽과 오른쪽에는 한 무리들의 천사가 그가 못 박혔던 십자가와 기둥, 그리고 가시 면류관을 들고 있다. 이 모든 것을 미켈란젤로는 전율하듯 생동감 있게 재현하려 회오리 치는 구도를 잡았으며 흰색과 푸른색 공간 위로 선악을 주관하는 예수의 최후의 심판에 따라 나타나는 환희와 절망이 교차하고 있다.

아테네 학당

- 바티칸 궁 서명의 방Stanza della Segnatura에 있는 라파엘로가 그린 작품이다. 〈아테네 학당〉은 르네상스 최고의 화가 라파엘로가 플라톤이 세운 최초의 대학 아카데미를 상상하며 그린 작품으로 고대를 풍미했던 58명의 철학자와 학자들이 시공을 초월하여 생동감 있게 묘사되어 있다. 많은 인물들이 등장하여 자칫 산만하기 쉬운 아테네 학당을 배경으로 반원형 아치를 연속으로 그려 관람자의 시선을 중앙으로 집중하게 하고 하단의 인물들을 삼각 구도로 배치하여 안정감을 가지고 있다.

작품 전체에 레오나르도 다빈치의 심리 묘사와 미켈란젤로의 육체 표

| 아테네 학당

작품 중앙에 서양 철학과 과학의 시조이자 이상주의자 플라톤이 손가락으로 하늘을 가르키고 있고 그 옆으로 손바닥으로 땅을 가리키는 현실주의자 아리스토텔레스가 서 있다.

플라톤 옆에 진한 갈색 옷을 입고 무엇인가를 설명하는 사람이 소크라테스이며 그 앞으로 갑옷과 투구를 쓴 사람이 알렉산더 대왕이다. 왼쪽 하단에 큰 책에 무엇인가를 적고 있는 인물이 피타고라스이고, 그의 옆에서 칠판을 잡고 있는 소년이 그리스 신들을 부정한 아낙사고라스이며, 앞에 턱을 괴고 있는 사람이 헤라클레이토스로 변화가 최고의 원리라고 주장한 학자이다. 계단 중앙에 비스듬히 누워 무엇인가를 읽고 있는 인물이 무소유를 실천한 디오게네스이며, 오른쪽 하단에 컴퍼스로 원을 그리고 있는 사람이 수학의 모순을 철학으로 해결한 유클리드이다. 오른쪽 벽에 지구본을 들고 있는 사람이 조로아스터이고, 그 위로 이 작품을 그린 라파엘로가 보인다.

현을 연구한 라파엘로의 노력의 결과가 생동감 있게 펼쳐져 있다.

 플러스 α

바티칸 박물관을 효과적으로 감상하기 위해서는 먼저 피나코텍 관을 방문하여 라파엘로, 레오나르도 다빈치 등의 작품을 감상하고 벨베데레 정원으로 이동해 라오콘, 아폴로 등을 감상한다. 그런 다음 토르소가 있는 뮤즈의 방을 거쳐 2층으로 올라가서 카펫의 방과 지도의 방을 감상한다. 2층 끝에 있는 라파엘로의 방에서 〈아테나 학당〉을 감상하고 내려오면 바로 시스티나 성당이 있다. 시스티나 성당은 1471년 율리우스 교황의 삼촌 식스투스 4세가 자신의 치적을 기념하기 위해서 지은 곳으로 오늘날은 교황을 선출하는 곳으로 유명하다. 이 성당에서 위대한 천재 미켈란젤로의 〈천지창조〉와 〈최후의 심판〉을 만날 수 있다. 작품을 감상하고 오른쪽으로 나오면 바로 성 베드로 성당이다. 여기서 왼쪽 문으로 나가면 다시 바티칸 박물관 입구가 나와 성 베드로 성당까지 20분 정도 걸어야 한다. 박물관 음성 해설 파일은 www.tourya.com에서 무료로 받을 수 있다.

바티칸 박물관은 자세히 감상하지 않고 대충 둘러보고 나와도 점심시간을 훌쩍 넘어 있다. 바티칸 근처 식당은 가격도 비싸고 마땅히 먹을 곳이 없다. 바쁜 여행자라면 박물관 안의 식당에서 점심을 해결하고 여유가 있는 여행자라면 테이크아웃 피자집 타글리오Taglio에서 간단하게 점심을 해결하자. 타글리오는 조각 피자집으로 테이크아웃만 가능한 곳으로 음료도 싼 편이다. 피자를 먹고 바티칸 박물관 근처에 있는 로마 3대 아이스크림 집 중에 하나인 올드 브리지를 방문하자. 10시 오픈이라 바티칸 박물관 입장을 기다릴 때 이용해도 좋다. 아이스크림 가게는 바티칸 박물관에 입장하려고 성곽 옆으로 줄을 서다 보면 길 건너 맞은편에서 쉽게 찾을 수 있다.

 찾아가는 길

지하철 A선 오타비아노Ottaviano 역에서 하차하여 도보로 5분 거리에 있다.
개장 시간: 09:00~16:00
마지막 입장: 15:20(매월 마지막 주 일 09:00~12:30)
휴일: 일요일, 1/1, 1/6, 2/11, 3/19, 5/1, 6/29, 8/15, 8/16, 11/1, 12/8, 12/25, 12/26

59 로마: 성 베드로 성당 San Pietro Basilica

● 전 세계 가톨릭의 중심지인 성 베드로 성당 San Pietro Basilica은 세계 각지에서 순례자의 발길이 끊이지 않는 곳으로 이곳에 들어서면 누구나 그 규모와 화려함에 감탄한다.

세계에서 가장 규모가 크며 동시에 5만 명을 수용할 수 있는 성 베드로 성당은 기원후 61년 네로 황제에 의해 십자가에 거꾸로 매달려 순교한 베드로의 무덤 위에 지어졌다. 가로 150m, 세로 218m, 높이 50m의 성 베드로 성당은 하늘에서 바라보면 십자가 모양을 하고 있으며 베드로 광장과 합해지면 열쇠 모양이 된다. 이는 예수가 제1제자이자 초대 교황인 베드로에

| 성 베드로 성당
성당 정상 쿠폴라에서 내려다보면 베드로 광장까지 합해져서 열쇠 모양이 된다.

▎ 피에타 상
성모와 예수가 하나의 몸처럼 조화롭게 조각되어 예술의 극적인 기교에 있어서도 완벽하다.

게 천국의 열쇠를 준 것을 뜻하며, 그래서 교황청의 상징은 열쇠 문양이다.

성 베드로 성당에는 5개의 문이 있는데 그중 가장 오른쪽 문이 성년의 문으로 25년마다 열리는데 2000년 한 해 동안 이 문을 통과한 사람만 9천만 명이 넘었다고 한다. 가톨릭 신자에게 이 문은 아주 특별한 의미로 이 문을 통해 들어가며 고해 성사를 하면 모든 죄를 사해 주는 면죄부를 받을 수 있다.

성당 안으로 들어가서 오른쪽으로 가면 미켈란젤로의 〈피에타Pieta〉 상이 보인다. 그의 나이 24세 때 제작한 〈피에타〉는 이탈리아 말로 '경건한 동정'이란 뜻으로 아프로디테같이 아름다운 마리아가 죽은 예수를 안고 경건한 동정심으로 예수를 바라보고 있다. 죽은 예수를 안고 있는 어머니 성모 마리아의 모습에서 슬픔을 넘어 완벽한 모성을 느끼게 하는 〈피에타〉는 성모와 예수가 하나의 몸처럼 조화롭게 조각되어 예술의 극적인 기교에 있어서도
완벽하다. 먼저 예수를 완전히 안기 위해 마리아는 무릎을 넓게 벌리고 예수의 한쪽 다리는 마리아의 무릎과 거의 직각을 형성하고 있다. 또한 예수는 마치 누운 것처럼 엉덩이에서부터 부드러운 곡선을 이루며 갈비뼈 근처에서 윗몸이 마리아의 팔에 의해 약간 들려지고 머리는 축 늘어지게 조각됐다. 그리스도의 왼팔은 몸과 평행하게 놓이고 마리아의 치마 주름 속에 오른손 손가락이 힘없이 늘어져 있다. 섬세하게 조각된 예수의 몸은 주름 잡힌 마리아의 치마에 감싸여 있다.

〈피에타〉는 미켈란젤로의 24세 때 작품인데, 너무 어린 나이에 이렇게 훌륭한 작품을 만들었다는 사실을 사람들은 믿어 주지 않았다. 그래서 그는 밤에 몰래 성당으로 들어가서 마리아의 가슴 띠에 자신의 서명을 남기었고, 이로써 미켈란젤로의 작품 중에 유일하게 자필 서명이 있는 조각상으로 남게 되었다.

성 베드로 성당 안에는 미켈란젤로의 〈피에타〉 외에 다양한 볼거리가 넘친다. 우리가 지금 사용하고 있는 태양력을 선포한 교황 그레고리 13세 기념탑과 흐루시초프와 케네디를 설득해 핵 전쟁을 막은 요한 23세의 무덤 그리고 베드로의 유해를 보호하고 기리기 위해 만든 높이 29m의 거대한 청동제 발다키노가 있다. 또한 제단 위 쿠폴라를 보면 네 모퉁이에 신약 성서를 적은 마가, 마태, 누가, 요한의 모자이크 상이 보이고 그 밑으로 네 가지 조각상이 서 있다. 조각상들을 차례로 살펴보면 예수님의 사망을 검시했다가 훗날 회개하여 성인이 되는 론지니가 창을 들고 있고, 그 옆으로 십자가를 메고 있는 베드로의 친동생 안드레아와 예수의 피를 닦은 손수건을 들고 있는 베로니카가 조각되어 있으며, 마지막으로 십자가를 들고 있는 콘스탄티누스의 어머니 헬레나도 보인다.

성 베드로 성당을 감상하고 나오기 전에 꼭 봐야 할 세 가지가 있다.

| 베드로의 동상

첫 번째는 중앙 제단 옆에 있는 베드로 동상의 발을 만지며 소원을 비는 것과 성당 지하에 있는 역대 교황의 시신이 있는 지하 무덤에서 베드로의 유해를 보고, 성 베드로 성당 정상인 쿠폴라Cupola로 올라가 열쇠 모양으로 된 성 베드로 성당과 로마 시내를 한눈에 보는 일이다. 성 베드로 성당에서만 할 수 있는 이 세 가지는 로마를 다시 오게 하는 마력이 있다고 한다.

플러스 α

이탈리아의 모든 성당은 복장을 규제하니 여행자는 복장에 주의해야 한다. 남자는 완전한 긴 바지를 입어야 하며 여자는 최소한 무릎 밑으로 내려오는 바지를 입어야 한다. 소매가 없는 옷이나 너무 짧은 스커트와 반바지는 안 된다. 신발은 슬리퍼는 안 되고 끈이 달린 샌들은 괜찮다. 복장 검사는 성당 입구에서 항상 하니 반드시 필요한 옷과 신발을 준비해서 관람에 차질이 없도록 하자.

찾아가는 길

지하철 A선 오타비아노Ottaviano 역에서 하차하여 도보 5분 거리에 있다.
개장 시간: 07:00~19:00(쿠폴라 08:00~17:45) 휴일: 연중무휴

60 로마:
로마 야경

● 여름에 로마를 방문한다면 한낮에는 숙소나 시원한 곳에서 더위를 피하고 해가 질 무렵부터 시작하여 자정까지 저녁 도보 여행을 해야 로마의 즐거움을 만끽할 수 있다.

더위가 한풀 꺾이는 6시쯤 로마의 나보나 광장Piazza Navona으로 가자. 광장은 더위를 피한 여행자들이 몰려나와 한층 활기를 띠고 있다. 나보나 광장은 68년에 도미티아누스 황제가 만든 광장으로 원래는 전차 경기장이었다. 지금은 거리의 화가들로 북적이며, 광장 중앙에는 바로크의 거장 베르니니가 설계한 피우미 분수가 있다. 분수 바로 옆에 당시 베르니니의 최대 라이벌 보르미니가 지은 아그네스 성당이 있다. 성 아그네스는 신앙을 지키려다 발가벗겨져 순교를 당한 후 머리카락이 자라 몸을 덮어 그녀의 알몸을 가렸다는 전설이 전해지는 성인이다.

나보나 광장을 돌다 보면 저녁 시간이다. 세상에서 가장 맛있다는 피

| 나보나 광장
68년에 도미티아누스 황제가 만든 광장으로 원래는 전차 경기장이었다.

자집 바베토 Pizzeria Baffetto에서 저녁을 즐기자. 밀가루 반죽에 토핑을 얹어 즉석에서 화덕에 구운 피자인데, 반죽이 얇고 토핑이 많아 평소 피자를 싫어하는 사람도 1인분을 다 먹는다. 메뉴는 바베토의 스페셜을 추천한다. 바베토 스페셜은 여러 가지 토핑에 계란 프라이를 하나 올려 주는데 바삭바삭 씹히는 빵 위로 계란 프라이와 섞인 토핑의 맛이 훌륭하다. 깔끔한 맛을 좋아하는 사람은 피자의 기본 재료인 치즈와 햄이 든 마르게리타를 추천한다. 그 외에 나폴레타나는 나폴리식 피자로 안에 새우젓이 통째로 들어가 있어 시키지 않는 것이 좋다. 피자를 먹다가 느끼할 때는 고춧가루를 달라고 해서 뿌려 먹으면 된다.

식사를 마친 후 기분 좋은 선선한 바람을 맞으며 다시 나보나 광장으로 가서 맞은편 골목길을 통해 판테온 신전으로 향하자. 대부분의 사람이 판테온으로 향하고 있으니 무리를 따라 움직이면 쉽게 찾을 수 있다.

판테온Pantheon은 기원전 27년 옥타비아누스 황제의 사위 마르쿠스 아그리파가 신들에게 바치는 신전으로 그 장대함과 경이로움은 보는 사람마다 감탄을 금치 못하게 한다. 미켈란젤로가 천사의 설계라고 극찬한 이곳에 르네상스의 대표적인 작가 라파엘로의 무덤이 있다.

| 판테온
미켈란젤로가 천사의 설계라고 극찬한 이곳에 르네상스의 대표적인 작가 라파엘로의 무덤이 있다.

판테온 근처에 로마에서 가장 유명한 아이스크림 가게 지올리티Giolitt가 있다. 1900년부터 시작한 이곳은 우리나라는 물론 전 세계 방송에 소개된 집이다. 양이 많으니 스몰Small로 주문하고 부족하면 다시 사먹는 것이 좋다. 아이스크림은 매일 아침마다 햇과일을 갈아 만든다. 종류는 약 50가지로 젤라토와 과즙, 설탕을 넣어 얼린 샤베트, 레몬커피, 피스타치오, 바닐라, 멜론, 워터멜론 등 다양하다. 최근에는 쌀로 만든 리조Riso 아이스크림이 대세다. 지올리티에서 아이스크림을 맛보고 나면 로마의 밤거리 여행이 더욱 흥겨워진다.

지올리티를 나와 조금 전 걸어 온 반대 방향인 오른쪽으로 10m쯤 가면 왼쪽으로 꺾이는 작은 골목이 나오는데 이 골목을 벗어나면 몬테치토리오 광장이 나온다. 이곳에 하원 사무실(국회의사당)과 오벨리스크가 있다. 이곳을 지나면 다시 큰 길에 접한 광장이 나타나는데 바로 콜로나 광장이다. 콜로나 광장 중앙에는 30m 높이에 3.7m의 두께의 마르크스 아우렐리우스 전승 기념탑이 서 있다.

콜로나 광장 옆이 코르소Corso 거리이다. 이 거리를 건너 반대편 골목으로 직진하면 야경의 하이라이트인 트레비 분수Fontana di Trevi가 나온다.

좁은 골목에서 갑자기 시야가 트이며 쏟아지는 빛 속에 화려하게 등장하는 트레비 분수는 로마를 찾는 여행자들에게 '이래도 로마가 싫다고 할 것이냐?'고 시위하는 듯한 아름다움을 뽐낸다. 트레비의 야경을 보고 감동하지 않는다면 유럽의 어떠한 유명 관광 명소를 본다 하더라도 감동하지 못한다고 한다.

트레비 분수는 로마의 분수 중에서 가장 아름다운 분수로 1762년에 교황 클레멘스 13세의 지시로 만들어진 바로크 양식의 분수이다. 이 분수의 압권은 폴리 궁전을 배경으로 중앙에 위치한 바다의 신 넵튠의 조각상이다. 넵튠은 그의 두 아들 트리톤이 이끄는 두 마리의 말을 타고 달려가는 모습을 하고 있는데 조각 곳곳에 섬세함과 생동감이 넘친다.

옛부터 내려오는 전설에 따르면 트레비 분수에서 여행자가 동전을 한 번 던지면 로마로 다시 돌아올 수 있고 두 번 던지면 사랑하는 연인과 사랑의 결실을 맺을 수 있다고 한다. 세 번째 동전은 조심해야 하는데 마음에 두는 사람과 헤어진다는 것을 약속하기 때문이다. 트레비 분수는 항상 바닥이 안 보일 정도로 동전이 쌓여 있는데, 이 동전들은 모아서 유

| 로마의 분수 야경
왼쪽_1762년에 교황 클레멘스 13세의 지시로 만들어진 바로크 양식의 트레비 분수 오른쪽_스페인 계단 앞 분수 야경

니세프에 기부된다.

이제 야경 여행의 종착지인 스페인 계단 Piazza di Spagna 으로 가자. 137계단으로 이루어져 있고, 이곳은 영화 〈로마의 휴일〉에서 주인공 오드리 햅번이 아이스크림을 먹으며 계단을 내려오는 장면 때문에 유명해졌다. 이곳이 스페인 계단인 이유는 1647년부터 지금까지 스페인 대사관이 있기 때문이다. 계단 앞으로 로마에서 가장 유명한 명품 거리인 콘도티 Condotti 거리가 있으며, 콘도티 거리에는 로마에서 가장 유명한 카페 그레코가 있다. 여름이면 이곳에서 화려한 패션쇼가 열리기도 한다.

 플러스 α

바베토 피자집

나보나 광장에서 아그네스 성당을 바라보고 오른쪽으로 난 골목길로 들어서서 20m 정도 계속 직진하면 슈퍼가 있는 마지막 삼거리가 나온다. 여기서 왼쪽으로 쭉 가다 보면 달피아노 피자집이 나온다. 이 집을 지나서 오른쪽으로 돌아가면 바베토 피자집이다. 가격은
7~10유로 정도로 저렴하다. 항상 사람이 많으니 개장하는 저녁 7시보다 조금 일찍 가서 기다리는 것이 좋다.

지올리티

판테온 신전을 등지고 오른쪽 길을 계속 전진하면 두 블록을 지나 막다른 곳이 나타난다. 여기서 오른쪽으로 걸어가면 지올리티가 보인다.

 찾아가는 길

나보나 광장은 로마 중앙역인 테르미니 Termini 역 앞에서 40, 640번 버스를 타고 운전사에게 물어서 P/4224 NAVONA에서 하차하면 된다.

61 로마:
로마 제국의 역사

● 불을 섬기는 사제인 레아 실비아는 처녀 몸으로 임신을 하여 생매장될 운명에 처하자, 전쟁의 신 아레스가 잠든 자신을 범했다고 주장한다. 알바 롱가의 왕 아물리우스는 레아 실비아를 감금하고, 그녀가 쌍둥이를 낳자 아이들을 빼앗아 테베레 강에 띄워 보내게 했다. 테베레 강물을 따라 이탈리아 반도로 흘러 온 요람을 발견한 늑대가 아이들을 키우게 되는데, 이들이 바로 로마를 세운 시조 로물루스와 레무스이다.

| 로물루스와 레무스 형제
늑대의 젖을 먹고 자란 로마 건국의 시조

고대 로마 왕국은 기원전 753년에 창건되었으며 기원전 509년까지 이어졌으며 일곱 명의 왕이 통치했다. 로마 왕국은 작은 도시 국가로 에트루리아 왕의 지배를 받았으나 해로를 통한 무역으로 강성해지자

에트루리아의 통치에서 벗어나 귀족들이 국가를 운영하는 공화정을 세운다. 기원전 367년에는 리키니우스가 원로원 귀족 2명으로 구성된 로마의 집정관 중 한 명을 평민으로 하는 '리키니우스의 법'을 통과시켜 로마는 민주 공화정으로서 한 발짝 나아가며 이탈리아 반도를 통일한다.

기원전 264년 이탈리아 반도를 둘러싼 지중해에 대한 패권을 갖기 위해 로마는 이미 강력한 해군을 갖춘 카르타고와 일전을 준비한다. 카르타고와 로마의 가운데에 있던 시칠리아의 왕이 국내에 반란이 일어나자 로마에 구원을 요청하는데, 로마는 시칠리아로 들어가 도리어 왕을 쫓아내고 점령한다. 시칠리아의 왕은 다시 카르타고에 구원 요청을 하게 되고, 카르타고는 로마를 칠 명분이 생기자 선전 포고를 한다. 113년이나 계속된 전쟁인 '포에니 전쟁'의 시작이다.

로마는 드레파나 해전에서 카르타고를 격파하고 포에니 전쟁에서 승리한 듯했으나 카르타고의 명장 한니발이 4만 대군을 이끌고 스페인 지방에 상륙, 코끼리 부대를 동원하여 알프스를 넘어 로마군 8만 명을 몰살시키며 로마를 궁지로 몰았다. 이때 로마 장군 스키피오는 한니발과 반대 계략을 세워 로마군을 모아 카르타고 본국을 쳐들어갔고, 한니발은 로마를 눈앞에 두고 카르타고로 돌아오지만 스키피오 군대에 의해 전멸하고 만다. 카르타고는 이후에도 끈질기게 저항하지만 지중해 패권을 로마에 빼앗긴다.

식민지를 점령해 가면서 노예와 땅이 넘치자 로마의 귀족은 점점 배가 불러 갔지만, 평민들은 점점 빈곤에 찌들어 간다. 빈부 격차를 해결하기 위해 호민관 출신 그라쿠스 형제가 개혁을 실시했으나 귀족에게 암살되면서 개혁은 실패로 끝난다.

기원전 59년, 부패해 가는 로마와는 달리 갈리아 지방 등 여러 지역에서 승전을 거듭하며 로마의 영토를 넓히던 세 사람이 카이사르, 폼페이우스, 크라수스이다. 그들은 로마로 돌아오자마자 연합하여 귀족들의 세력을 꺾고 3명 모두 집정관에 당선되어 제1차 삼두 정치를 시작하지만 크라수스가 시리아 동방 원정에서 전사하자 폼페이우스와 카이사르의 관계가 흔들린다. 귀족들은 폼페이우스와 연합하여 갈리아 지방에 있던 카이사르에게 비무장으로 귀국하라는 명령을 내렸으나 카이사르는 "주사위는 던져졌다!"라는 유명한 말과 함께 병력을 이끌고 로마로 진격하여 폼페이우스와 귀족 세력을 무너뜨리고 로마를 장악한다.

카이사르는 여러 가지 개혁 정책을 통해 로마 시민들로부터 신망을 받으며 황제가 되려고 공화정을 없애려 하자 브루투스 등 공화정을 지지하는 귀족들로부터 암살당한다.

카이사르의 죽음에 항의하는 로마 시민들의 거센 분노 앞에 공화파 귀족들은 물러나고, 시민들을 지지했던 안토니우스와 카이사르의 양자인 옥타비아누스와 레피두스가 집정관이 되어 제2차 삼두 정치 시대가 열린다. 레피두스는 일찌감치 삼두 정치에서 물러나고 옥타비아누스와 안토니우스 사이의 대결로 이어진다. 옥타비아누스의 누이의 남편인 안토니우스가 이집트로 출장을 갔다가 클레오파트라에게 반해 로마로 돌아오지 않자 옥타비아누스는 안토니우스가 이집트에 빠져 로마를 배신했다고 부추기며 군대를 총동원해 이집트를 공격하여 안토니우스의 군대를 악티움 해전에서 전멸시킨다.

기원전 24년 유일한 실권자가 된 옥타비아누스는 황제라는 명명은 없었으나 제1대 황제가 되어 '존엄한 자'라는 뜻의 아우구스투스라는 칭호를 얻으며 부패를 척결하고 평화로운 로마 제국 시대를 약속한다. 아들이 없는 아우구스투스는 일찍부터 후계 문제에 관심을 가지고 티베리우스를 양자로 삼아 후계자로 지명하고 호민관의 권한을 준다.

서기 14년 아우구스티누스가 죽자 티베리우스가 제위에 오르며 로마는 다시 혼란 상황으로 빠진다. 원로원의 귀족들과 밀착되어 있던 민회를 폐지하여 하층민의 지지를 받았던 티베리우스는 자신의 후계자인 게르마니쿠스가 암살당하자 의심을 받고 로마 시민들로부터 배척받는다. 그가 죽자 칼리굴라가 그 뒤를 잇지만 칼리굴라는 원로원을 모욕하며 낭비를 일삼는 등 과대망상적인 폭군이 되어 결국은 암살당하고, 그 다음 황제가 된 칼리굴라의 숙부 클라우디우스는 정부의 중앙 집권화를 크게 진척시켰지만 독재 정치를 펼쳐 인기를 얻지는 못 했다.

이어서 뒤를 이은 사람은 16세밖에 안 된 의붓아들 네로였다. 네로는 가족을 비롯해 여러 사람을 살해하였고, 로마 대화재를 일으키고 기독교 신도들에게 죄를 씌워 박해했지만, 반란이 일어나자 자살했다.

이후 로마는 내란이 일어났고, 마지막 승리자는 베스파시아누스였다. 서기 69년에 베스파시아누스 황제 이래로 5명의 현명한 황제 네르바, 트라야누스, 하드리아누스, 피우스, 마르크스 아우렐리우스가 다스리는 5현제 시대가 열리며 평화로운 시대를 맞이한다.

평화로운 시대가 지속되자 변방에 나가 있는 군인들이 권력을 꿈꾸며 로마로 돌아온다. 서로 죽이고 황제가 되는 군인 황제 시대가 열리며 50년 동안 26명의 군인이 황제에 오른다. 혼란에 빠진 광대한 로마 제국을 다스리기 위해 서기 285년에 디오클레티아누스가 즉위하면서 황제를 4명으로 늘리고 이후 6명까지 늘어난다.

6명의 황제 중 한 명인 콘스탄티누스가 다른 황제들을 제거하고 유일한 황제가 되고자 4명의 황제를 죽이고 최종적으로 막센티우스 황제와 일전을 남긴다. 콘스탄티누스의 군세는 비교적 열세에 놓였지만, 꿈에서 예수의 계시를 받아 막센티우스의 막대한 군대를 무찌르고 승리한다. 그는 기독교를 로마의 종교로 공인하고, 313년에 피비린내 나는 로마에서 비잔티움으로 수도를 이전한다. 이후 비잔티움은 1452년에 이슬람 세력에 함락될 때까지 천 년이 넘는 동안 동로마의 수도가 된다. 392년 크리스트교를 국교로 결정한 테오도시우스 황제는 죽으면서 그의 아들인 아르카디우스와 호노리우스에게 동로마와 서로마를 나누어 통치하도록 분배하면서 로마 제국은 완전히 나누어진다.

껍데기뿐인 서로마 제국은 약화된 국방력을 보충하기 위해 게르만 용사들을 고용하지만 게르만 장군인 오도아케르에 의해 476년 멸망한다. 이후 로마는 폐허가 되어 강력한 군주가 없는 도시로서 19세기까지 이어진다. 동로마는 1452년에 오스만 제국에 의해 멸망할 때까지 비잔틴 제국으로 존속한다.

서로마 제국의 멸망 시점인 476년까지 로마의 역사는 천 년을 넘어선다. 비잔티움 제국이 존속한 15세기 중엽까지 생각한다면 전체 역사는 이천 년을 넘는다.

로마 제국이 천 년 이상 정체성을 유지하며 존속한 이유는 로마가 패권국임에도 불구하고 합리성과 현실성, 관용의 미덕을 제국의 영향에 있는 모든 지역에 전파하며 끌어안았기 때문이다.

인간의 욕심에 기인해 전 지구적으로 황폐화되어 가는 지금, 힘을 가졌지만 상대를 인정하면서 실용성을 포기하지 않은 로마의 정신이 가장 절실한 때이다. 로마에 의해 종교, 정치, 문화, 철학, 예술 등 자양분을 공급 받은 유럽은 중세와 르네상스 그리고 근대를 거쳐 지금에 이르렀다. 로마가 없었다면 지금의 유럽 문명은 존재할 수 없었다.

62 로마:
포로 로마노 Foro Romano

● 현재 폐허처럼 흩어진 돌덩이와 기둥 몇 개만 남아 있는 포로 로마노는 기원 전후 시점에는 전 세계에서 가장 거대한 도시의 중심이었다. 로마의 시조 로물루스에 의해 건설되었던 기원전 753년의 로마는 6개의 언덕 위에 있는 보잘것없는 움막촌이었다. 당시 로마 시민은 언덕 위에 거주하며 필요에 따라 언덕을 내려와 사교와 물물교환을 했는데 비가 많이 내려 물이 고이면 교류가 중단되는 큰 어려움을 겪었다.

당시 인근 선진국이었던 그리스와 에트루리아의 피를 물려받은 로마 5대왕 타르퀴니우스는 지대가 낮아 비만 오면 물이 넘쳐나는 포럼 지역에 클로아카 막시마라는 하수도 시설을 만들어 고인 물을 티베르 강으로 흐르게 하고 그 위로 돌을 깔아 광장을 만들었다. 그리고 그 광장 위에 신전, 재판소, 시장, 의회 등 각종 공공시설이 세워졌는데 이것이 포로 로마노 Foro Romano (로마 공회장)의 시초가 되었다. 2,500년이나 지난 오

| 콜로세움에서 포로 로마노로 들어가는 길

  늘날에도 변함없이 사용되고 있는 하수도 시설이 움막촌에서 인구 1백만 명이라는 세계 도시로 번창하는 결정적인 계기가 되었다.
  포로 로마노의 로마 시민 생활은 처음에는 야외에서 이루어졌으나 악천후에도 상업 거래를 할 수 있는 공간이 필요했다. 기원전 2세기 포로 로마노 위에 거대한 실내 공간인 바실리카(공회당)가 만들어졌다. 이때부터 로마 공회당은 종교, 정치, 행정, 사법기관이 집중되어 있는 중심지가 되었다.
  로마의 정치인들은 포로 로마노에 웅장한 건물을 짓는 것으로 자신을 홍보하는 대중 매체로 사용했다. 예를 들어 기원전 179년 마케도니아를 제압한 에밀리아 파울로스는 원로원(국회의사당) 옆에 바실리카 에밀리아를 세워 정치인과 사업가의 교류 장소로 이용하게 했으며 기원전 80

년에는 독재자 술라가 국립 도서관인 타불라리움을 언덕 남쪽에 세웠다.

율리우스 케사르는 이런 점에서 특출한 인물이었다. 로마에 새로운 정치적 질서를 구축하기 위하여 기원전 54년 초 대형 공공건물인 바실리카 율리아를 세워 법원, 행정기관, 금융기관, 상가들이 들어섰다.

로마가 공화정에서 황제의 제국으로 바뀌면서 포로 로마노의 화려함은 극치에 다다랐다.

당시 로마에는 인구 1백만 명이 살고 있었으며 포로 로마노에서 정치인들은 회합과 연설을 하고 판사는 법 집행을 하였으며, 사제들은 종교 행사를 하고, 시민들은 쇼핑을 즐겼다. 특히 포로 로마노의 유일한 길인 비아 사크라에서는 전쟁에서 승리한 개선 행렬과 종교 행렬이 웅장하게 펼쳐졌다. 이러한 모습은 영화 〈글래디에이터〉에서 볼 수 있다.

로마 제국이 팽창하자 기존 포로 로마노만으로는 로마 시민들의 공공 생활을 유지하기가 어려워지자 아우구스트 황제는 로마 공회장 동쪽에 새로운 황제의 공회장을 건설했다. 오늘날 황제들의 공회장 중앙에 잘 보존되어 있는 트라얀 시장을 보면 당시의 찬란한 문명을 확인할 수 있다. 기원후 2세기 트라야누스 황제가 지은 트라얀 시장은 150여 개의 가게와 사무실이 있었으며 중동에서 수입한 실크와 향신료, 신선한 생선, 과일, 꽃 등 다양한 물건을 팔았으며, 그 규모는 오늘날 백화점 규모를 넘어선다고 하다. 제2차 세계 대전 당시 무솔리니가 황제 공회장에 6차선 도로를 내면서 현재는 도로를 사이에 두고 포로 로마노와 갈라져 있다.

| 포로 로마노
오늘날까지 사용되는 하수도 시설이 움막촌에서 인구 1백만 명이라는 세계 도시로 번창하는 결정적인 계기가 되었다.

황제 공회장과 콜로세움의 탄생으로 모든 공공행사가 두 곳으로 옮겨 가자 포로 로마노는 점점 로마 시민의 기억에서 잊혔다. 기원후 313년 콘스탄티누스 황제가 기독교를 공인하자 성당을 짓기 위해 포로 로마노에 있는 돌과 쇠를 마구 뜯어가자 포로 로마노는 더욱 황폐해졌다. 그 후 포로 로마노는 방목장으로 사용되다가 18세기 이후 고고학에 관심을 가지면서 겨우 보호되기 시작하여 오늘날에 이르렀다.

〈로마인 이야기〉의 저자 시오노 나나미는 포에니 전쟁 등 수많은 존망의 위기를 헤쳐 나오며 이탈리아 반도를 통일하고 지중해의 패권자로 천 년을 넘게 유지해 온 로마의 역사는 가히 세계 문명의 보고라고 평하였다.

 플러스 α

포로 로마노에 입장하기 위해서는 포로 로마노와 팔라티노 그리고 콜로세움을 입장하는 통합 입장권을 구입해야 한다. 만약 콜로세움에 들어가지 않을 거라면 포로 로마노는 언덕 위에서 감상할 수 있기 때문에 입장료를 구입하지 않아도 된다.

 찾아가는 길

지하철 2호선 콜로세오Coloceo 역에서 하차하면 콜로세움 옆에 있다.
개장 시간: 여름 09:00~19:15, 겨울 09:00~16:30

63 베네치아:
리알토 다리 Ponte di Rialto 와
산마르코 광장 San Marco Piazza

● 베네치아의 매력은 산타루치아 Santa Lucia 역에 도착하는 순간 바로 알 수 있다. 역 앞을 나서는 순간 베네치아의 이색적인 풍경이 갑자기 영화 세트장으로 걸어 들어온 것 같은 착각을 불러일으킨다. 넘칠 듯 살랑거리는 파란 바다 위로 고풍스러운 파스텔 풍의 집들이 떠 있고, 좁은 운하 곳곳에 하얀 티를 입은 곤돌리에가 운행하는 까만 곤돌라가 여행자들의 마음을 설레게 한다.

베네치아 Venezia 는 '계속해서 오라'라는 뜻으로 일 년에 천만 명이 넘는 방문객이 찾아오는데 안타깝게도 도시 전체가 점점 가라앉고 있다. 당국은 한때 여행자 수를 제한시켰으나 인간의 욕구를 제도로 단념시킬 수는 없었다. 할 수 없이 섬 주위에 기둥을 세우는 '모세 프로젝트'를 진행하며 섬을 지키기에 안간힘을 다하고 있다.

118개의 섬들이 400여 개의 다리로 이어진 물의 도시 베네치아에는

| 리알토 다리
베네치아의 가장 아름다운 전경을 볼 수 있는 곳이다.

차가 없다. 모든 대중교통 수단은 배이며 관광객들도 수상 버스인 바포레토를 이용한다. 산타루치아 역 앞에서 2번 바포레토를 타고 10분 정도 가면 베네치아에서 가장 아름다운 다리인 리알토 다리Ponte di Rialto가 나온다. 이곳에서 보는 베네치아의 전경이 가장 아름답다. 베네치아 특유의 파스텔톤 집들이 S자 길을 따라 늘어서 있고, 꽃으로 장식한 식당들이 햇빛을 받아 반짝반짝 빛나고, 운하 위로는 수상 버스와 수상 택시, 화물 버스, 곤돌라가 천천히 자기 길을 간다.

리알토 다리에서 조금 걸어가면 산마르코 광장Piazza San Marco이다. 나폴레옹이 '세계에서 가장 장엄한 입구'라고 말한 산마르코 광장은 산마르코 성당과 듀칼레 궁전 등 삼면이 화려한 건축으로 장식되어 있고 나머지 한 면이 바다에 면해 있어 자연과 인공이 어울린 최절정의 공간미를 자랑한다.

| 산마르코 광장

산마르코 광장에는 하얀 대리석의 열주가 늘어서 있고 그 열주 아래 1720년부터 내려오는 플로리안 카페Caffè Florian가 있다. '꽃과 같은'이라는 뜻을 지닌 이 카페는 광장의 한편에서 세계사의 고비마다 많은 사상가, 정치인, 시인들이 새 시대를 예견하고 노래한 곳이다. 대표적인 인물로 괴테, 바이런, 토마스만 등이 있다. 18세기 최고의 바람둥이로 불리던 카사노바도 플로리안 카페를 무대로 수많은 여성들과 사랑을 속삭였다.

언제나 물이 넘칠 위험이 있어 내일 당장이라도 침몰될 것 같은 도시에 살아야만 했던 베네치아 사람들은 이런 생존의 위험에 배수진을 치고 바다를 통해 무엇이든 기꺼이 받아들이며 언제나 침하될 수 있는 불안감과 덧없음에 저항하고자 지상에서 가장 아름다운 건물과 황홀한 세계를 만들었다. 화려한 건축물 뒤로 존재하는 뒷골목을 이리저리 걷다 보면 베네치아의 매력에 흠뻑 빠진다. 석호 위에 건설된 미로 같은 이 도시를 토마스만은 '숙명적인 육욕의 쾌락을 느낄 수밖에 없는 곳'이라고 표현했다.

산마르코 성당

● 산마르코 성당Basilica di San Marco a Venezia은 신약 성서 4대 복음 성인 중 한 명인 마가의 유해를 모시기 위해 지은 성당이다.

853년 이집트 알렉산드리아에서 복음을 전하다가 죽은 마가의 유해가 실종 위기에 처하자 베네치아의 상인들은 유해를 몰래 베네치아로 옮겨 오기 위해 이집트 사람들이 싫어하는 돼지고기 바구니

| 산마르코 성당

에 감추어 가져왔다는 내용이 산마르코 성당 입구 천장에 화려하게 장식되어 있다.

후세의 미술가들은 신약 성서의 4대 복음 성인들에게 상징물을 붙여주었는데 마태는 사람, 마가는 사자, 누가는 황소, 요한은 독수리이다. 마가 복음은 광야에서 외치는 소리로 시작하는데 여기서 착안해 누가를 사자로 상징했다. 산마르코 성당은 물론 산마르코 광장 곳곳에 날개 달린 사자 상을 쉽게 볼 수 있으며 세계 4대 영화제 중의 하나인 베네치아 영화제의 최고상도 황금 사자 상이다.

플러스 α

베네치아의 식당은 대체로 비싸고 맛이 없다. 특히 산타루치아 역이나 산마르코 광장은 더욱 심하다. 저렴하면서 맛있는 식당을 원한다면 피자 알 볼로 Pizza Al Volo로 가자. 산마르코 광장에서 출발하면 아카데미아 미술관을 지나 오른쪽으로 가면 나온다. 베네치아에서는 지도가 무용지물이니 현지인에게 산타 마그리타 광장이 어디냐고 물어서 가는 것이 가장 현명하다. 피자는 조각 또는 한 판으로도 판매하여 베이컨은 우리 입맛에 짜다. 호박이나 가지 등 담백한 야채 피자를 권한다. 피자를 한 입 베어 문 순간 베네치아가 사랑스러워진다.

원래 곤돌라는 장례용으로 사용하던 배였다. 베네치아에서는 도시 면적이 제한적이어서 사람이 죽으면 장례를 치른 뒤 다른 섬으로 옮겨 묘지를 만들었는데, 이때 시신을 운반하던 배가 곤돌라이다. 시간이 흐르면서 중요한 교통수단으로 사용되기 시작했고, 사람뿐 아니라 야채와 식료품 등도 운반하게 되었다. 현재는 관광용으로 명성을 떨치고 있다. 곤돌라는 6명이 정원으로 인원 수에 상관없이 1대의 가격을 받는다. 40분용으로 1대당 80유로가 가장 저렴한 가격이다. 산마르코 성당을 등지고 산마르코 광장 오른쪽 끝으로 가면 선착장이 나온다.

찾아가는 길

베네치아의 중앙역인 산타루치아 역 앞에서 2번 바포레토(수상버스)를 타고 10분 정도 가면 리알토 다리가 나온다.

64 베로나:
베로나 오페라 페스티벌 Arena di Verona Opera Festival

● 〈로미오와 줄리엣〉의 무대이자 이탈리아에서 가장 로맨틱한 도시가 베로나Verona이다. 이곳의 여름밤 오페라는 한낮의 태양보다도 더 뜨겁게 여행자의 마음을 불태운다. 오페라가 공연되는 원형 경기장은 마치 타임머신을 타고 과거로 돌아간 듯 생동감 넘치고 무대 위 가수들은 바로 앞에서 속삭이는 듯 생생하다.

셰익스피어의 희곡 〈로미오와 줄리엣〉의 배경으로 알려진 베로나는 해마다 여름철이면 전 세계 오페라 팬들에겐 꿈에 그리던 순례지로 변한다. 베로나를 대표하는 고대 로마 시대의 원형 경기장인 아레나Arena에서 매년 6월부터 8월까지 한여름 밤의 꿈처럼 오페라가 펼쳐지기 때문이다. 이곳에서 베로나 페스티벌의 대표작인 이탈리아 음악가 베르디의 작품 〈아이다Aida〉는 지금까지 2,000여 회 공연되었다.

에티오피아의 공주 아이다는 이집트에 끌려와 노예가 된다. 아이다를

오페라 〈아이다〉
베로나 페스티벌의 대표작 베르디의 〈아이다〉는 아레나 극장에서 지금까지 2,000여 회 공연되었다.

보고 한눈에 반한 이집트 장군 라다메스는 그녀를 향한 사랑과 파라오를 향한 충성 사이에서 갈등한다. 운명은 엇갈려 파라오의 딸인 암네리스가 라다메스를 사랑하게 된다. 라다메스는 전쟁에 패하고 이집트에 몰래 숨어 있던 아이다의 아버지인 에티오피아 왕을 피신시키고 반역죄로 체포된다. 암네리스는 그에게 자백을 부인하도록 간곡히 권하지만 단호히 거절하고 심판을 받는다.

공연 시작 전 2만 명 관객이 일제히 촛불을 밝혀 오페라 지휘자와 연주자에게 경의를 표하는 촛불 의식을 끝내면 공연은 시작된다. 원형 극장 위로 라다메스의 유명한 아리아 '청아한 아이다'가 울려 퍼지면 생생한 음향 효과까지 곁들여 관객들은 소름이 돋는다.

음향과 더불어 감동을 주는 것은 무대 장치이다. 서기 250년 고대 로마 원형 경기장이 꽉 차게 중앙 무대를 구성하고 극장의 돌계단까지 세트로 사용한다. '이기고 돌아오라'와 '개선 행진곡'이 진행되면 어느덧 여행자는 나일 강변의 이집트 신전으로 온 듯한 환상을 불러일으킨다. 특히 금관 악기가 올라오면서 소리가 더욱 풍부해지는 2막 중간에는 거대한 피라미드 무대 위로 찬란한 의상으로 치장한 300명의 무희가 올라와 춤을 추는 대행진은 그야말로 장관이다.

오페라의 하이라이트는 마지막 아이다와 라디메스의 2중창 무대이다. 지상에서의 삶의 고통을 털어 버리고 구원을 알리는 그들의 목소리는 애절하지만 아름답다. 관객들은 이들의 노래에 빠져 아름다운 사랑이 영원한 사랑으로 변해 가는 모습을 숨죽이며 지켜본다.

4막으로 구성된 〈아이다〉 공연은 두 번의 쉬는 시간을 포함해 세 시간 넘게 이어지면서 자정을 훨씬 넘긴 12시 40분에 막이 내린다. 공연이 끝난 후 경기장 바깥의 모습은 장관이다. 고풍스러운 건물들이 황금빛 조명 아래 빛나고 브레 광장에는 많은 레스토랑들이 불빛을 밝히며 새벽 1시가 넘도록 오페라를 본 사람들의 수다 삼매경을 들어 준다.

 플러스 α

인기 오페라 상영 티켓은 몇 개월 전에 매진되기도 하니 미리 예약을 하는 편이 좋다. 티켓은 지정 좌석과 섹터만 지정되어 원형 극장 아레나의 돌계단에 앉아서 보는 두 가지가 있다. 돌계단에 3시간씩 앉아 있으면 상당히 힘들기 때문에 방석, 음료 등을 미리 준비하는 것이 좋다. 좋은 좌석을 잡으려면 공연 시작 1, 2시간 이전에 미리 각 섹터 입구에서 줄을 서자. 공연 시간은 일반적으로 저녁 9시에 시작해서 자정이 되어야 끝나는 경우가 많으므로 숙박 장소에도 주의를 기울이는 편이 좋다.
예약 및 공연 정보 www.arena.it에서 얻을 수 있다.

찾아가는 길

베로나와 베네치아를 오가는 기차는 1시간 간격으로 운행된다. 하지만 여름 오페라(7~8월)는 밤 2시 정도에 끝나므로 오페라가 끝난 뒤에는 기차 편이 끝나고, 다음 날 새벽 6시가 되어야 운행된다는 것에 주의하자. 저렴한 숙소를 원한다면 베로나에 하나뿐인 유스호스텔을 추천한다.

65 피렌체:
두오모 Duomo 와
미켈란젤로 광장 Piazzale Michelangelo

●   피렌체 Firenze 는 수세기 동안 〈이방인〉 작가 카뮈나 괴테 등 지식인들을 매료시켜 왔으며 지금도 피렌체를 방문하는 많은 사람의 넋을 잃게 한다. '꽃의 피렌체'라는 수식어가 붙는 이 도시는 기원전 1세기 로마 군인들의 숙영지로 사용되었는데 당시 아르노 강 옆 평지와 분지를 따라 가득 피어난 들꽃이 매우 아름다워 붙여진 이름이다.

역에서 나오면 바로 앞에 산타마리아 노벨라 Santa Maria Novella 성당이 보인다. 르네상스의 거장 마사초의 작품 〈성삼위 일체〉가 이곳에 있다. 회화사상 처음으로 그림 위에 사람이 두 발로 서게 한 마사초의 작품답게 〈성삼위 일체〉는 분명히 벽에 그려진 것이지만 마치 벽을 파고

| 산타마리아 노벨라 성당

| 산타마리아 델 피오레 대성당
1294년에 짓기 시작하여 1434년에 브루넬스키의 팔각형 거대한 돔을 끝으로 지금의 모습이 되었다.

조각한 듯한 입체감을 나타낸다.

산타마리아 노벨라 성당에서 10분 정도 걸으면 두오모^{Duomo}(대성당)가 있는 피렌체 중심 광장이다. 이곳에 들어서면 두 번 놀라는데, 거대하면서 부드러운 성당의 무게감에 먼저 놀라고 영화 〈냉정과 열정 사이〉의 무대로 유명해진 두오모의 쿠폴라^{Cupola}에 오르기 위해서 늘어선 기나긴 줄에 또 놀란다.

산타마리아 델 피오레$^{Santa\ Maria\ del\ Fiore}$ 대성당(두오모)은 '꽃의 성모'라는 뜻으로 1294년에 짓기 시작하여 1434년에 브루넬스키의 팔각형 거대한 돔을 끝으로 지금의 모습이 되었다. 성당보다 더 큰 돔을 성당 위로 올리면 성당이 무너지고 말 것이라는 예상을 깨고 브루넬리스키는 외부 돔 안에 작은 돔을 하나 만들어 연결하는 독창적인 설계로 아름답고 거대한 쿠폴라를 만들어냈다. 두오모는 흰색 일색으로 지어진 중세 성당과는 달리 주황색과 녹색의 대리석을 기하학적으로 배열하여 고딕의 예리함을 표현하였으나 오랜 시간이 지나면서 색들이 변색되어 오히려 유연하면서 여성적인 아름다움을 느끼게 한다.

쿠폴라는 영화 〈냉정과 열정 사이〉에서 아오이와 준세가 만나는 장소로 등장하면서 영원한 사랑의 상징처럼 여겨지게 되었다. 쿠폴라 정상까지는 400개의 계단을 올라가야 한다. 하지만 여기서 바라보는 피렌체의 풍경은 지나간 첫사랑의 기억을 생생하게 살릴 수 있을 만큼 로맨틱하다. 주황색 지붕으로 물결치는 이곳에서 준비해 간 〈냉정과 열정 사이〉의 OST를 듣는다면 달콤하면서도 아늑하고 고독하면서 설레이는 감정을 느낄 수 있을 것이다.

| 미켈란젤로 언덕
광장 중앙에는 다비드 상이 피렌체 시내를 내려다보고 있다.

피렌체에서 일몰이 가장 아름다운 곳은 피렌체 시내가 한눈에 보이는 미켈란젤로 언덕 Piazzale Michelangelo이다. 항상 연인들과 여행객들로 북적이는 광장 중앙에는 다비드 상이 시내를 바라보고 서 있다. 광장 끝에 위치한 테라스에서 피렌체 시내의 전경을 바라보면 유유히 흐르는 아르노 강 위로 시내 한가운데 꽃처럼 피어 있는 두오모가 하늘을 향해 고운 자태를 뽐내고 있다. 주황색 지붕으로 가득 찬 도시 위로 더욱 진한 석양이 내려앉으면 피렌체는 타 들어갈 듯 붉어진다. 한참을 그렇게 불장난을 치던 해가 완전히 자취를 감추자, 이미 불을 밝힌 가로등과 건물들의 불빛들이 천천히 떠오른다.

 플러스 α

두오모 쿠폴라 입구에는 항상 많은 사람들이 줄을 서 있는데 이곳에 오르기 위해서는 도착하면 바로 줄을 서는 것이 현명하다. 또한 미켈란젤로 언덕을 가기 위해서는 중앙역에서 13번을 타고 30분 정도 가면 언덕에 도착한다. 만약 도심 중앙에서 버스를 타려면 우피치 미술관에서 베키오 다리를 건너자마자 왼편으로 300m 정도 가면 다리가 있는 곳에 버스 정류장이 있다. 1회용 버스표 사용 시간은 90분으로 버스에서 구입할 수 있으며 언덕을 20분 정도 감상하고, 다시 버스를 이용한다면 버스표를 다시 구입할 필요는 없다. 미켈란젤로 언덕은 해질 무렵이 가장 아름다운데 조심할 것은 해가 완전히 지면 아무것도 보이지 않으니 조금 서둘러서 방문하는 것이 좋다. 또한 미켈란젤로 언덕은 소매치기가 많으니 버스를 타고 내릴 때 주의하자.

산타마리아 노벨라 약국
본점은 피렌체에 위치하며 지점의 형식으로 유럽 전역에 흩어져 있는데, 로마(나보나 광장 근처)에 있는 지점은 피렌체와 같은 가격으로 판매된다.

1600년도부터 피렌체의 수도사들이 천연 재료로 만들어 쓴 화장품과 약재, 초콜릿, 술 등을 판매하는 오랜 전통을 가진 곳으로 품질이 널리 알려진 약국이다.

한국에서는 현지 가격보다 거의 2배 이상 차이가 난다. 가장 유명한 제품으로는 벨루티나 비누와 이드라리아 수분크림이다. 그 외에 올리오 코스메티코 천연 바디 오일, 장미스킨, 아몬드 비누, 재생크림, 각질 제거제 같은 뛰어난 상품이 많다. 구매 품목을 미리 조사해 가면 좋지만, 그냥 방문해도 한국어 상품 리스트가 있어서 편리하게 쇼핑할 수 있다. 155유로 이상 구매 시 세금 환급이 된다.

찾아가는 길
로마에서 피렌체는 유로스타(ES)를 타고 1시간 30분이 소요된다.
유로스타는 예약이 필수이므로 역에 미리 가서 티켓을 구입해야 한다.
두우모 개장 시간: 여름 10:00~17:00(토 ~16:45, 첫째 토요일 ~15:30)
쿠폴라 개장 시간: 여름 08:30~19:00(토 ~17:40, 첫째 토요일 ~16:00)

66 피렌체:
메디치 가문 Medici Family

● 피렌체의 중심에는 시뇨리아 광장Piazza della Signoria이 있다. 시뇨리아 광장 중앙에 우뚝 솟은 94m 높이의 베키오 궁전과 우피치 미술관이 있다. 베키오 궁전Palazzo Vecchio은 피렌체의 정치를 총괄하는 메디치 가문의 궁전으로 지금은 시청으로 사용되고 있다. 세계 최고의 르네상스 미술관인 우피치Uffizi는 영어로 오피스Office 즉 '사무실'이란 뜻으로, 피렌체의 최고 가문인 메디치 가의 코시모 1세가 사무실 용도로 지은 건물이다. 이후에 메디치 가가 대대로 소장해 온 미술품들을 전시하면서부터 미술관의 시초가 되었다.

오랫동안 피렌체를 대표하는 부자이자 많은 권력을 갖고 있었던 메디치 가문은 르네상스의 예술가들을 아낌없이 지원하였다. 이탈리아 최고 미술관으로 꼽히는 우피치 미술관Galleria degli Uffizi 등 여러 건축물을 지었으며 또 수많은 화가와 조각가에 대해서도 지원을 아끼지 않았다. 또한

| 피렌체 시청
왼쪽, 가운데_베키오 궁전을 현재는 시청사로 사용하고 있다. **오른쪽**_시청 앞의 시뇨리아 광장에 넵튠 분수가 있다.

플랑드르의 화가들을 비롯하여 유럽에서 활동하던 많은 예술가의 작품을 구입하는 일에도 힘을 기울였다. 이 작품들은 대부분 우피치 미술관에 보관되어 있는데 조토, 보티첼리, 레오나르도 다 빈치, 미켈란젤로, 카라바조 등 르네상스의 대표적 예술가들의 작품은 물론 루벤스, 렘브란트, 고야 등 세계 유명 작가의 작품들도 많다.

대표적인 작품으로 피에로 델라 프란체스카의 〈우르비노 공작과 공작 부인〉, 보티첼리의 〈비너스의 탄생〉, 〈봄〉, 미켈란젤로의 〈성가족〉, 그리고 티치아노의 〈우르비노의 비너스〉가 있다. 특히 많은 사람의 사랑을 받는 〈비너스의 탄생〉은 바다를 배경으로 조개껍데기 위에 서 있는 비너스(아프로디테)를 그려 놓은 작품으로, 그리스 신화에 등장하는 미의 상징인 비너스의 탄생을 신비롭게 묘사하고 있다.

| 비너스의 탄생
보티첼리의 작품으로 우피치 미술관에 소장 중이다.

피렌체의 예술과 건축을 꽃피

｜우피치 미술관
피렌체의 대표 가문 메디치는 르네상스 예술에 아낌없는 지원을 하여 이탈리아 최고 미술관을 지었다.

우며 르네상스 시대를 주도한 메디치 가문의 코시모 1세는 제약업으로 시작해서 은행업으로 엄청난 부를 쌓은 메디치 가문의 조반니 데 메디치의 아들이다. 평민 출신인 그는 피렌체의 귀족들과 대립하여 수년 동안 추방을 당했지만 이후에 민중의 지지와 막강한 부로 정권을 장악하였다. 피렌체 공화국의 발전에 기여한 공으로 국부라는 칭호를 받은 그는 유럽의 16개 도시에 은행을 세우는 한편, 교황청 자금의 유통을 맡아 막대한 재산을 축적했으며, 막대한 사재를 피렌체에 투입하고 학문과 예술을 장려하였다.

코시모는 1453년 당시 주류를 이루던 눈에 보이는 현상을 중시하며 그것을 과학적으로 분석하려고 했던 아리스토텔레스 철학에 만족하지 않고 플라톤이 주장한 사물의 본질인 이데아를 숭상하였다. 그것은 감성과 직관에 근거한 초월적 시각이었다. 코시모는 플라톤 아카데미를 열어 레오나르도 다빈치, 미켈란젤로, 라파엘로 등 많은 예술가들에게 감성과 직관에 근거를 둔 플라톤의 세계를 배우게 하여 마침내 르네상스 시대를 창조했다. 그는 우리 주위에 늘 있지만 많은 현상의 사건과 일들에 가려 보이지 않았던 본질을 탐구하여 그 속에서 인간의 행복과 아름다움을 찾았다. 그로 인해 인류의 미적 역사가 활짝 열렸다.

 **플러스 α**

시뇨리아 광장을 상징하는 베키오 궁전은 1314년에 완성되었다. 웅장한 외관은 전형적인 중세풍으로 무척 딱딱하고 어둡지만, 건물 안은 여러 예술가의 수많은 작품으로 장식되어 있다. 2층에 있는 500인의 살롱이란 넓은 방의 천장에는 아름다운 그림으로 꽉 차 있으며, 천장화 외에도 바사리의 작품과 미켈란젤로의 〈승리〉 상 등이 전시되어 있다. 3층에는 정치가이자 사상가인 마키아벨리가 일하던 방이 보존되어 있는데 〈전망 좋은 방〉이라는 영화의 포스터에 나오는 장면은 특별히 허가를 받아 이곳에서 촬영을 했다고 한다. 시뇨리아 광장에는 누구나 편안하게 르네상스 예술품을 감상할 수 있는 야외 전시장이 있다. 미켈란젤로의 〈다비드〉 상과 피렌체 시민들이 '흰 거인'이라고 부르는 〈넵튠 분수〉, 도나텔로의 〈사자상〉과 잠볼로냐의 〈사빈 여인의 강간〉, 첼리니의 〈페르세우스〉를 감상하자.

 찾아가는 길

두오모에서 도보로 8분이 소요된다.
우피치 미술관 개장 시간: 08:15~18:50　　휴일: 1/1, 5/1, 12/25

67 피렌체:
천국의 문

● 　두오모 맞은편에 위치한 산조반니^{San Giovanni} 세례당은 단테가 세례를 받은 곳으로 두오모 이전 피렌체의 대성당이었다. 이곳에 3개의 청동문 중 동쪽 문은 기베르티가 공모에 당선되어 만든 문으로 르네상스 시대를 연 신호탄으로 여겨진다. 미켈란젤로가 '천국의 문'이라고 극찬한 이 문에는 구약 성서의 10장면을 담고 있다.

　피렌체 중심에 있는 세례당의 문을 장식하는 것은 피렌체 사람들에게는 특별한 문화적 자부심이었다. 11~13세기에 완성한 가장 오래된 첫 번째 청동문은 상인조합이 자금을 대고 안드레아 피사노가 완성했으나 나머지 문은 흑사병 때문에 중단되었다. 1401년 흑사병 위험에서 벗어나자 피렌체 시민은 감사의 뜻으로 세례당의 문 조각을 공개 입찰했다.

　이탈리아의 최고 예술가들이 세례당 청동문 입찰에 참가했으며 공정한 심판을 위해 34명의 지도급 인사들이 심사 위원을 맡았다. 치열한 경

오른쪽 맨 위에 있는
〈카인과 아벨〉

오른쪽 위에 두 번째에 있는 〈아브라함의 희생〉

| 산조반니 세례당의 천국의 문
3개의 청동 문 중 동쪽은 기베르티의 작품으로 구약 성서의 10장면을 담고 있다.

쟁을 뚫고 로렌초 기베르티와 필리포 브루넬리스키의 작품이 최종 심사에 올랐다. 두 사람의 작품에 우열을 가리지 못한 심사 위원들이 두 사람의 공동 제작을 권하였으나 브루넬리스키는 자존심을 내세우며 거절했고, 결국 기베르티의 작품이 선정되었다.

기베르티의 작품 〈아브라함의 희생〉은 아브라함이 그의 아들인 이삭의 목을 자르려는 순간 천사가 나타나 아브라함에게 지시하여 살인을 면하게 하는 장면을 연출하고 있다. 작품 전체에 흐르는 표면의 아름다움이 브루넬리스키 작품을 압도한다. 또한 시원한 뒤 공간을 창출하는 세련된 구도에서도 심사 위원의 후한 점수를 받았다. 여백이 많은 기베르티 작품이 네 잎 클로버 장식 안에 꽉 차 있는 브루넬리스키 작품보다 재료를 적게 써서 전체 경비가 적게 든다는 점도 계산되었다고 한다.

청동 문에서 가장 인기가 있는 작품은 오른쪽 제일 위에 있는 〈카인과 아벨Caino e Abele〉이다. 왼쪽으로 밭을 가는 아벨과 양떼를 지키는 카인이 보이고, 멀리 산꼭대기에 제단을 차린 두 형제가 번제를 올리는 모습도 보인다. 중앙에는 카인이 아벨을 몽둥이로 쳐 죽이는 장면이 묘사되어 있고, 왼쪽 상단 귀퉁이에는 늙은 아담과 하와가 대낮의 비극을 눈치 채지 못한 채 오두막 앞에 웅크리고 있다. 이 부조의 압권은 오른쪽 하단에 지팡이를 들고 선 카인이다. 동생인 아벨을 죽인 카인은 "네 동생 아벨은 어디 있느냐?"는 하느님의 질문에 뻔뻔스럽게 "제가 아우를 지키는 사람입니까?"하며 한 손은 삿대질을 하고 있는데, 다른 손에는 아우를 죽인 피 묻은 방망이가 들려 있는 장면이다. 카인은 머리를 뒤로 돌리고 있어 동그란 뒤통수만 빤질거린다.

천국의 문은 처음으로 회화적 원근법을 실험한 문이다. 기존의 문과 어떻게 다른지 세례당을 왼쪽으로 돌아 다른 두 개의 문의 조각상과 비교해 보면 금세 알 수 있다. 다른 문과 달리 천국의 문은 세심한 원근법으로 시원하면서 깊은 공간과 표면적인 아름다움을 표현하고 있다. 제작에 27년이 걸린 이 문이 처음 공개 입찰된 1401년을 르네상스의 원년으로 삼는다. 기베르티는 이 문에 자신과 자신의 아들 초상을 조각했다.

플러스 α

두오모 입구 남쪽에는 82m의 종탑이 서 있다. '조토의 탑'으로 불리는 이 종탑은 당시 이탈리아에 세워진 종탑 중 가장 높았다고 한다. 종탑은 3명의 건축가가 만들었는데, 1층은 조토가 설계하고 건설했으며 2층은 안드레아 피사노가, 그리고 종을 매단 제일 높은 3층은 탈렌티가 완성했다. 웅장하고 화려한 색상을 자랑하는 종탑 벽에는 인간의 창조, 예술, 산업을 주제로 한 조각이 매우 섬세하고 아름답게 새겨져 있다. 종탑에서 또 하나 빼놓을 수 없는 것이 전망대로 동쪽 방향에서 바라본 두오모 돔과 고즈넉한 골목이 어우러진 풍경은 압권이다.

 찾아가는 길

피렌체 중앙역인 산타마리아 노벨라 Santa Maria Novella 역에서 도보로 15분이 소요된다.

68 피사:
피사의 사탑 Torre di Pisa

● 피렌체에서 서쪽으로 82km에 있는 피사는 피사의 사탑Torre di Pisa 으로 잘 알려져 있는 작은 도시이다. 지금도 일반 건축 양식의 상식을 깨고 기울어진 피사의 사탑은 세계 7대 불가사의에 선정될 만큼 신비한 비밀을 가지고 있어 해마다 전 세계의 관광객이 몰려든다.

버스에서 내려 기적의 광장으로 연결되는 커다란 문을 들어서면 기대 이상의 넓은 푸른 잔디가 펼쳐지고 두오모 성당과 피사의 사탑, 세례당, 납골당 등이 우아하면서도 장대한 모습으로 서 있다. 이 광장을 기적의 광장이라고 부르는 것은 결코 과장이 아님을 실감할 수 있다.

피사의 사탑은 대성당에 속한 종탑으로 높이가 54.5m이다. 1174년에 착공하여 10m 높이에 이르렀을 때 지반이 내려앉아 공사를 중단했다가 다시 공사를 재개해 1350년에 5m쯤 기울어진 채 완성되었다. 탑이 기울게 된 이유는 피사의 사탑의 지질이 해안 지대의 모래와 점토로 이루어

| 기적의 광장
기적의 광장 주변으로 대성당과 피사의 사탑, 세례당, 납골당 등이 우아하면서도 장대한 모습으로 서 있다.
오른쪽_ 피사 대성당 내부 모습

진 충적토이기 때문이다. 무거운 하중이 가해지면 지반이 탈수되고 다져지면서 약한 부분으로 기울게 된 것이다.

1989년 3월 17일 이탈리아의 파비오에 있는 800년 된 시빅탑이 하루아침에 무너지자 피사 시 당국은 황급히 영국 런던대학 토질기계학과 존 부를랜드 교수에게 피사의 사탑에 대한 자문을 의뢰했다. 부를랜드 교수는 강철 케이블로 탑의 밑부분 기초를 보강하는 한편 반대편 지반에 무거운 납덩어리를 쌓아 두도록 조치를 취해 1년 만에 탑 꼭대기가 5cm 정도 되돌아서게 했다. 이어 계속된 보수 공사로 2007년 6월 약 4천만 달러의 비용을 투입해 이탈리아 피사의 사탑의 기울기를 보정하는 공사가 성공적으로 마무리되었다.

이탈리아 사람들은 피사의 사탑을 정상적으로 세울 수 있었는데도 그러지 않았다고 한다. 피사의 사탑은 기울어진 채 있어야만 그 명성을 유지할 수 있기 때문이다.

피사의 사탑은 기울어진 채 보정되었기 때문에 건물을 보호하기 위해 입장 인원이 한 번에 40명으로 제한된다. 인터넷 등 미리 예약하지 않으면 입장할 수 없으며 입장료도 비싸다. 피사의 사탑 정상까지는 294개의 계단이 있어 계단을 통해 올라가면 역사적인 곳을 오르고 있다는 스릴 넘치는 쾌감이 온몸을 감싼다.

피사의 사탑은 갈릴레오의 실험으로 유명하다. 옛날에는 무거운 물체는 가벼운 물체보다 더 빨리 낙하한다는 아리스토텔레스의 학설이 지배적이었다. 그러나 갈릴레오는 이것이 실험과 증명을 거치지 않은 거짓이라고 생각했

| 피사의 사탑
세계의 7대 불가사의 중 하나로 선정된 대성당에 속한 종탑으로 높이가 54.5m이다

고, 공기의 저항이 없으면 모든 물체는 무게에 관계없이 모두 같은 속도로 낙하한다고 반대의 주장을 발표하였다.

당시 아리스토텔레스는 신과 같은 존경의 대상이었기 때문에, 그의 주장을 반대하는 것은 죄악시되는 분위기였다. 갈릴레오는 온갖 욕설과 비판을 한몸에 받았다. 그는 이에 끝까지 굴하지 않았고 자신의 주장을 증명하기 위해 1591년 피사의 사탑에서 공개 실험을 결정하였다.

공개 실험일 당일 갈릴레오는 일반 시민, 철학자, 피사 대학의 교수와 학생들이 지켜보는 가운데 55m의 탑에 올랐다. 만약에 두 물체가 동시에 땅에 떨어지지 않으면 그에게 어떤 시련이 닥쳐올지 짐작이 되지 않는 위기의 상황이었다. 그는 혼신의 힘으로 이 공개 실험에 임했다. 탑 위에 오른 그는 군중을 둘러보며 마음속으로 하느님께 기도 드리며 무게가 10배 차이가 나는 서로 다른 2개의 공을 동시에 낙하시켰다. 공들은 군중이 보는 앞에서 동시에 '쾅' 하고 떨어졌다.

세기적으로 유명한 이 과학적 실험은 갈릴레오의 대승리로 끝났다. 2000년 동안 부동의 진리로 여겨지던 것이 거짓임이 밝혀지는 순간이었다. 오늘날 이 실험에서 사용되었던 공은 박물관에 보관되어 있다.

플러스 α

역에서 구입한 버스 1회권은 90분 동안 유효하다. 버스에서 내려 피사의 사탑을 보고 15분 간격으로 있는 버스 시간을 확인하고 다음 버스를 이용한다면, 한 티켓으로 왕복이 가능하다. 식사는 피사 역 안에 있는 맥도널드나 피자집을 이용하면 좋다. 역에는 소매치기가 많으니 가방과 소지품을 특히 조심해야 한다.

찾아가는 길

피사는 피렌체에서 기차로 1시간 30분 정도 소요되며 기차는 매시간 운행된다.
피사의 사탑이 있는 두오모 광장은 피사 중앙역에서 걸어서 30분 정도 소요되며, 기차역에서 람로사Ramrossa라고 쓰인 빨간색 버스를 이용하면 10분 안에 도착한다. 탑승객 대부분이 두오모 광장에서 내리기 때문에 내릴 곳은 걱정하지 않아도 된다. 피사의 사탑은 인터넷으로 방문 15일 전까지 예약해야 한다. www.opapisa.it
피사의 사탑 개장 시간: 09:00~18:00

노르웨이
스웨덴
핀란드·폴란드
체코

Norway
Sweden
Finland · Poland
Czech

69 베르겐:
피오르 Fjord

● 　노르웨이 여행의 하이라이트는 단연 피오르이다. 그중 가장 많은 여행자가 방문하는 곳은 송네 피오르Sogne Fjord로 세계에서 가장 길고 깊다. 이곳은 날씨가 맑을 때도 좋지만 비가 약간 내리는 날씨에 방문한다면 원시 시대의 무시무시한 아름다움을 느낄 수 있다.

　피오르는 빙하 시대에 빙하의 압력으로 깎인 U자 협곡으로 내륙 깊숙이 뻗어 있고, 여기에 바닷물이 들어차 마치 넓은 강이나 호수처럼 보인다. 빙하가 깎아낸 피오르의 수심이 수백 미터에 달하며, 인근 바다보다 더 깊은 곳도 있다. 병풍처럼 늘어선 절벽은 1000m를 넘으며 그 사이로 쏟아져 내려오는 폭포들은 장엄한 장면을 연출한다.

　오슬로Oslo에서 송네 피오르를 감상하기 위해서는 뮈르달Myrdal행 기차를 타야 한다. 뮈르달은 산 위에 있는 역으로 마치 화성에 온 듯이 식물은 보이지 않고 기괴한 암석들과 바위들로 싸여져 있다. 뮈르달을 출발

| 송네 피오르
노르웨이 여행의 하이라이트인 피오르 중에서 가장 많은 여행자가 방문하는 곳이다.

한 기차에 몸을 실으면 수직으로 내려가다 다시 철로를 따라 지그재그로 내려가기를 반복한다. 그리고는 시원한 물소리와 함께 웅장한 폭포가 나타나면 기차가 멈춘다. 야성미 넘치게 쏟아지는 폭포를 감상하기 위해서다. 승객들이 내려 폭포를 감상하고 있으면 폭포 밑으로 한 여인이 나타난다. 그녀는 손짓으로 여행자를 유혹한다. 비현실적인 연출이지만 여인을 따라 폭포를 향해 가면 그곳에 싱그러운 세상이 숨어 있을 것 같다.

뮈르달에서 플렘Flåm까지는 20km에 불과하지만, 해발 표고 차가 860m에 달해 거의 수직으로 내려간다. 기차가 360도 회전해 철로가 절벽 아래에 놓이면 여행자들이 자기도 모르게 탄성을 지르게 하는 세상에서 가장 아름답고 환상적인 풍경이 나타난다.

플렘은 인구 500명에 불과한 산속 작은 마을이지만, 피오르 여행자들의 필수 코스로 연간 방문객이 약 50만 명을 넘는다. 우리나라의 통영처럼 한눈에 들어오는 아담한 플렘 항구에서 본격적인 피오르 관광이 시작된다.

  산과 하늘 그리고 구름을 거울처럼 반사하는 물살을 가르며 유람선이 미끄러지듯이 움직여 나가면 플롬은 그 모습을 온전히 드러내었다가 점차 사라져 간다. 마을은 보이지 않고 유람선이 협곡의 구비를 돌아가자 피오르의 장대한 자태가 서서히 나타나기 시작한다.

  잉크 색의 짙은 물살을 가르며 바다표범 서식지를 지나 협곡으로 쏟아지는 거대한 폭포 앞에 도착하면 배가 잠시 멈춰 선다. 폭포에서 떨어지는 물을 받아 마시기 위해서다. 대자연의 물을 마시는 여행자의 얼굴은 새로운 생명을 얻기라도 한 듯이 밝아진다.

  피오르 한복판에 이르면 간간히 사진을 찍는 사람들 외에 많은 여행자들은 말이 없어지고 깊은 사색에 잠기곤 한다. 너무나 고요하고 평화로움에 무아지경에 빠지는 것이다.

  2시간 동안의 피오르 여행을 끝내고 나면 유람선은 구드방겐(Gudvangen)에 도착한다. 협곡에 자리 잡은 구드방겐은 자연과 호수 그리고 숲이 하나로 된 수정같이 아름다운 도시이다. 피오르 주위는 자연 조건이 험하지만 농사를 짓거나 목축 또는 어업을 할 수 있는 곳에는 이처럼 아름다운 마을이 형성돼 있다. 버스로 갈아타고 계곡과 산허리로 이어진 험준한 도로를 오르자 협곡과 호수, 마을이 어우러진 풍경이 펼쳐진다. 산간 마을 보스에 도착해 다시 버스를 타고 가장 가까운 기차역으로 와서 베르겐 행 기차를 타면 피오르 감상 대장정은 끝이 난다.

플러스 α

베르겐이나 오슬로 시내에는 기차와 버스, 유람선을 이용하여 피오르를 돌아보는 다양한 코스가 개발돼 있다. 좀 더 가까이 가서 보고 모험을 즐기고 싶은 여행자를 위한 도보 코스도 있다. 피오르 여행은 사계절 가능하지만 여름 시즌인 5월부터 9월까지 5개월

동안이 피크를 이룬다. 특히 여름철 빙하가 녹으면서 흘러내린 물이 곳곳에 폭포를 만들어 장관을 이룬다. 여름 기간 지역 1일 관광은 베르겐에서만 운영된다. 기타 피오르도 다수 있다.

게이랑거 피오르 Geiranger Fjord
1500m 높이의 산봉우리 사이에 형성된 16km 길이의 V자형 계곡이다. 베르겐의 북부에 위치하고 있으며, 주변 높은 산 위에서 떨어지는 수많은 절벽 폭포가 웅장함을 더한다. 자연의 거대한 힘 앞에 인간의 나약함이 초라하게 느껴진다. 인기 있는 주요 관광지로는 송네 피오르다네 Sogne Fjordane 에 있는 브리크스달 Briksdal 빙하와 해발 1500m에 위치한 달스니바 Dalsnibba 전망대, 게이랑거에서 약 2km 떨어진 플리달슈베트 Flydalsjuvet 전망대가 있다. 오슬로와 베르겐 이외에도 아르누보 톤의 아름다운 마을인 올레순 Ålesund 등에서도 버스, 기차 등 대중교통을 이용하여 게이랑거 피오르에 갈 수 있다.

하당게르 피오르 Hardanger Fjord
전체 179km 길이의 피오르로 과실수 꽃들로 덮여 부드러운 경사를 이룬 산들에 둘러싸여 있다. 네 개의 주요 피오르 중에서 가장 완만한 경사를 이루며 목가적인 풍경을 연출한다. 과실수들은 약 800년 전에 이 지역을 방문했던 수도승들이 심었다고 전해진다. 5월에 한꺼번에 만발하는 사과와 살구꽃 풍경은 한폭의 그림이다. 이 지역의 주요 볼거리로는 수많은 절벽 폭포를 비롯하여 하당게르비다 국립공원과 세 번째로 크며 하이킹 명소인 폴게포나 Folgefonna 빙하가 있다. 버스와 쾌속정을 이용하여 조금 더 멀리 가면 울렌스방 Ullensvang 지역의 하당게르비다와 우트네 Utne 또는 노프트후스스 Lofthus 의 오지에 있는 유명한 휴양지도 방문할 수 있다.

70 오슬로:
뭉크 Edvard Munch 의 '절규 The Scream'

● 일본의 작가 무라카미 하루키의 〈노르웨이의 숲〉은 방황하는 젊은 여행자에게 아픈 상처를 그대로 보여주며 따뜻한 손길로 감싸주는 소설이다. 이 책을 읽고 있으면 높고 거친 침엽수림으로 가득하지만 그 속에 햇살이 비치는 작은 양지가 존재하는 노르웨이의 숲이 생각난다. 불안한 영혼의 아픔과 위로라는 면에서 〈노르웨이 숲〉과 뭉크의 〈절규〉는 매우 닮았다.

노르웨이에서는 가장 많은 사람으로 복작거리지만, 어느 시골의 소도시처럼 한적한 곳이 오슬로 Oslo 이다. 이곳 최대 번화가인 카를 요한스 Karl Johansgate 거리에 국립 미술관이 있다. 이곳에는 피카소, 르누아르, 세잔, 마네, 마티스 등의 세계적인 거장들의 작품은 물론 노르웨이를 대표하는 화가 뭉크의 작품 58점이 전시되어 있다.

그중 대표작이 〈절규〉이다. 뭉크는 〈절규〉라는 제목으로 총 4작품을

| 노르웨이 국립 미술관
오슬로 카를 요한스 거리에 있는 국립 미술관에서는 뭉크의 〈절규〉 연작 중 유화 작품을 소장하고 있다.

그렸다. 최초로 유화 작품을 그리고 이어서 3점의 작품을 더 제작해 연작이 되었다. 유화 작품은 오슬로 국립 미술관에 소장 중이며, 템페라 작품과 판화 작품은 뭉크 미술관, 마지막 하나의 작품은 노르웨이의 억만장자 피터 올슨이 소장하고 있다. 우리에게 가장 잘 알려진 작품은 오슬로 국립 미술관이 소장하고 있는 유화 작품이다.

우울하면서 복잡한 붉은 구름이 하늘을 뒤덮고, 다리 난간에서 한 인물이 공포에 질린 채 일그러진 얼굴로 절규하고 있다. 그는 자신의 절규에 저도 모르게 귀를 막고 있으나 그 무서운 상황으로부터 도망칠 수 없다. 절규는 바로 자신에게서 나오는 것이기 때문이다. 소리 높여 우는 인간은 파도치는 구름과 강물의 리듬처럼 주위와 하나가 된다. 하늘과 다리 밑으로 흐르는 강물도 악몽처럼 메아리친다.

불안한 현대를 살아가는 사람들의 모습을 보여주는 〈절규〉는 빠르게 변화하는 세상에서 자신의 영혼을 잃어버려서는 행복할 수 없다는 사실을 알려준다.

국립 미술관을 나와 뭉크의 절망뿐만 아니라 살아 숨 쉬는 인간 뭉크

| 뭉크 미술관
뭉크 사후 탄생 100주년 기념으로 개관하였다.

를 만나고 싶다면 뭉크 미술관으로 가자. 1944년 뭉크가 세상을 떠나면서 자신의 모든 작품을 오슬로 시에 위탁했는데, 1963년에 그의 탄생 100주년을 기념해 개관한 미술관이다. 뭉크 미술관에는 〈절규〉, 〈사춘기〉, 〈마돈나〉 등 유명한 작품들 이외에 〈병실에서의 죽음〉, 〈붉은 덩굴 풀〉 등도 전시되어 있다.

 플러스 α

〈절규〉 연작은 도난과의 지독한 악연으로 유명하다. 1994년 4명의 괴한이 오슬로 국립 미술관의 창문을 깨고 사다리를 타고 넘어와 유화 버전의 작품을 훔쳐갔다. 그들은 "Thanks for the poor security."라는 메모를 남겨 놓고 유유히 사라졌다. 3개월 뒤 구매자를 가장한 경찰의 함정수사로 다행히 붙잡혔고 작품은 손상되지 않은 채 돌아와 다시 오슬로 국립 미술관에서 전시 중이다. 2004년에는 3명의 복면 무장 강도가 백주 대낮에 오슬로 뭉크 미술관에 난입해 당시 관람 중이던 수십 여 명의 관람객을 위협한 뒤 너무나 간단하게 템페라 버전의 〈절규〉와 〈마돈나〉를 훔쳐갔다. 이들 두 작품은 2006년에 다행히 되찾기는 했지만 노르웨이 경찰은 되찾은 과정에 대한 발표를 거부했고 이는 아직도 미스터리로 남아 있다.

 찾아가는 길

국립 미술관은 오슬로 최대 번화가인 카를 요한스 Karl Johansgate 거리에 있으며 오슬로 중앙역에서 도보로 약 15분이 소요된다.

71 스톡홀름:
감라스탄 Gamla Stan 과
스톡홀름 시청사 Stockholm City Hall

● 북유럽에서 가장 아름다운 도시 스톡홀름Stockholm은 수많은 운하가 섬들을 에워싸고 있어 '북구의 베네치아'라고 불린다. 화려한 베네치아와는 달리 스톡홀름은 오래된 것과 새것이 어우러진 도시로 정처 없이 도시를 배회하다 보면 수백 년 전에 조성된 자갈길을 걷다가도 바로 강만 건너면 세련된 신시가지가 나타난다.

750년 전의 도시, 감라스탄Gamla Stan 입구에 서면 중세 건물들의 향기가 여행자의 발길을 재촉한다. 오래된 건물들은 좁고 구불구불한 골목길을 따라 친근하게 다가서고 13세기 중세 사람들이 밟기 시작했을 닳고 닳은 바닥의 조약돌에는 사람들의 표정과 애환이 담겨 있는 듯하다.

감라스탄 지역 어느 방향에서나 보이는 왕궁은 여행자로 하여금 반드시 방문해야 한다는 의무감을 주는 곳이다. 60여 년의 오랜 공사 끝에 1754년에 완공된 왕궁은 의외로 소박하다. 스웨덴 왕실의 합리성과 검

감라스탄 시내와 시청사
왼쪽_ 750년 전의 도시 감라스탄 오른쪽_ 스톡홀름 시청사는 800만개의 붉은 벽돌과 1,900만개의 금박 모자이크를 사용해 12년만에 완성되었다.

소함을 보여주는 이곳은 스톡홀름을 찾는 국빈을 접대하는 만찬장으로 사용된다.

왕궁을 지나면 스웨덴에서 가장 오래된 대성당과 노벨 박물관 Nobelmuseet이 나타난다. 생각보다 작은 노벨 박물관은 2001년 노벨상 제정 100주년을 기념해 지은 것으로 역대 노벨상 수상자와 관련된 자료들을 전시하고 있다. 박물관에는 인류를 빛낸 수상자들의 모습을 사진과 동영상으로 다양하게 보여준다. 특히 노벨 평화상을 수상한 고 김대중 전 대통령의 옥중서한과 이희호 여사가 뜨개질해 준 털신이 전시되어 있어 뭉클함이 느껴진다.

시원한 바닷바람을 맞으며 다리를 건너면 스톡홀름 여행의 백미라고 할 시청사가 나온다. 노벨상 시상 장소로 유명한 시청은 스톡홀름 신시가지의 상징물답게 붉은 벽돌로 외벽을 화려하게 감싸고 있으며 하늘을 향해 솟아 있는 첨탑은 투박하면서 웅장하다. 북유럽 최고의 건축미를 자랑하는 시청사는 스웨덴의 유명한 건축가인 라그나르 오스트베리의 설계로 만들어졌으며 무려 약 800만 개의 붉은 벽돌과 약 1,900만 개의 금박 모자이크를 사용해 12년 만에 완성되었다.

시청사 관람의 첫 번째 하이라이트는 바다로 열려 있는 시청 광장이다. 거대한 스케일로 시원하게 바다를 향해 서 있는 광장에 서면 코발트 빛 하늘 아래 떠나간 연인, 테세우스를 기다리는 아드리아네의 진한 그리움이 느껴진다. 시청사의 두 번째 하이라이트는 시청사 내부 투어이다. 가이드 투어로만 가능한 시청사 내부 견학의 절정은 2층에 있는 황금의 방 Gyllene salen이다. 노벨상 시상식 후 축하 연회가 열리는 44m의 연회장인 이곳은 최대 700명까지 수용할 수 있다. 스웨덴의 화가 아이나르 포르세트가 설계를 하고 200여 명이 넘는 조각가들이 2년 동안 작업을 하여 만든 이곳은 1,900만 개의 금박을 입힌 유리 조각이 벽의 모자이크를 장식하고 있다. 사방 벽은 스웨덴의 역사와 건축을 보여주는 상징물들로 장식되어 있으며 정면 벽에는 멜라렌 호수의 여왕 Queen of the Lake Malaren이 그려져 있다.

플러스 α

시청사 투어는 가이드 투어로만 가능하며 입장하면 30분 간격으로 투어가 진행된다. 투어를 마치고 타워에 올라가 시내 전경을 감상할 수 있는데 인원 제한이 있어 미리 예약표를 받아 두어야 관람할 수 있다.

찾아가는 길

시청사는 스톡홀름 중앙역에서 바다 쪽으로 내려서면 바로 보이고, 감라스탄은 다리를 건너서 도보로 10분 거리에 있다.
시청사 투어 개장 시간: 09:00~15:00
노벨 박물관 개장 시간: 10:00~18:00(5월 중순~9월 중순, 화요일 10:00~20:00)
　　　　　　　　　　　11:00~20:00(9월 중순~5월 중순)

72 스톡홀름:
초호화 유람선 실자라인 Silja Line

● 　스톡홀름을 떠나 핀란드 헬싱키 Helsinki로 갈 때 많은 여행객들은 초호화 유람선 실자라인 Silja Line을 이용한다. 발틱 해에서 가장 큰 유람선 실자라인은 북유럽 여행의 필수 코스이다.

　배 안에 들어서면 배 안은 마치 거대한 호텔 리조트 같다. 길거리에 늘어선 수많은 상점들과 식당들이 호화로운 장식으로 승객들을 맞는다. 짐을 내려놓기 위해 방을 찾아 들어서면 욕실과 화장실을 겸비한 깨끗한 호텔방이 나타난다. 배 안이라고 전혀 느껴지지 않은 인테리어이다. 객실 창문의 커튼을 젖히면 한쪽으로는 바다가 보이고 한쪽으로는 면세점들이 늘어선 거리가 보여 어느 유명한 바다 도시의

| 실자라인 유람선
발틱 해에서 가장 큰 유람선이다.

쇼핑가에 있는 호텔에 들어와 있는 느낌이다.

해가 지지 않는 발틱 해를 바라보면서 풍부한 해산물 뷔페를 즐기려면 사전 예약이 필수이다. 해산물 뷔페에 들어서면 수많은 사람만큼 싱싱한 음식의 가지 수도 많다. 다양하고 담백한 빵부터 곁들여 먹는 잼과 버터, 화려한 색상을 자랑하는 신선한 샐러드와 채소가 있다. 또한 식욕을 당기는 돼지고기, 닭고기, 소고기 요리와 북유럽 스타일의 생선 요리, 해산물 요리 등 우리가 상

| 실자라인 내부

객실 창문의 커튼을 젖히면 열면 한쪽으로는 바다가 보이고 한쪽으로는 면세점들이 늘어선 거리가 보여 어느 유명한 바다 도시의 쇼핑가에 있는 호텔에 들어와 있는 느낌이다.

상할 수 있는 모든 요리들이 펼쳐져 있다. 2시간으로 제한되어 있는 뷔페 사용 시간에 무제한 제공되는 술과 음료를 먹으며 다양한 요리를 즐기다 보면 세상에 이런 호사가 어디 있을까 하는 생각이 든다.

원래 뷔페는 스웨덴에서 시작된 음식 문화이다. 바이킹들은 오랜 기간 바다를 돌아다녔기 때문에 육지에 도착하여 신선한 음식을 마음껏 먹고 싶어했다. 그래서 엄청난 양의 음식을 한번에 차려 놓고 식성대로 마음껏 갖다 먹은 것이 지금의 뷔페가 되었다고 한다.

포만감에 젖어 배에 있는 바와 상점들을 다니며 산책하다가 선상으로 나오면 북유럽에서만 볼 수 있는 광경이 펼쳐진다. 달이 배와 수평으로

| 뷔페 식당
제한된 2시간 내에 무제한 제공되는 술과 음료를 먹을 수 있다.

함께 달리고 있다. 한적하기가 이를 데 없는 선상에서 게으른 여유를 부려보기에 실자라인은 지상 최고의 장소이다.

 플러스 α

실자라인은 유레일 패스 사용이 가능해 예약비만으로 저렴하게 이용할 수 있다. 해산물 뷔페를 이용할 때는 반드시 사전 예약해야 입장이 가능하며 싱싱한 해산물은 물론 포도주를 비롯하여 다양한 음료와 술도 제한 없이 마실 수 있다. 단점이라면 2시간의 시간 제한이 있어 밤새도록 즐길 수 없다는 점이다. 하지만 걱정하지 말자. 면세점에서 맥주를 구입하여 선상으로 나가면 밤늦게까지 해가 지지 않는 최적의 장소가 여행자를 반긴다.

 찾아가는 길

스톡홀름 실자라인 선착장은 롭스텐Ropsten으로 가는 레드 라인Red Line 지하철을 타고 가데트Gardet 역에서 내려 발타햄Vartahammen 표지판을 따라 5분이 소요된다.

73 헬싱키:
템펠리아우키오 교회 Temppeliaukio Church

● 해마다 여름이 되어 습하고 더운 날이면 산소 탱크같이 상쾌하고 시원한 북유럽의 헬싱키를 떠올린다. 그곳에는 도심 한복판에서도 북유럽 특유의 싱싱한 공기로 항상 상쾌함이 넘친다.

헬싱키Helsinki에 들어서면 여러 가지 맛있는 먹거리와 볼거리가 넘친다. 신선한 북유럽의 해산물 시장을 비롯하여 원로원 광장과 우스펜스키 사원, 캄피 광장 등 활기차면서 여유로운 도시의 매력에 누구나 빠져든다. 시간적 여유가 있다면 배를 타고 3시간 거리에 있는 에스토니아Estonia의 탈린Tallin으로 가자. 구 러시아 연방에 속해 있어 숨겨져 있었던 발트 해의 이색적인 도시를 즐길 수 있다.

많은 관광지 중 헬싱키에서 여행자들의 마음을 단연 사로잡는 것은 템펠리아우키오 교회Temppeliaukio Church이다. 거대한 바위 언덕을 파내고 자연 그대로의 바위를 벽으로 사용한 교회는 밖에서 보면 마치 자그마

| 템펠리아우키오 교회
바위를 벽으로 사용한 교회는 밖에서 보면 자그마한 언덕처럼 보인다.

한 언덕처럼 보인다. 입구 옆에 철제로 만든 작은 십자가를 보지 못한다면 누구도 교회라고 알아차리지 못한다.

바위산에 세워져 '암석 교회'라고 불리는 템펠리아우키오는 1969년 티오모와 투오모 수오마라이넨 형제가 설계하였으며, 기존의 교회 건축 양식의 형태를 완전히 깬 독특한 디자인의 성당으로 바위를 파고 들어가 만들었다. 판테온 신전을 연상케 하는 내부 장식은 울퉁불퉁한 화강암 벽으로 꾸며져 있고, 지붕은 구리로 만들었다.

교회 안으로 들어서면 돔으로 이루어진 천장에서 돌 담 아래로 드리워진 기둥들 사이로 푸른빛이 쏟아지듯 내려와 교회 안 전체로 퍼지고 이는 다시 바닥에 반사되어 무한한 빛의 향연을 벌이고 있다. 자연스러우면서도 경건하고 아름다운 교회는 아무것도 과장하지 않고 그저 자연을 있는 그대로 받아들이고 있다.

교회의 매력은 구석구석에 넘친다. 먼저 입구에 있는 성수를 담는 그릇은 교회와 같이 울퉁불퉁한 돌로 만들어져 있으며 바위 벽 한편에는 간결하고 기능적인 철제 옷걸이가 자연스럽게 놓여 있고, 설교단도 나무색과 녹색으로 전체적인 조화를 유지하고 있다.

템펠리아우키오 교회의 진정한 매력은 역시 예배를 진행할 때 느낄 수 있다. 예배를 시작하자 아무것도 없는 바위 벽에 하얀 숫자가 붙기 시작한다. 무슨 암호인가 싶어 유심히 살피니 예배 중간에 읽는 성경 구절과 찬송가의 페이지를 표시하는 내용이다. 예배를 보면서 사람들은 벽의 숫자를 보며 성경을 읽고 찬송가를 부른다. 예배가 시작되어 모든 사람들이 합창을 시작되면 템프리아우키오는 세상에서 가장 성스러운 장소로 변한다. 자연의 음향 효과를 고려해서 만들어진 바위 교회는 넘쳐

| 철제 십자가 문
교회 입구에 있는 이 십자가 문을 봐야만 교회 건물이라는 것을 짐작할 수 있을 정도로 건물이 독특하다.

나는 빛 속으로 아름다운 소리가 울려퍼지면서 빛과 소리의 환상적인 조화를 보여준다.

종종 음악회장으로도 이용되는 교회는 누구나 간섭 받지 않고 자유롭게 드나들 수 있으며 모든 행동도 자유롭다. 이곳에서는 거의 매일 음악회가 열리기 때문에 현지 사람들조차 여기가 성당인지 문화 공간인지 구별이 안 된다고 한다.

 찾아가는 길

카미 버스터미널에서 도보로 7분이 소요된다. 트램 3T 카우프파코케 Kauppakokea-koulut 역에서 하차하면 된다.
개장 시간: 09:00~20:30(월~목), 09:00~18:00(금·토), 12:00~13:45, 15:30~18:00(일)
휴일: 겨울 시즌 화요일

74 크라쿠프:
비엘리츠카 Wieliczka

● 유럽에서 가장 높은 우체국은 스위스 융프라우요흐 정상에 있고, 유럽에서 가장 낮은 곳에 위치한 우체국은 크라쿠프Krakow 소금광산에 있다. 소금광산Wieliczka에 있는 우체국은 지하 125m에 있다. 세계 12대 관광지로 알려진 소금광산은 지하 80m에 형성된 자연 동굴이다. 상상을 뛰어넘는 동굴의 규모 때문에 초입에서부터 여행자들은 감탄을 쏟아낸다.

오랫동안 바다였던 이곳이 물이 증발한 후 소금만 남았고 암염이 되기까지 약 1만 5천 년의 시간이 걸렸으며 폴란드의 왕과 권력자가 소금의 가치를 알게 되면서 본격적으로 개발하였다. 국가 권력자들의 소유였던 소금광산의 운영은 오로지 믿을 수 있는 측근에게 위탁하든지 임대를 하였는데 크라쿠프의 전성기 시절에는 국가 재정의 3분의 1을 소금 무역에서 얻을 정도였다.

소금광산을 관람하려면 반드시 가이드의 안내에 따라야 하며 2시간쯤 소요된다. 투어에서 볼 수 있는 것이 전체의 5%에도 지나지 않는다고 하니 그 규모가 얼마나 큰지 상상할 수가 없을 정도이다. 투어가 시작되면 가이드를 따라 처음 378개의 나무 계단을 내려가 지하 64m인 1단계 지점에 도착한다. 여기서부터 약 3km를 걸어 28개의 방을 이동하는 소금광산 투어가 시작된다.

　투어 중 가장 눈에 띄는 5번 전설의 방에는 소금광산의 수호 성인 킹카 공주에 대한 이야기를 조각해 놓았다. 폴란드의 왕자 볼레수와프 브스티들라와 결혼한 헝가리 킹카 공주는 폴란드에는 소금이 없는 것을 알고 결혼 지참 명목으로 마르마로시 소금광산의 일부를 받았다. 특별한 능력을 가진 킹카 공주는 마르마로시 광산에 가서 주문을 외우며 자신의 약혼반지를 광산 속에 던졌다. 얼마 후 크라쿠프로 가던 도중 비엘리츠카에 이르자 행렬을 멈추고 우물을 파라고 명하자 수십 개의 소금 덩어리가 나왔고, 그 속에서 공주의 반지가 발견되었다고 한다. 그 후 그녀는 소금광산의 수호 성인이 되었고 왕실의 소금 채굴 독점권을 획득하는 데 많은 기여를 하였다. 지금도 그녀의 이름을 붙인 각종 소금 제품이 인기리에 판매되고 있다.

| 소금광산
광산은 지하 327m 지점 9단계까지 있다. 일반 관광객들이 둘러보는 곳은 3단계 지하 135m지점까지이다.

| 소금광산 지하의 성당
약 2만 톤의 소금을 파낸 공간에 만들었으며 지상에서 101m 아래에 있다.

"신의 영광!(God Bless You)"

소금광산 인부들이 서로 지나칠 때 쓰던 인사말이다. 언제 죽을지 모르는 위험 속에서 일하던 그들은 강한 신앙심을 가지게 되었는데 지하 110m에 있는 성 킹카 성당은 그 결정체라 할 수 있다. 마지막 전시실에 들어서는 순간 발아래 있는 웅장한 모습의 성당을 한눈에 볼 수 있다. 19세기 말에서 20세기 중반까지 지은 성당은 바닥과 천장 그리고 벽에 있는 조각 등 모든 것들이 수작업을 통해 소금으로 만들어진 걸작이다. 길이 54m, 폭은 평균 17m, 높이는 10~12m인 성당은 약 2만 톤의 소금을 파낸 공간에 만들었으며 지상에서 101m 아래에 있다. 반투명한 소금으로 만든 주제 단과 그 안에 있는 성녀 킹카가 눈에 띄며, 1935년 안톤 비로데크가 만든 '최후의 만찬'이 압도적이다. 현재 이곳은 결혼식과 음악 연주회장으로 이용되며 1978년 유네스코 최초로 자연 및 문화유산에 선정되었다.

  소금광산은 지하 327m 지점 9단계까지 있다. 일반 관광객들이 둘러보는 곳은 3단계 지하 135m지점까지이다. 마지막 지하 우체국에서 엽서를 부치고 나면 지상으로 올라가는 엘리베이터를 타야 한다. 엘리베이트는 한치 앞도 보이지 않는 칠흑 같은 어둠속을 빨려가듯 올라가는데 마치 지옥행 열차를 탄 듯한 으스스한 기분을 맛보게 한다.

| **최후의 만찬**
1935년 안톤 비로데크의 작품이다.

 플러스 α

  소금광산의 식당은 비싸고 혼잡하다. 소금광산에서 도보로 15분 정도 떨어진 작은 마을로 가면 케밥, 스테이크, 스파게티 등 여러 가지 음식을 파는 저렴한 식당들과 슈퍼가 있다. 여기에서 식사를 하고 버스를 타고 다시 크라쿠프로 돌아오면 효과적이다.

 찾아가는 길

중앙역 앞 갤러리아 백화점 맞은 편 쿠미키|Kumiki| 거리 버스 정류소에서 304번 버스를 타면 된다. 버스는 평일 기준 1시간에 4편이 있다. 시간은 40분 정도 소요된다.

75 체스키:
체스키 크룸로프 Cesky Krumrov

● 골목마다 로코코풍의 밝은 색을 가진 집들이 도열하고 도시 한 가운데로 블타바 강이 S자형으로 흐른다. 도시 중앙에 솟아 있는 히랄다 탑과 체스키 Český 성은 푸른 하늘과 골목을 하나로 이어준다. 보헤미안 지역의 낭만이 가득 흐르는 이곳에 있으면 일상이 동화가 된다.

1992년 유네스코가 세계 문화유산으로 지정한 체스키 크룸로프 Klumlov 는 성 안으로 들어서면 바로 동심으로 돌아간다. 이 골목 저 골목 발길 닿는 대로 움직이다 보면 마을 곳곳이 자아내는 동화 같은 분위기에 여행객 누구나 어린 시절 순수한 마음으로 돌아간다. 체스키의 모든 골목길은 마을 중앙에 있는 크룸로프 성으로 이어진다. 체코에서 프라하 Prague 성 다음으로 큰 성인 체스키 성은 13세기 비트코백 백작이 블타바 Vltava 강이 내려다보이는 돌산 위에 건립한 성이다. 성 안에는 영주가 거주하던 궁전과 예배당, 바로크식 극장 등이 있으며, 각각의 건물들은

| 크룸로프 시가
붉은 기와지붕들 사이로 블타바 강이 흐르고 눈부신 하늘 아래 교회와 광장이 서로 만난 풍경은 보는 이로 하여금 마치 동화 속에 빨려 들어와 있는 듯한 감동을 느끼게 한다.

정원으로 연결되어 있다. 성 안을 관람하려면 가이드 투어를 신청해야 한다.

성 안을 구경하지 않을 여행자라면 따로 입장권을 구입해서 히랄다 탑에 올라 보자. 탑 안에 있는 162개의 계단을 오르면 체스키 크룸로프의 놀라운 전경이 한눈에 펼쳐진다. 붉은 기와지붕들 사이로 시원하면서 깨끗한 블타바 강이 흐르고 눈부신 하늘 아래 뾰족이 솟은 교회와 광장이 서로 만난 풍경은 보는 이로 하여금 마치 동화 속에 빨려 들어와 있

는 듯한 감동을 느끼게 한다.

  탑을 내려와 대영주였던 루돌프 2세와 이발사의 딸의 비극적인 사랑이 전해져 오는 이발사의 다리 쪽으로 가 보자. 성의 영주 루돌프 2세는 이발사의 딸을 보고 반해 결혼하지만 얼마 후 그녀는 누군가에게 목이 졸린 채 발견된다. 광기에 사로잡힌 루돌프 2세는 아내를 죽인 범인이 잡힐 때까지 마을 사람들을 한 명씩 죽이기 시작한다. 이 끔찍한 학살을 보다 못한 이발사는 딸을 죽인 범인이 자신이라며 거짓 고백을 하기에 이르고 영주는 그제야 학살을 멈춘다. 그 후 이발사를 추모하여 세운 다리가 바로 이발사의 다리인 라제브니키 다리이다.

  다리에서 골목을 빠져나가면 1715년 페스트의 종식을 기념하여 만든 스보르노스티 광장Náměstí Svornosti과 클림트의 영향을 받은 에곤 실레 미술관이 나온다. 에곤 실레는 오스트리아 출신이다. 1911년에 빈에서 자신의 누드 그림이 충격적이라고 비판을 받게 되자, 자신의 여자 모델 발리와 어머니의 고향인 이곳에 머물렀기 때문이다.

  여름에 이곳을 찾게 된다면 마을을 가로지르는 블타바 강에서 래프팅을 즐기는 것도 멋진 경험이 될 것이다. 물살이 센 편은 아니지만 15km의 강을 타고 일정 속도로 내려가는 래프팅은 상쾌하고 여유롭다.

 **플러스 α**

체스키 크룸로프의 스테이크는 유럽 최고의 맛을 자랑한다. 구시가 광장에서 이발사의 다리로 가다 보면 오른쪽에 파파스Papas 식당이 있다. 강이 보이는 시원한 야외 테라스에서 저렴한 가격에 맛있는 스테이크를 즐기다 보면 어느덧 체스키는 마치 고향같이 편안해진다.

 찾아가는 길

프라하에서 열차로 4시간, 버스로 3시간이 소요된다. 프라하에서 오전 9시 11분 기차를 이용하면 12시에 체스키 부데요비치Ceske Budejovice에 도착하며, 갈아타면 체스키 크룸로프에 13시에 도착한다. 이보다 이른 아침 7시 23분 기차를 이용하면 체스키 크룸로프에 11시에 도착한다. 기차는 시간이 많이 걸리고 하루에 몇 편 없으니 버스를 이용하는 것이 편리하다. 버스는 지하철 프로렌스 역에 있는 시외버스 정류장에서 출발하며 당일로 체스키를 다녀올 여행자라면 아침 8시 버스를 이용하는 것이 좋다. 다음 버스는 10시 출발이라 당일 여행하기에는 시간이 촉박하다. 버스는 여름 성수기에는 미리 예약하는 것이 좋으며 3시간 30분 정도 소요된다. 오스트리아에서 출발할 때는 잘츠부르크Salzburg에서 체스키로 들어가 여행을 하고 프라하로 가는 것이 효과적이다.

76 프라하:
프라하에서 만찬 즐기기

● 프라하Prague에 가면 여행자는 행복해진다. 서유럽에서는 비싼 물가 때문에 제대로 못 먹다가 저렴한 동유럽으로 들어서면 갑자기 부자가 된 듯한 기분으로 그동안 미루어 왔던 먹거리를 해결한다. 프라하의 실제 물가는 우리나라와 비슷한데 물가가 비싼 서유럽을 여행하다가 동유럽 지역 프라하에 들어서니 상대적으로 싸게 느껴지는 것이다.

사전 정보가 없으면 막상 맛있는 체코 전통 음식을 먹으려면 막막하다. 조심해야 할 것은 구시가 중심의 식당은 피해야 한다. 식당 밖에 있는 메뉴판을 보고 들어가 식사를 한 후 마지막 나오는 계산서를 보면 깜짝 놀랄 수 있다. 테이블 수수료는 물론이고, 연주 음악을 들었다고 연주 감상 요금까지 바가지를 씌운다.

여행자가 가기 편한 시내에 있는 추천 식당은 우베보두U Vejvodu이다. 체코 전통 식당이면서 가격이 저렴하고 맛있어 프라하 현지인들도 즐겨 찾는 식당이다.

입구에 있는 바를 지나 계단을 내려가면 밝고 아늑한 공간의 식당이 나온다. 체코 전통 음식이면서 우리 입맛에 맞는 콜레노Koleno는 훈제 돼지 족발로 느끼하지 않고 쫄깃한 맛

| 콜레노
훈제 돼지 족발 요리로 1인분이 1kg으로 두 사람이 먹어도 부족하지 않다.

이 일품이다. 1인분이 1kg으로, 2명이 하나만 주문해도 양이 부족하지 않다. 메뉴판 중간쯤에 콜레노가 써 있는데 못 찾을 때는 종업원에게 물어보면 된다.

4~6명이 함께 가면 돼지고기와 닭고기, 족발 등 여러 가지 고기와 소시지가 같이 있는 모듬 요리도 좋다. 음식은 여러 가지 소스와 함께 제공되는데 소스를 추가하면 별도의 요금을 내야 하니 유의하자. 또한 음식이 나오기 전에 식탁 위에 있는 둥그런 과자와 식빵은 안 먹어도 요금으로 청구되니 부담 없이 즐기자.

콜레노와 찰떡 궁합인 체코 전통 맥주인 필스너 우르켈Pilsner Urquell을 곁들이면 식감은 더욱 풍부해진다. 필스너는 하면 맥주로 시원하면서도 목에 감기는 맛이 일품인 체코의 술이다. 취향에 따라 흑맥주 코젤Kosel을 선호하는 사람도 많다. 첫맛은 달콤하면서 목 끝까지 시원한 맛이 느껴져 지친 여행자에게 인기가 많다.

U Vejvodu 식당 추천 메뉴

1) Koleno(Knee of pork baked with dark beer, mustard, horse-radish)

   족발 요리로 겨자 소스와 달콤한 소스 등 4가지 소스와 함께 제공된다.

2) Lettuce salad with turkey medallions "Kentucky" and sweet-sour sauce

   달콤한 소스 요리가 있는 칠면조 샐러드 요리이다.

플러스 α

식사를 마친 후 계산서를 받아 들면 추가 요금 Couvert이 붙어 있다. 식사 전에 먹은 과자와 빵 요금이다. 팁을 제외한 테이블 수수료 등 음식 값 외에 20% 정도의 추가 비가 청구된다. 하지만 음식 자체가 워낙 저렴해 부담스러운 가격은 아니다. 계산을 하고 전체 금액의 10%를 종업원에게 직접 주면 된다. 주의할 것은 주문이나 추가 시 종업원을 재촉하면 안 된다. 기다리는 것이 매너이며, 재촉할수록 종업원이 불친절해짐을 유의하자. 프라하를 만끽하면서 다양한 음식을 체험하고 싶은 사람을 위해 체코 식당을 소개한다.

MARINA 식당

드보르작 홀이라 불리는 루돌피눔에 앞에 있는 강가의 고급 선박 식당으로 프라하 성과 카를교를 한눈에 보며 다양하고 맛있는 음식을 즐길 수 있다. 2층 건물로 1층은 스테이크 등 고기를 주문해야 입장 가능하며, 2층은 스파게티 등 저렴한 음식이 많다.

U Kalicha 식당

지하철 C선 이페 파블로바I. P. Pavlova 역에서 3분 거리에 있는 프라하 선술집으로 체코 민요를 라이브로 연주한다. 체코가 낳은 위대한 작가 하섹의 반전 소설 〈착한 병사 슈베이크의 모험〉의 배경이 된 선술집이다. 다양한 체코 요리와 감자전을 안주 삼아 마시는 하우스 흑맥주가 일품이다. 원래 작가들이 많이 오는 곳이었으나 개방 이후 관광객들이 몰려와 술값이 조금 비싼 편이다. 하벨 대통령, 유럽 나토 사령관 등 정치가들이 다녀갔다. 주소 : Na bolist 12-14

 찾아가는 길

우베보두 식당
구시가 광장 천문시계 탑에서 카를교 방향으로 내려오면 스와로브스키 매장이 보인다. 골목으로 들어와 매장을 등지고 10분 정도 걸어가면 식당이 나온다.

77 프라하:
바츨라프 광장 Vaclavske Namesti

● 프라하 여행의 첫 출발지인 바츨라프 광장 Václavské Náměstí은 체코 역사의 중심지이다. 1918년에 군중들이 모여들어 체코 공화국 설립을 경축한 곳도, 1939년 3월 공포에 휩싸인 군중이 프라하를 함락한 나치 군대를 맞은 곳도 바츨라프 광장이다. 1968년 민주화 운동인 '프라하의 봄'이 소련 군대에 무참히 밟힌 곳도, 1989년 벨벳 혁명으로 공산 정권이 무너졌던 곳도 이곳이다.

바츨라프 광장에는 영욕의 역사 흔적이 남아 있다. 체코 대학생이 소련 압제에 대항하여 분신자살한 곳은 국립박물관 바로 앞에 십자가 형태로 새겨져 있으며 그들을 기리는 비석 역시 바츨라프 광장 중앙에 세워져 있다. 현재 국립박물관의 부속 건물이 된 자유의 방송 라디오 프리 유럽 본사가 국립박물관 옆에 있다. 소련 비밀경찰 KGB의 본부였던 이 건물은 하벨 대통령이 취임하고 나서 당시 미국 클린턴 대통령에게 1달

| 루체르나 빌딩
루체르나 빌딩 내부에 있는 말이 거꾸로 뒤집힌 기마상이 있다. 사람들은 기마상을 보고 공산주의에서 자본주의로 세상이 완전히 거꾸로 뒤집어졌다는 것을 상징한다고 이야기한다.

러에 임대했다고 전해진다.

바츨라프 광장의 하이라이트는 체코가 공산주의 체제일 때 쇼핑몰이자 영화관이 있었던 루체르나Luzerna 빌딩이다. 바츨라프 광장에 있는 스타벅스에서 골목 안쪽으로 보면 이 건물이 보인다. 당시의 모습을 그대로 보존하고 있는 루체르나 빌딩은 아직도 영화를 상영하고 있으며 많은 사람이 옛날 식당에서 식사를 하고 커피를 마신다. 여행자들이 루체르나를 방문하면 건물 중앙에 있는 거꾸로 달린 바츨라프 기마상을 보고 신기해한다. 길게 혀를 내밀고 거꾸로 매달린 말을 타고 있는 이 조각상은 다비트 체르니의 〈말〉이라는 작품이다. 많은 사람들이 이 작품을 보고 공산주의에서 자본주의로 세상이 완전히 거꾸로 뒤집어졌다는 것을 상징한다고 이야기하지만, 체르니는 직접 그 의도를 설명한 적이 없다. 보는 사람 마음대로 상상하게 만드는 작품이다. 그의 조각은 여기뿐만 아니라 프라하 방송국 탑 등 프라하 시내 곳곳에 있다.

바츨라프 광장으로 나와 조금 내려오면 막스 앤 스펜스Mars & Spance 간판이 있는 멜란트리흐 빌딩Melanctrich Building이 보인다. 이곳 3층에 있는 난간에서 1989년 퇴임하던 공산당 서기장 알렉산드 두브체크와 새로 취임하는 민중 대통령 하벨이 수천 명의 국민 앞에서 포옹하며 공산 정권의 막을 내렸다.

멜란트리흐 빌딩 맞은편으로 바츨라프에서 가장 아름다운 건물 그랜드 호텔이 있고 여기서 조금 내려오면 바츨라프 광장 끝에 왕관 문양을 한 크로나 빌딩이 있다. 크로나 빌딩을 돌아가면 맥도널드와 공산주의 박물관이 나타난다. 자본주의 최첨병 맥도널드와 공산주의 박물관이 공존하는 이 건물은 프라하의 과거와 현재를 상징하고 있다.

밀란 쿤테라의 〈참을 수 없는 존재의 가벼움〉은 바츨라프 광장과 프라하의 봄을 배경으로 쓴 소설이다. 체코 출신의 작가 밀란 쿤테라는

| 바츨라프 광장
1918년에 군중들이 모여들어 체코 공화국 설립을 경축한 곳도, 1939년 3월 공포에 휩싸인 군중이 프라하를 함락한 나치 군대를 맞은 곳도 바츨라프 광장이다.

1929년 체코에서 태어났으며, 1963년부터 인간의 얼굴을 가진 사회주의 운동을 주도하다가 프라하의 봄이 소련군의 점령으로 좌절되자 시민권을 박탈당해 프랑스로 망명하였다. 그는 이 소설을 통해 삶의 무거움과 가벼움의 대비 속에서 갈등하지만 행복한 인간의 모습을 보여준다.

무겁지도 가볍지도 않은 프라하는 여행자들에게 다양한 모습으로 혼란스럽지만 그 속에서 순박한 행복을 가져다준다.

플러스 α

프라하에서 꼭 먹어야 하는 길거리 음식은 소시지이다. 바츨라프 광장 곳곳에 있는 간이식당에서 빵과 함께 제공하는 소시지를 맛보자. 길거리 음식이라고 맛을 만만하게 보아서는 안 된다. 가격은 45~65kr으로 저렴하면서도 맛있다.

찾아가는 길

지하철 A선과 C선이 만나는 뮤제움Museum 역에서 하차하면 길 중앙에 기마상이 보인다. 기마상 뒤로 있는 것이 국립 중앙박물관이며, 그 정면으로 뻗어 있는 것이 바츨라프 광장이다.

78 프라하:
천문시계탑

● 프라하를 찾은 여행자의 첫 환호는 구시가로 진입하여 옛 시청사에 있는 천문시계탑을 보는 순간이다. 높이 30m의 고색창연한 천문 시계탑은 1410년에 만들어져 1490년에 개조되었다. 시계는 상하단으로 나누어져 있으며 상단은 '칼렌타륨'이라 하여 해와 달과 천체의 모습을 묘사한 것으로 하루에 한 바퀴를 돌며 연, 월, 일, 시간을 나타내며 하단은 '플라네타륨'으로 12개의 계절별 장면을 묘사한 것으로 보헤미안의 농경 생활을 보여준다.

칼렌타륨 주위로 네 개의 인형이 있다. 왼쪽에 거울을 든 인형은 '허영', 돈주머니를 든 인형은 '탐욕'을 상징하고, 오른쪽에는 죽음을 의미하는 해골 인형과 즐거움을 상징하는 악기를 든 인형이 있다. 매시간 정시가 되면 모래시계를 들고 있는 죽음의 사자 해골 인형이 줄을 잡아당긴다. 그러면 시계 위의 문이 열리고 예수의 12제자가 2명씩 차례로 나

| 천문시계탑
상단은 '칼렌타륨'이라 하여 해와 달과 천체의 모습을 묘사한 것으로 하루에 한 바퀴를 돌며 연, 월, 일, 시간을 나타내며 하단은 '플라네타륨'으로 12개의 계절별 장면을 묘사한 것으로 보헤미안의 농경 생활을 보여준다.

타난다. 천국의 열쇠를 든 베드로와 칼과 책을 든 사도 바울이 처음으로 등장하고 예수를 판 유다와 야고보가 이어서 등장한다. 계속해서 요한과 바나바 등이 등장한다. 마지막으로 베드로의 금 닭이 울면 모든 퍼포먼스는 마무리된다.

성경에서 예수가 죽기 전 새벽닭이 울기 전에 첫째 제자인 베드로가 예수를 세 번 부인한다는 상징을 담고 있어 마지막에 금 닭이 등장하는 것이다.

위에서 12제자가 차례로 나타나는 동안 상단의 세 인형은 고개를 좌우로 흔들고 있다. 죽음의 사자가 어차피 인간은 죽으니 죽음으로 갈 준비를 하라고 재촉하는데 나머지 세 인형은 "아니야, 아니야." 하면서 고개를 흔든다. 돈과 허영 그리고 즐거움이 있는 좋은 세상을 두고 죽기 싫다고 한다. 천문시계탑은 매시마다 언제 올지 모르는 죽음을 믿음 안에서 대비하라는 메시지를 주고 있다.

시계 하단인 플라네타륨은 황금색 원으로 요셉 마네스가 그린 달력 그림이 있고, 달력 좌우에는 왼쪽부터 책과 펜을 든 연대기 기록자, 창과 방패를 든 천사, 망원경을 든 탐험가, 책을 펼쳐 든 천문학자 등 네 개의 인형이 있다. 인형들은 당시 프라하에서 존경받는 인물들을 상징한다. 플라네타륨 원판은 12달 365일을 상징하는 것으로 원을 따라 보헤미아 농부들의 계절에 따른 농사 짓는 모습을 12기로 나누어 나타내고 있다. 중앙에는 12궁도의 별자리와 프라하 시를 상징하는 문장이 그려져 있다.

과학적이고 아름다운 이 천문시계는 누가 만들었을까? 1410년 시계공 카단 미쿨라쉬와 얀 온드레유브가 가장 먼저 시계와 천문 판을 만들었다. 1490년경에는 달력이 추가되었으며, 시계 전면부가 조각들로 장식되었다. 1552년 시계장인 얀 타보르스키가 수리를 했으며 그가 하누슈를 시계 제작인으로 언급한 문서를 남김으로써 한동안 하누슈가 천문시계탑을 만든 것으로 알려졌었다.

하누슈에 대한 전설은 다음과 같다.

| 구시가 광장
시청사 앞에 있는 구시가 광장에서는 벼룩시장이 열리곤 한다.

프라하 시계탑을 본 각국의 왕들은 시계가 너무 아름다워 자신의 나라에도 시계탑을 만들어 달라고 하누슈에게 부탁하자, 프라하 시 의원들은 이렇게 훌륭한 걸작이 다른 곳에 만들어지는 것을 우려해 하누슈의 눈을 멀게 했다. 복수를 결심한 하누슈는 조수의 도움으로 시계탑에 올라가 어느 누구도 수리할 수 없을 정도로 시계를 부수고 저주를 내렸다. 그 후 시계를 고치려고 시계탑에 오른 사람은 죽거나 미쳐 버리곤 했는데, 최근에 와서 저주가 풀려 시계탑이 정상 작동된다고 한다.

수세기 후 이 전설은 공산주의 치하에서 창의성을 잃어버린 체코 문화계에 대한 은유로 재사용되었다고 한다.

플러스 α

구시가 광장에서 시청을 바라보며 오른쪽으로 난 길이 프라하 최고의 명품 거리이다. 구시가 광장에서 명품 거리를 바라보면 그 끝으로 언덕이 보이고 언덕 위로 움직이는 거대한 메트로놈이 보인다. 이곳은 체코가 소련 치하에 있을 때 거대한 스탈린 동상이 있던 곳으로 동상을 철거하고 메트로놈을 설치하였다. 그 아래로 자본주의 상징인 구찌, 루이비통 등 명품 가게들이 줄지어 있다는 사실에 역사적인 아이러니가 느껴진다.

찾아가는 길

바츨라프 광장에서 국립박물관을 등지고 내려가면 벼룩시장이 나온다. 벼룩시장을 지나서 골목길로 10분 정도 내려가면 스타벅스가 나오고, 스타벅스를 지나면 천문시계탑이 있는 **구시가 광장**이다.

79 프라하:
카를 교 Charles Bridge 와
프라하 Prazsky Hrad 성 야경

● 체코 프라하Prague는 모든 유럽 여행자들이 꼭 가보고 싶어하는 여행지이다. 동유럽의 진주라고 불리는 이곳에는 아직도 고색창연한 광장과 교회 그리고 거리들이 중세의 빛을 그대로 머금고 있으며 천문시계탑과 틴 성당 그리고 골즈킨스키 궁전으로 둘러싸인 구시가 광장에 들어서면 어느새 전설 속 마을에 와 있는 착각을 불러일으킨다. 이와 함께 프라하 여행자에게 최고의 감동을 선사하는 곳은 카를 교Karlův Most와 프라하 성Prazsky Hrad 야경이다.

차가 다니지 않는 카를 교는 많은 관광객들로 언제나 활기가 넘친다. 다리 곳곳에는 거리의 악사들이 경쾌한 선율로 여행자의 발걸음을 붙잡고, 거리의 화가들은 여행자들의 초상화를 그리기 위해 분주하다. 여행자의 다리처럼 되어 버린 카를 교는 12세기 중엽에 건설된 다리로 처음에는 목조 다리였다가 석교로 대체되었으나 홍수로 붕괴되었다.

Czech

| 카를 교 야경
18세기 바로크 시대에 만들어진 30여 개의 조각상들이 다리를 장식하고 있으며, 516m의 길이에 두 개의 교탑과 16개의 기둥이 세워져 있다.

　　1357년 카를 4세는 어떠한 물살에도 붕괴되지 않는 다리를 재건하라고 명하였다. 1402년 건축가인 피터 팔레지가 왕의 명령에 따라 카를 교를 짓기 시작하는데 꿈에서 신을 만난다. 신은 어떠한 일이 있어도 무너지지 않는 다리를 만드는 비법을 알려줄 테니 다리가 완공된 후 제일 먼저 건너는 사람의 목숨을 가져가겠다고 제안한다. 이때 피터 팔레지는 자신이 키우는 개가 제일 처음 다리를 건너게 해야겠다고 생각하고 제안을 받아들인다. 신은 다리를 지을 때 돌에다 계란 노른자를 묻혀서 지으라고 한다. 피터 팔레지는 신의 비법에 따라 다리 석판에다 계란 노른자를 묻혀 다리를 완공한다. 개교식 아침에 팔레지가 기르던 개를 다리 위로 보내려는 순간, 반대편에서 자신의 아내가 다리 완성을 환영하기 위해 걸어오는 것이 아닌가. 팔레지의 부인은 그로 인해 죽고 아직도 카를 교를 받치는 기둥에는 계란 노른자가 묻어 나온다고 한다.

516m의 길이에 두 개의 교탑과 16개의 기둥이 있는 카를 교는 18세기 바로크 시대에 만들어진 30여 개의 조각상이 다리를 장식하고 있다. 다리 입구에 있는 교탑은 적이 쳐들어오면 방어문의 역할을 하는 곳으로 평소에는 지나가는 상인들에게 통과세를 거두는 곳으로 이용되었다. 교탑에 오르면 카를 교의 전경이 한눈에 들어온다.

교탑에서 내려와 다리 위를 걸으면 오른쪽 중앙에 머리에 다섯 개의 별로 둘러싸인 네포무크Sanctus Ioannes Nepomucenus 동상이 있다. 얀 네포무크는 남부 보헤미아 필젠 근처에서 태어나 당시 왕인 바츨라프 4세의 사제가 된다. 바츨라프 4세에게는 소피아라는 부인이 있었는데 그녀가 바람을 피우고 죄책감에 네포무크에게 고해성사를 한다. 우연히 이 장면을 보게 된 왕이 네포무크에게 고해성사 내용을 말하라고 명령하지만 네포무크는 하느님과의 약속이 더욱 중요하다고 하여 거절한다. 격분한 왕은 네포무크를 카를 교로 데려가 강으로 떨어뜨려 죽인다. 1323년 3월 20일에 일어난 실화이다. 다음 날 네포무크가 죽은 강에서 다섯 개의 빛줄기

| 네포무크 동상

| 카를 교
항상 인파로 붐빌 정도 인기 여행지이다.

| 프라하 성 야경
강 건너편에서 바라본 프라하 성은 마치 중세 시대로 시간 이동을 한 듯이 아름다운 모습을 연출한다.

가 떠올라 강을 조사하니 네포무크의 시신이 나왔다고 한다. 지금 현재 네포무크의 시신은 프라하 성 내에 있는 성비타 성당에 안치되어 있다.

카를 교에 있는 네포무크 동상 아랫부분을 자세히 살펴보면 네포무크가 왕비 소피아에게 고해성사를 받는 장면과 카를 교에 빠져죽은 장면을 그린 두 개의 동판화가 있다. 동판화 속에 있는 네포무크를 왼손으로 만지며 소원을 빌면 소원이 이루어진다고 하여 많은 관광객들이 줄을 서서 기다린다.

네포무크 동상을 지나면 네포무크가 죽임을 당한 장소가 나온다. 지금은 이 장소에 네포무크가 빠져 있는 모습을 그린 동판 조각과 다섯 개의 별 모양 동판이 새겨져 있다. 여기에 손가락 다섯 개를 대고 소원을 빌면 역시 소원이 이루어진다고 한다.

카를 교의 아름다움을 제대로 감상하기 위해서는 밤에 방문해야 한다. 유럽에서 가장 아름다운 야경이 카를 교에서 바라보는 프라하 성의 야경이기 때문이다.

구시가를 이리저리 헤매다가 날이 어두워지고 다시 카를 교로 향하면 그 화려한 모습에 말문이 막힐 정도이다. 사람들은 조금이라도 빨리 프라하 야경을 보기 위해 뛰어간다. 수많은 불빛들이 무대 위의 주인공처럼 프라하 성을 비추고 그 불빛들이 다시 강물을 비추며 낭만적이고 환상적인 분위기를 자아낸다.

플러스 α

카를 교에는 항상 사람이 북적여 사진을 찍기에 좋지 않다. 트램을 타려면 카를 교를 나와 오른쪽으로 20m 정도 걸어서 정류장으로 가야 하는데, 이곳에서 사진을 찍으면 카를 교와 프라하 성이 함께 나오는 걸작을 찍을 수 있다. 제대로 된 야경을 카메라에 담고 싶다면 반드시 삼각대를 가져가야 한다.

찾아가는 길

구시가 광장에서 천문시계탑을 보고 오른쪽으로 내려가면 스와로브스키 매장이 있는 골목길이 보인다. 이 길을 따라 사람들이 북적이는 골목들을 내려가면 카를 교가 나온다. 만약 지하철로 간다면 A선 스타로메스 Staromestska역에서 내려 강쪽으로 나와 강변길로 걸어서 10분이 소요된다.

80 프라하: 카프카 Franz Kafka

● 　체코 프라하에 가면 어디서나 카프카를 만날 수 있다. 구시가지의 시청사를 지나면 옛날 교수대가 있었던 우카타U KATA 앞에 카프카의 생가가 있다. 4층으로 된 생가에는 카프카의 얼굴을 새긴 동상만이 붙어있고 박물관은 보이지 않는다. 다만 1층 건물에 프란츠 카프카Franz Kafka의 이름을 내걸고 영업을 하는 카페가 있다. 부유한 유대인 상인 아들로 태어난 카프카는 여기서 태어나고 자랐다.

　프란츠 카프카의 박물관은 구시가에서 카를 교를 건너 오른쪽 밑으로 내려가면 나타난다. 박물관 정원에는 오줌 누는 사람을 생동감 있게 보여주는 다비트 체르니David Cerny의 조각상과 카프카의 이름 앞자인 K를 새긴 큰 설치물이 놓여 있다. 특히 입체적으로 움직이며 여기저기 오줌을 누는 체르니의 작품은 사람들을 웃게 만든다. 박물관 안으로 들어가면 그가 생전에 남긴 원고와 작품 그리고 사진들이 전시되어 있다. 카프카 박물관은 친절하게도 한글로 된 안내 책자를 만들어 우리 여행자들의 박물관 감상에 큰 도움을 준다. 한글 안내 책자는 박물관을 나올 때 반납해야 한다.

마지막으로 카프카의 발자취가 남겨져 있는 곳은 프라하 성이다.

프라하 성에 입장하여 성 이지 교회를 지나면 황금 소로가 나타난다. 원래 이곳은 성을 지키는 사병들이 살았던 곳으로 16세기 후반 금은 세공사들이 살기 시작하면서 황금 소로라 불렸다. 이곳 22번지에 있는 파란 집에서 카프카는 1916년 11월에서 다음 해 5월까지 〈성〉을 집필하여 완성하였다.

실존주의 문학가 카프카는 〈성〉 이외에 그의 대표작으로 〈변신〉, 〈심판〉 등을 남겼으며 폐결핵으로 41세에 생을 마쳤다. 그의 작품 〈변신〉에서 주인공 그레고리는 별다른 취미 없이 가족을 위해서 평생 헌신하며 살아가는 남자인데, 어느 날 눈을 떠 보니 거대한 벌레로 변해 있었다. 그는 벌레가 되면서 그토록 헌신한 가족들에게 버림을 받는다.

또한 자기가 없어도 잘 살아가는 모습을 보면서 '나는 왜 그렇게 가족들을 위해 아등바등 살았을까? 나는 왜 진작 내가 하고 싶지 않은 일을 그만두지 않았을까? 나는 지금까지 무엇을 위해 살아왔나?'하고 자문한다. 소설 마지막에 그레고리는 가족들에게 버림받고 아무도 지켜보지 않

| 카프카 박물관
K자 철제 설치물은 카프카를 상징하고, 정원의 오줌 누는 사람 동상은 다비트 체르니의 작품이다.

| 황금 소로
카프카는 1916년 11월에서 다음 해 5월까지 이곳 22번지에서 〈성〉을 집필하여 완성하였다.

는 가운데 자신의 무능과 불안을 탓하며 서서히 죽어가면서도 감동과 사랑으로 가족을 회상한다. 그렇지만 그레고리의 가족들은 그가 죽자, 그동안 마음 고생하던 것을 털어 버리고 가벼운 마음으로 소풍을 떠난다는 쓸쓸한 이야기이다.

 찾아가는 길

카프카 박물관은 구시가에서 카를 교를 건너 오른쪽 밑으로 내려가면 있다.

81 프라하
현대 미술관

- 세계적인 여행 정보 책자 론니 플래닛 프라하 편은 프라하에서 오랜 세월 동안 가이드를 한두 명의 저자가 쓴 책이다. 이 책에서 프라하에 가면 반드시 해 보아야 할 하이라이트 세 가지로, 새벽안개가 내린 카를 교 감상하기, 레트나 언덕 여름 정원에서 프라하 맥주 맛보기, 현대 미술관 벨레트르주니 궁전 감상하기를 추천한다.

새벽안개 싸인 카를 교 감상하기

- 새벽안개에 싸인 카를 교^{Karlův Most}는 문학과 예술을 모르는 일반인이라도 왠지 시 한 수, 노래 한 곡, 소설 한 줄이라도 쓸 수 있을 듯한 감상에 빠뜨린다.

새벽안개에 휩싸인 환상적인 카를 교를 감상하기 위해 카를 교에서 가까운 곳에 숙소를 잡아 두고, 삼 일 내내 새벽잠을 설치며 카를 교를 방문했지만 실패했다는 여행자도 있다. 새벽안개에 싸인 카를 교를 감상하고 싶다면 비가 많이 오는 겨울에 가야 볼 수 있는 확률이 높다.

레트나 언덕 여름 정원에서 맥주 마시기

● 레트나 Letenský 공원은 프라하 성 동쪽에 있는 언덕이다. 우거진 숲으로 시원한 공기에 전망이 뛰어난 곳이다. 언덕 위 정원에 두 군데 비어가든이 있으니 들어가서 맥주 한 잔을 마시며 잠시 여행의 피로를 잊고 여유로운 시간을 보내는 것도 좋을 것이다. 다만 지나친 기대는 하지 않는 것이 좋다. 소박하고 편안한 휴식의 시간을 갖는 데 의미를 둔다면 충분할 것이다.

현대 미술관 감상

● 마지막 희망을 가지고 찾은 곳은 현대 미술관 벨레트르주니 궁전 Veletrzni Palac 이다. 외관상으로는 아주 밋밋한 콘크리트 빌딩이지만 안으로 들어서면 현대적인 장식과 다양한 작품에 압도당한다. 특히 3층 유럽 작품관에는 밀레, 마네, 피카소, 루소, 클림트까지 유명한 작품들로 가득하고, 1층 특별 전시실에는 프라하가 낳은 거장 알폰스 무하의 경

| 프라하 현대 미술관 내 작품
밀레, 마네부터 피카소, 루소, 클림트까지 유명한 작품들과 체코 현대 작가들의 작품을 만날 수 있다.

프라하 현대 미술관
외관상으로는 아주 밋밋한 콘크리트 빌딩이지만 안으로 들어서면 현대적인 장식과 다양한 작품에 압도당한다.

이로운 작품들이 전시되어 있다. 하지만 가장 감동을 주는 것은 공산주의를 벗어난 체코 현대 작가들의 작품이다. 그들의 투박함과 순수함이 여행자에게 예상하지 못한 위로와 감동을 선사한다.

혼자 여행을 다니는 여행자들은 그 자유로움에 한껏 즐겁긴 하지만 종종 외로움이 밀려 올 때도 있다. 인간이 사회적 동물이고 행복은 사람들과의 관계에서 나옴을 깨닫게 되는 순간이다. 그래서 은희경 작가는 〈태연한 인생〉에서 인간이 행복하기 위해서는 관계를 포기하고 고독하든지 관계를 맺으며 고통을 받든지를 선택해야 한다고 했다.

외로움에 지친 여행자가 프라하 현대 미술관을 찾는다면 프라하의 현대 작가들의 작품들이 "너만 외로운 것이 아니야. 우리도 외로워."라며 말을 건네는 듯한 놀라운 경험을 할 수 있다. 작품들은 인간으로 태어난 이상 세상 모든 사람은 똑같이 아파하고 고민하고 있으니 너무 힘들어 하지 말고 있는 그대로 받아들이라고 이야기를 건넨다. 그 순간 웃음이 터지며 외로웠던 마음이 눈 녹듯 사라진다. 프라하 현대 미술관의 작품들만이 가지고 있는 메시지의 직접성과 소박하고 투박한 소재에서 사람을 치유하는 놀라운 힘이 나오는 것 같다.

 찾아가는 길

벨레트르주니 궁전
지하철 C선 블타스카(Vltavska) 역에서 하차하여 걸어서 10분 거리에 있다.

오스트리아

Austria

82 브레겐즈:
브레겐즈 오페라 페스티벌 Bregenzer Festspiele

● 　상상만으로도 가슴 떨리는 브레겐즈 페스티발은 인구 3만 명의 작은 도시 브레겐즈Bregenz에서 열린다. 오페라가 열리는 7월 중순부터 8월 중순까지 오페라 공연을 관람하기 위해 많은 인파가 몰려온다. 여름 한 달 동안 입장객만 31만 8천 명에 이른다고 한다.

　공연일 저녁 9시, 페스티벌 하우스 주변은 사람들로 북적인다. 식당에서 식사를 즐기는 사람들과 담요를 챙겨 공연장에 입장하는 사람들, 호수 건너 린다우Lindau 쪽에서 유람선을 타고 입장하는 관객들 등 국적과 남녀노소를 불문한 수많은 관객으로 진풍경을 이룬다.

　호수 위로 붉은 노을이 하늘을 뒤덮고 호수의 빛깔마저 발개지자 오페라가 시작된다. 오페라가 진행되는 내내 무대 위 수많은 빛깔과 소리가 신선한 공기와 어우러져 파도치듯 가슴으로 밀려왔다가 쓸려 간다. 때로는 강하면서 때로는 느리게 관객을 황홀경으로 빠뜨린다. 극 속으로 빠져들어 현실과 저만치 동떨어져 있을 때 어느새 공연은 막바지에 이른다. 관객은 아쉬움에 돌아가는 시계바늘을 원망해 보지만 오페라는 절정을 넘어 끝을 향해 달린다. 어둠으로 꽉 찬 무대 위로 별들이 무심하게 반짝거린다.

세계인의 마음을 사로잡는 브레겐즈 페스티벌의 매력은 거대한 규모의 수상 무대와 더불어 최첨단 무대 시설과 작품성에 있다. 2013년 모차르트의 〈마술 피리〉를 공연할 때에는 15m에 이르는 거대한 산을 무대 배경으로 오페라 공연이 펼쳐졌다.

1945년에 처음 개최된 브레겐즈 페스티벌은 호수에 큰 배를 띄워 갑판 위에서 개최하였는데 관객의 호응이 뜨거워지자 1948년부터 호수 위에 무대를 세워 공연을 개최하였다. 현대 시설을 갖추기 시작한 것은 1979년이며, 1980년부터는 페스티벌 하우스를 만들어 해마다 7월 중순부터 한 달여 간 환상적인 오페라 무대를 선사한다.

브레겐즈 페스티벌의 무대가 되는 보덴 호수Bodensee는 독일, 스위스, 리히텐슈타인과 국경을 접하고 있어 배를 타고 건너편 독일과 스위스 등으로 이동이 가능하다. 보덴 호숫가에 숙소를 잡는다면 호숫가에 있는 워터파크에서 하루 종일 휴식과 물놀이를 즐기고 브레겐즈에 위치한 알

| 브레겐즈 페스티벌 공연 무대
왼쪽_2009년 아이다 공연 **오른쪽**_2008년 토스카 공연

프스 트래킹도 가능하다. 물론 계절에 따라 다양한 레포츠도 경험할 수 있다.

플러스 α

브레겐즈 야외 오페라를 보기 위해서는 미리 티켓을 구해야 한다. 페스티벌 공식 홈페이지 www.bregenzerfestspiele.com를 통해 예매하는 것이 가장 쉽고 빠르다. 총 28회 공연에 7천 석에 달하는 객석이지만, 예매가 시작되면 짧은 시간 안에 판매가 끝난다.

티켓과 함께 브레겐즈에서 숙소를 구하는 일도 만만치 않다. 숙소는 공연 6개월 전부터 예약이 시작되어 일찌감치 객실은 동이 난다. 호수 인근 린다우 지역 등에 예약하는 것도 좋은 방법이다.

찾아가는 길

- 브레겐즈에서 가장 가까운 공항은 독일 프리드리히스하펜Friedrichshafen이다. 이곳에서 브레겐즈까지는 기차나 버스로 30분이 소요된다.
- 한국에서 출발한다면 스위스 취리히 공항에서 내려 취리히Zurich에서 기차를 타고 2시간이 소요된다.
- 오스트리아를 여행하는 여행자라면 잘츠부르크나 인스부르크를 거쳐 이동하는 것도 좋은 방법이다.

83 빈: 벨베데레 궁전 Schloss Belvedere 과 클림트 Gustav Klimt

● 　빈 남역에서 걸어서 5분 거리인 벨베데레Belvedere(전망 좋은 건물이라는 뜻) 궁전을 방문하는 가장 큰 이유는 클림트의 〈키스〉와 〈유디트〉를 감상하기 위해서이다. 이곳에서 대부분의 남자 여행자들은 무표정하지만 여자 여행자들의 입가에는 웃음이 넘친다. 클림트Gustav Klimt의 작품이 내용보다는 그림 속 인물과 배경의 화려한 장식을 강조하고 있어 여성 취향에 맞기 때문이다.

　장식 미술을 내세우며 빈 도시 전체를 아름다움으로 물들이자는 빈 분리파의 거두인 클림트는 오스트리아 현대 화단을 대표하는 화가이다. 클림트가 활약하던 20세기 초에 미술은 산업화와 더불어 프로이트의 잠재 의식과 성에 대한 이론에 힘입어 인간의 절망과 죽음 그리고 성을 다루었다.

　클림트는 보헤미아에서 이주해온 금은 세공사 에른스트 클림트의 일

| 벨베데레 궁전
벨베데레는 전망 좋은 건물이라는 뜻으로, 클림트의 작품이 전시되어 있다.

곱 형제 중 둘째로, 1862년 오스트리아 바움가르텐에서 태어났다. 그의 작품 전체에 반짝이는 금빛은 그의 아버지로부터 영향을 받은 것이다. 1876년 빈 장식 미술 학교에 장학생으로 입학한 클림트는 화가로서의 첫걸음을 시작하여 졸업 후 쿤스틀러라는 회사를 설립하고 본격적인 활동에 나선다. 1890년에는 빈 구 국립극장의 실내 장식 작업으로 황제 대상을 수상하며 사람들에게 알려지기 시작했다.

클림트는 1894년에 오스트리아 문교부의 의뢰를 받아 빈 대학 강당의 천장화를 그리게 된다. 노골적이고 강렬한 에로티시즘으로 표현된 그의 천장화는 변태 성욕자의 무절제라는 비난을 받게 되자, 그는 작업비를 돌려주고 작품을 철수시킨다. 1900년 파리 만국 박람회에서 클림트의 벽화 〈베토벤 프리체〉를 본 로댕으로부터 '너무나 비극적이고 너무나 성스러운 작품'이라는 칭찬을 받으면서 그는 다시 세상의 중심으로 나온다.

1900년대로 접어들면서 빈 분리파가 지나치게 장식적인 경향을 띠자 그는 분리파를 나와서 자신의 길을 간다. 이때 황금 시대의 절정인 〈키스〉를 그린다. 그는 장식은 더 이상 진보할 수 없다고 말하면서 장식성을 버렸다고 말하고 있지만, 그의 작품 〈키스〉에는 여전히 아름다운 장식성과 여성성이 넘치고 있었다.

| 키스

〈키스〉는 클림트의 가장 유명하고 대표적인 작품이다. 한 쌍의 연인이 온갖 색의 꽃들이 만연한 정원에서 무릎을 꿇고 키스하고 있다. 복잡한 의미도, 상징성도 없이 단순히 남녀가 일체가 되어 순수하고 육감적인 키스를 하는 황홀한 장면이다. 남자를 안고 있는 여성의 손을 보면 여성이 황홀경에 빠졌다는 것을 알 수 있다. 작품 속 연인들의 머리를 꽃으로 장식하고 남자는 검은색 무늬가 있는 사각형 옷을 입고, 여자는 나이테 같은 무수한 원형에 짙은 붉은색과 검은색이 혼합된 무늬가 들어 있는 둥근 원의 옷을 입고 있다. 여성과 남성은 황홀경에 빠져 키스하고 있다. 그들의 키스보다 더 눈길을 끄는 것은 연인들의 화려한 장식이다. 클림트는 이 작품을 완성하면서 내용만큼 장식에 더욱 많은 정성을 들였다고 한다.

〈유디트Judith〉는 미켈란젤로, 카라바지오, 렘브란트 등 천재 화가들이 한 번씩은 그려본 성경 속 이야기이다. 지금도 바티칸 박물관에 있는 미켈란젤로의 〈천지창조〉 한쪽 구석에 유디트를 묘사한 그림을 볼 수 있다. 유디트는 유대를 포위한 아시리아 장군 홀로페르네스와 하룻밤을 보낸 뒤 그의 목을

| 유디트

베어 민족을 구했다는 전설 속의 여인이다. 클림트의 작품 〈유디트〉를 보면 다른 작품에서처럼 영웅의 모습은 사라지고 유디트의 기묘한 얼굴 표정 위로 몽환적인 에로티시즘이 연출되고 있다. 사각진 얼굴 위로 음란한 시선과 유혹하는 붉은 입술, 그리고 무심한 표정과는 달리 그녀의 왼손에 들려 있는 잘린 목이 섬뜩함을 준다. 잘린 홀로페르네스의 목을 들고 가슴을 드러낸 채 관능적이면서 퇴폐적인 미소를 짓고 있는 그녀의 모습에서 에로틱하지만 무서운 섬뜩한 기운이 느껴진다. 클림트는 이러한 유디트의 이중적인 표정 속에 세기말적인 혼란과 인간의 보편적인 이중성을 연출하고 싶었는지 모른다.

 플러스 α

벨베데레 궁전 기념품 가게에서 판매하는 클림트의 〈키스〉 엽서는 실물 크기의 축소판으로 다른 곳에서는 구입하기가 힘들다. 기념품 가게에 들러 구입한다면 의미 있는 기념품이 된다.

 찾아가는 길

트램 D번을 타고 벨베데레Belvedere 역에서 하차한다.

84 빈:
슈니첼 Schnitzel 식도락

● 오스트리아 빈 Wien 에서만 특별히 즐길 수 있는 것 중에서 슈니첼 Schnitzel 을 빼놓을 수 없다.

슈니첼은 송아지 넓적다리 살을 얇게 썰어 밀가루, 계란, 빵가루 순으로 옷을 입혀 기름에 튀긴 음식으로 돈가스 요리와 비슷하다. 19세기 오스트리아의 라데츠키 장군이 이탈리아 전쟁 때 밀라노에서 빵가루를 입혀 기름에 튀기는 조리 방법을 보고 빈으로 돌아와서 만들어 먹은 것이 시초이다.

송아지로 만든 슈니첼은 연하고 동물성 지방질이 거의 없어 먹기도 좋고 건강에도 좋지만 육즙이 돼지고기보다 떨어진다. 고기 씹는 맛과 진한 육즙을 즐기는 사람이라면 돼지고기 슈니첼을 추천한다.

슈니첼을 저렴하면서 제대로 즐기려면 빈 대학가에 있는 센티미터 Centimeter 식당을 추천한다.

| 슈니첼
송아지 고기나 돼지고기로 만든다.

센티미터 눈금이 표시된 메뉴판을 보면 메인 요리에 슈바인슈니첼 Schweinsschnitzel mit pommes(감자가 들어간 돼지고기 슈니첼)이 있다. 양이 많으니 여자 2명이면 1개만 주문하고 한 명은 샐러드를 시켜 나누어 먹는 것이 좋다. 6명 이상이라면 센티메터 세트 메뉴 슈메르트 Das Schmert를 권한다. 커다란 칼에 슈니첼을 비롯하여 돼지갈비, 치킨, 감자 등을 꽂아 푸짐하게 나온다. 대부분의 고기를 금방 요리해서 내오기 때문에 시간은 조금 걸리나 맛에서는 어느 음식점에 뒤떨어지지 않는다. 음식이 나오면 모두들 그 양과 장식에 놀라고, 맛을 본 후 그 맛에 놀라면서 한국에 돌아가면 "이것 하나 차리자."고 입을 모은다.

슈니첼은 맥주에 어울리는 음식이다. 유럽은 어디를 가나 맥주가 맛있다.

| 슈메르트
커다란 칼에 슈니첼을 비롯하여 돼지갈비, 치킨, 감자 등을 꽂아 푸짐하게 나온다.

센티미터 식당에는 다양한 오스트리아 맥주가 있다. 오스트리아에 왔으니 전통 맥주인 스티글 슈페치알 Stiegl Spezial 500cc를 곁들이자. 애주가라면 1Meter Laborversuch(1m Bier=8 Seidel sortiert)를 주문하자. 1m짜리 통에 센티미터에서 직접 제조한 하우스 맥주를 담아서 주는데 저렴하고 맛있다. 이외에 레드 와인도 있으며 술이 싫은 여행자라면 오렌지 주스, 콜라 등을 주문해서 마시면 된다. 물은 주문해야 하며 가격 또한 만만치 않으니 유의하자.

 플러스 α

센티미터가 자랑하는 이색적인 요리 3가지는 다음과 같다.

Scheibtruhe Mist.
슈니첼과 돼지갈비, 소시지 등을 갖은 야채와 함께 작은 수레에 제공해주는데 4명 이상 먹기에 부족하지 않다.

1 Meter Wurst.
1m 길이의 소시지로 술안주로 좋다.

Ein Meter Spaghetti
1m 길이의 음식 그릇에 갖가지 소스가 담긴 스파게티를 제공하는데 4명이 먹어도 양이 부족하지 않다.
www.centimeter.at

 찾아가는 길

센티미터 식당은 체인점이어서 빈 시내에만 7개가 있다. 2호점은 시청사 뒤에 있으며 여기서는 1호점을 소개한다. 빈 시내 중심가에 자연사, 미술사 박물관이 마주 보고 있는데 그 중앙 광장을 가로지르면 거대한 현대 미술관 건물이 나온다. 현대 미술관 입구 옆에 있는 언덕 계단 위로 올라가면 차도가 나오고 나온 방향으로 50m쯤 오르면 삼거리 오른편에 식당이 보인다. 만약 지하철로 간다면 U3 노이바우가세Neubaugasse역에 하차하여 스티프트가세Stiftgasse 방향으로 나와 왼쪽으로 가면 대형 슈퍼 빌라BILLA가 있는 사거리가 보인다. 사거리로 이동 후 바로 좌회전하여 200m 직진하면 식당이 보인다.

85 빈:
음악의 도시 빈 Wien

●   빈Wien은 음악의 도시답게 거리마다 음악이 넘치고 사시사철 다양한 공연과 페스티벌이 펼쳐진다. 그중에서 오페라하우스에서 펼쳐지는 오페라 공연이 단연 으뜸이다.

나치의 망령으로 제2차 세계 대전의 패전국이 된 오스트리아는 폐허가 된 빈을 음악의 힘으로 재건했다고 해도 과언이 아니다. 포화로 온전한 건물 하나 없는 상황에서 제일 먼저 재건한 것이 오페라하우스였다. 빈 국립 오페라하우스는 파리 오페라하우스와 밀라노의 스칼렛 극장과 함께 유럽 3대 오페라 극장으로 일컬어진다.

빈 국립 오페라하우스는 1869년 5월 15일 모차르트의 〈돈 조반니〉의 상연으로 개관하였고, 1956년부터는 빈 필하모니 오케스트라를 지휘한 카라얀의 공적으로 더욱 유명해졌다.

음악과 연극이 만나 빚어내는 거대한 환상의 무대인 오페라는 400년

| 국립 오페라하우스
파리 오페라하우스와 밀라노의 스칼렛 극장과 함께 유럽 3대 오페라 극장으로 일컬어진다.

이 넘는 역사를 가지고 있다. 오늘날 대중음악에 밀려 그 이름이 퇴색되었지만 오페라는 여전히 그 나라 문화의 척도로 여겨지고 있다. 레너드 번스타인은 다음과 같이 이야기했다.

"오페라는 연극이면서도 특히 대중적이다. 오페라는 대중의 감정에 직접적으로 다가간다. 어떤 연극 작품의 배우도 오페라 가수처럼 무대 앞으로 걸어 나와 관객을 향해 노래하며 직접적으로 '나는 당신을 사랑합니다'라고 외칠 수는 없다."

모차르트의 오페라 〈돈 조반니Don Giovanni〉에서 주인공 돈 조반니는 어둠 속에서 돈나 엘비라를 그의 매혹적인 목소리로 사로잡는다. 이처럼 오페라의 노래 소리는 누구도 부인할 수 없는 극적인 효과를 가지고 있다.

빈 오페라하우스에서 오페라를 감상하고 케른터너 거리Karntner Strasse로 나서면 가슴 가득 행복감이 스며든다. 숙소로 돌아오는 길 내내 오페라의 아름다운 선율과 목소리가 귀에 맴돈다. 음악이 일상을 살아가는 사람들의 행복을 고취시키고, 내일을 창의적으로 이끌어 가는 원천이 된다는 사실을 저절로 알게 된다.

오페라하우스의 1년간 공연 일정은 연초에 오페라하우스 홈페이지에 게시된다. 공연 한 달 전부터 예매를 시작하니 빈을 찾는 사람이라면 미리 예약하고 가는 것이 좋다. 물론 자신이 예약한 오페라의 내용과 무대 장치, 가수 등을 알고 가면 감동은 두 배가 될 것이다. 만약 음악회를 많이 경험하지 못한 여행자라면 가능한 한 발레가 가미된 오페라를 권장한다. 발레 오페라는 대부분의 내용을 아름다운 선율과 무용으로 표현하기 때문에 내용을 알지 못해도 이해하기 쉽다. 빈 오페라하우스 홈페이지 www.wiener-staatsoper.at 를 참고하자.

오페라 공연 티켓은 최고 200유로 이상부터 저렴한 입석 티켓까지 다양하다. 현지 티켓 구입은 오페라 극장이나 시내 곳곳에 있는 티켓 예약 센터에서 하면 된다. 만약 입석 티켓을 구입하고 싶다면 공연 2시간 전부터 오페라하우스에 가서 줄을 서면 구입할 수 있다. 단 입석도 자리가 있으니 빨리 입장해 입석 난간에 자신의 소지품을 매어 두면 좋은 자리를 확보할 수 있다. 입석도 중앙 입구 쪽이 좋다.

여름에는 빈 오페라하우스에서 하는 공연이 없다. 모든 공연이 잘츠부르크로 옮겨가 열리기 때문이다. 여름에 빈을 찾는 여행객이라도 실망할 필요는 없다. 빈 시에서 여름에 빈을 찾는 관광객을 위해 시청에서 성대한 필름 페스티벌을 열기 때문이다.

| 필름 페스티벌
여름에는 시청 앞에서 필름 페스티벌을 개최한다.

처음에는 카라얀을 추모하기 위해 열렸던 필름 페스티벌은 아름다운 시청사 건물에 대형 스크린을 설치하고 웅장하면서도 세밀한 소리도 놓치지 않는 스피커를 통해 각종 유명한 음악 공연을 매일 상연한다. 필름 페스티벌은 무료이며, 여름 시즌인 7월과 8월 밤 9시 30분부터 11시까지 시청사에서 열린다. 상영 2시간 전부터 광장 주변 일대는 축제의 도가니로 변한다.

공연이 시작되기 전 공연장 주변에 거대한 간이식당과 야외 맥주 홀이 생겨 전 세계 온갖 먹거리와 음료가 판매된다. 당연히 공연장과 그 주변은 마치 빈의 모든 관광객과 시민이 모인 것같이 들썩인다. 스크린 앞에는 1,000석이 넘는 간이 의자가 놓여 있는데 유명한 작품인 경우 1시간 전에 가서 자리를 잡는 것이 좋다. 상쾌한 바람이 부는 여름밤에 시원한 맥주 한 잔을 들고 아무런 격식도 없이 아름다운 음악을 즐길 수 있는 빈 필름 페스티벌은 여행자에게 잊지 못할 추억을 선사한다.

 플러스 α

음악 박물관 Haus der Musik
음악 박물관은 거장들의 음악을 다양하게 들을 수 있는 혁신적인 공간이다. 1층에는 빈 필하모닉의 설립자인 오토 니콜라이Otto Nicolai의 거주지를 재현하고 관련 사진 등을 전시해 놓았다. 감상실에서는 1939년부터 매년 1월 1일 열리는 빈 필하모닉의 새해 맞이 콘서트 하이라이트를 상영하는데, 화질도 뛰어나고 스피커도 좋아 실제 공연장 객석에 앉아 있는 기분이다. 음악 박물관의 하이라이트는 2층이다. 첫 번째 방은 우리가 태아 시절 뱃속에서 들었다는 소리를 청각화한 방으로 깜깜한 방 안에서 형용하지 못할 전자음을 들으며 소리와 음악의 형성 과정을 체험한다. 다음 방에는 베토벤 음악에 전자음을 입혀 편곡한 음악을 감상할 수 있으며 기괴한 스피커들로 꾸며진 기묘한 공간도 만나볼 수 있다. 마지막 방에서는 구멍에 머리를 넣으면 바다 소리, 소음, 신체의 소리 등 온갖 소리를 스피커를 통해 들을 수 있다.

거장들의 삶과 음악의 발자취를 한눈에 볼 수 있는 전시관도 재미있다. 빈에 10년 거주하는 동안 68번을 이사했다는 베토벤을 비롯해 빈 소년합창단 출신 슈베르트와 하이든 등 유명한 작곡가들을 만날 수 있다. 음악 박물관에서 빼놓을 수 없는 것은 가상 지휘 체험인데, 음악을 선곡하고 센서가 부착된 지휘봉을 크게 휘두르면 스크린 속 빈 필하모닉의 연주가 시작되고, 지휘봉을 크게 그리면 소리가 커지고, 빠르게 움직이면 박자가 빨라진다. 만약 박자를 좀 못 맞추면 오케스트라 단원들이 불평을 터뜨리며 연주를 그만둔다.

주소 Seilerstatte 30, 1010 Vienna
개관 시간 매일 오전 10시~밤 10시
입장료 어른 10유로, 12세 이하 5.5유로
홈페이지 www.hdm.at

찾아가는 길

국립 오페라하우스
지하철 1번, 2번, 4번 칼스플라츠Karlsplatz 역에서 내려 계단을 올라가면 바로 오페라하우스가 있다. 시청사는 오페라하우스에서 걸어서 15분쯤 걸리며 지하철을 타고 2번 라타우스Rathaus 역에서 내려도 되고, 전차는 1번, 2번, D번을 타면 시청 앞에서 내리면 된다.

86 찰츠부르크:
찰츠캄머구트 Salzkammergut

● 잘츠캄머구트Salzkammergut는 잘츠부르크Salzburg에서 남동쪽으로 펼쳐진 아름다운 산과 호수 지대로 2,000m의 높은 산과 76개의 호수가 어우러진 곳이다. 영화 〈사운드 오브 뮤직〉으로 유명해진 잘츠캄머구트는 소금광산에서 그 이름이 유래되었다. 소금을 의미하는 잘츠Salz, 황제를 의미하는 캄머Kammer, 저장을 의미하는 구트Gut의 합성어인데 글자 그대로 황제가 소유한 소금이라는 뜻이다. 예로부터 부의 상징인 소금을 확보하려는 쟁탈전이 심했던 곳이다. 제1차 세계대전을 촉발했던 사라예보 황태자 부부 암살 사건 당시 프란츠 요제프 황제가 이곳에서 휴

| 미라벨 정원
영화 〈사운드 오브 뮤직〉에서 마리아와 아이들이 도레미 송을 불렀던 곳이다.

| 할슈타트
호수 위에 떠 있는 아름다운 마을 전체가 유네스코 세계 문화유산으로 지정되었다.

가를 즐겼을 정도로 잘츠캄머구트는 아름다운 휴양 도시이다.

잘츠캄머구트의 주요 관광지는 할슈타트Hallstatt, 바트이슐Bad Ischl, 장크트 길겐St.Gilgen, 장크트 볼프강St.Wolfgang이다. 넓은 지역에 흩어져 있는 도시를 하루에 다 보려면 파노라마 투어에서 운행하는 '사운드 오브 뮤직 투어'를 추천한다.

잘츠캄머구트의 보석이라 불리는 할슈타트를 가려면 잘츠부르크에서 출발하여 아트낭 푸하임Attnang-Puchheim에서 기차를 갈아타면 1시간 안에 도착한다. 할슈타트의 할hall은 켈트어로 소금을 말하는 것이며 슈타트statt는 도시를 말하는 것으로 '소금 도시'라는 의미이다. 호수 위에 떠 있는 아름다운 마을 전체가 1997년에 유네스코 세계 문화유산으로 지정되었다.

할슈타트 역에 도착하면 바로 앞 선착장에서 배를 타고 할슈타트로 들어간다. 맑고 잔잔한 호수 위로 3,800m의 다크 슈타인 산이 장엄한 자태로 여행자를 감동시킨다. 마을로 가까이 가면 갈수록 그 맑고 아름다움에 반할 수밖에 없다. 기차로 4시간 이상 달려온 여행자의 노고가 씻은 듯이 사라진다.

마을에 도착하면 마을 입구에 케밥을 파는 가게와 슈퍼가 나온다. 케밥은 싸고 맛있어서 오랜 기차 여행으로 허기진 배를 채우기에 그만이다. 허기진 배를 채우고 마을 안으로 들어서면 상쾌한 기분을 만끽할 수 있다. 호수를 배경으로 선착장에 늘어선 집이며 마을 구석구석으로 이어진 골목길이며 모든 것이 그림엽서에 들어와 있는 것 같다. 특히 언덕 위에 올라서 바라보는 마을의 모습은 눈 덮인 산을 배경으로 스위스의 어느 마을과도 견줄 수 있을 정도로 아름답다.

많은 사람이 높은 산에 오르고 깊은 바닷속을 즐기는 이유는 고요함 때문이다. 할슈타트의 진정한 매력은 바로 고요와 평온함이다. 하룻밤 숙박을 하면서 이곳을 느긋하게 즐긴다면 자신의 심장 소리가 들릴 듯한 고요한 할슈타트의 매력을 만끽할 수 있다.

플러스 α

배 선착장에서 호숫가를 따라 왼쪽으로 고고학 박물관과 우체국을 지나면 보트 대여소가 나온다. 보트를 빌려 호수로 나가면 아름다운 할슈타트의 전경을 마음껏 감상하며 사진을 찍을 수 있다.

사운드 오브 뮤직 투어는 중앙역에서 잘츠부르크 시내로 들어오는 입구에

있는 미라벨 정원에서 출발한다. 마리아와 아이들이 도레미 송을 불렀던 곳이다. 미라벨 정원을 출발한 투어버스는 교외로 빠져나가 레오포즈크론 성에 도착하여 영화 속 트랩 대령의 집과 마리아와 트랩 대령이 처음 만나는 장소를 방문한다. 버스는 다시 헬부른 성에서 마리아와 트랩 대령이 사랑을 나눈 장소와 트랩 대령의 큰딸 리즐과 배달부 소년 랄프가 '아이 엠 식스틴 고잉 온 세븐틴'을 부르던 사랑의 공간을 찾아간다. 여기서 버스는 15분쯤 달려 볼프 강가에 자리한 장크트 길겐에 도착한다. 모차르트의 어머니가 자란 곳으로 영화 속 초반부에 공중 촬영한 곳이다. 마지막으로 몬트 호수 서쪽에 있는 마을로 가서 마리아의 결혼식 장면이 있었던 미하엘 교회를 방문한다. 투어는 9시 30분과 오후 2시에 시작하며 4시간 정도 소요되며 인터넷, 시내 예매처나 숙소에서 예약할 수 있다.
www.panoramatours.com

찾아가는 길

빈에서 할슈타트를 갈 때 잘츠부르크를 거쳐서 가면 돌아가는 길이니 시간이 많이 소요된다. 다음 방법을 이용하자. 빈 서역에서 오전 8시 40분에 뮌헨 행 특급기차 IC를 이용 벨WELL 역에서 10시 25분에 하차한다. 이곳에서 10시 40분 할슈타트로 가는 기차가 있다. 이 기차를 이용하면 12시 30분에 할슈타트에 도착한다. 주의할 것은 이 기차는 종착역이 다른 기차와 붙어 있어 중간에 분리된다. 그래서 자신이 탄 기차가 할슈타트를 가는지 기차 입구에 있는 표지판이나 차장에게 물어봐야 한다. 할슈타트 역에 내리면 기차 시간에 맞추어 할슈타트까지 들어가는 배가 대기하고 있다. 할슈타트까지 10분 정도 소요된다.
다시 잘츠부르크로 가려면 할슈타트에서 13시 32분 기차를 타고 아트낭 푸하임Attnang Puchulheim에 14시 47분에 도착한다. 여기서 15시 02분에 빈 행 기차를 타면 15시 50분에 잘츠부르크에 도착한다. 주의할 것은 아트낭 푸하임 역에서 수시로 있는 잘츠부르크행 통근 열차는 피하는 것이 좋다. 거의 1시간 30분 이상 소요된다. 여유가 있는 여행자라면 할슈타트 선착장에서 배를 타고 볼프강 호수까지 가자. 유람선에서 아름다운 호수의 풍경을 여유롭게 즐기면서 볼프강 호수에 다다르면 이곳에서 차를 타고 한 시간 정도 가면 잘츠부르크를 만나게 된다.

헝가리
슬로베니아
크로아티아

Hungary
Slovenia
Croatia

87 부다페스트:
부다페스트 야경 Budapest

- 악마의 속삭임 〈글루미 선데이 Gloomy Sunday〉는 비운의 천재 작곡가 레조 세레소가 연인을 잃은 슬픔에 1933년에 발표한 곡이다. 레코드가 발매된 지 8주 만에 이 음악을 들은 헝가리인 187명이 자살하자 '자살의 송가'라 하여 금지곡이 되고 모두 불태워져 원곡이 남아 있지 않다고 한다. 글루미 선데이의 위력은 여기서 그치지 않는다. 1936년 4월 30일 프랑스 파리의 세계적인 콘서트 현장에서 이 곡에 심취해 연주하던 드럼 연주자의 권총 자살을 시작으로 그 곡을 연주하던 현장의 단원은 단 한 사람도 살아남지 않았다고 한다. 작곡가 레조 세레소 역시 창문을 깨고 투신하여 스스로 삶을 마감하였다.

곡을 듣고 있으면 슬픔 이상의 것이 느껴지며 듣는 사람을 깊은 절망 속에 가둔다. 노래가 가진 힘이 당시 세계적 불황과 제2차 세계 대전 발발 등 우울한 시대적 배경과 맞아떨어지면서 사람들을 우울과 자살의

| 세체니 다리

유혹에 빠지게 하였다.

이 곡의 스토리를 각색해 영화 감독 롤프 슈벨이 부다페스트Budapest를 배경으로 〈글루미 선데이〉를 찍었다. 누가 보아도 매력이 넘치는 사랑스러운 여자 일로나와 그녀의 사랑을 차지하려는 세 남자의 비극적인 이야기를 다룬 영화이다.

〈글루미 선데이〉의 주요 배경이 되었던 세체니 다리Szecheny lanchid는 도나우Donau 강에 놓인 최초의 다리다.

동유럽의 진주라고 불리는 부다페스트는 도나우 강을 사이에 두고 서쪽의 부다와 동쪽의 페스트 지구로 나뉜다. 19세기 초 헝가리의 영웅 이슈트반 세체니 백작은 아버지의 죽음을 연락 받고 부다 지역에서 페스트 지역으로 넘어가려 했으나 많은 비가 내려 배가 다니지 않아 8일이 지나도록 장례식에 참석하지 못했다. 안타까운 경험을 한 세체니는 템스 강의 런던 다리를 건설한 영국의 설계 기사를 초빙해 다리를 건설하기 시작한다.

1839년부터 10년의 공사 끝에 건설된 다리는 건설 당시만 해도 유럽에서 가장 아름다운 건축물로 380m의 케이블로 이어져 있다. 지금도 세체니 다리의 수천 개의 전등이 도나우 강 위로 떠오르면 유럽에서 가장 장엄한 야경이 시작된다.

세체니 다리를 지나 에르제베트 다리Erzsébet híd로 가면 겔레르트 언덕을 오르는 계단이 보인다. 20분 정도 올라가면 정상이다. 편하게 오르고자 하는 여행자라면 에르제베트 다리에서 트램을 타고 모리츠 즈스몬트 코토르Moricz Zslgmond Kortor 역에서 내려 27번 버스를 타면 정상까지 바로 간다.

해발 235m에 위치한 바위산 겔레르트Gellert 언덕은 시가지를 한눈에 내려다 볼 수 있는 곳에 위치하며 부다페스트의 전망대 역할을 한다. 켄렌 언덕이라 불렸던 이곳은 11세기 가톨릭을 전파하다 순교한 선교사 겔레르트를 기리기 위해 지금의 이름으로 바뀌었다.

겔레르트 언덕 위에는 월계수 잎을 들고 있는 자유의 여신상이 있다. 나치군의 싸움에서 죽어간 소련군 추모 위령탑으로 공산정권이 무너진 후 철거하려 했으나 교훈으로 삼고자 그대로 두었다고 한다. 위령탑 아

| 부다페스트 궁 야경

래 새겨진 '용서한다. 그러나 잊지 않겠다'라는 글귀에서 부다페스트인의 다짐과 아픈 상처를 볼 수 있다. 자유의 여신상 옆에 있는 시테델라 요새는 1848년 헝가리인들의 반 오스트리아 운동을 감시하기 위한 만들어진 것으로 현재 호텔로 사용되고 있으며 총탄과 포탄 자국이 성벽에 그대로 남아 있다.

성벽을 지나 전망대에 서면 노을 진 하늘 아래로 부다페스트가 한눈에 들어온다. 빛나는 훈장처럼 중앙에 솟아 있는 국회의사당 밑으로 도나우 강이 조용히 흐르고, 둘로 나뉜 지역을 잡아 올리듯 세체니 다리가 강 위로 솟아 있다. 하늘을 향해 무한정 질주하듯 탁 트인 부다페스트의 아름다움은 황홀하기 그지없다. 서서히 어둠이 내리면 형형색색의 빛깔들이 도시 위로 떠오르고 정점을 찍듯 세체니 다리와 국회의사당이 보석처럼 환하게 빛난다. 세상에 어떤 것도 이보다 더 아름다울 수 없다는 생각에 여행자는 부다페스트 야경을 마음속에 새기고 또 새길 수밖에 없다.

 플러스 α

부다페스트의 공항이나 역내에서 환전을 하면 수수료가 비싸다. 환전하기 가장 좋은 방법은 부다페스트 동역에서 나와 오른쪽으로 돌면 보이는 환전소가 환율이 좋다.

 찾아가는 길

오스트리아 빈Wien에서 주간 열차로는 약 3시간, 프라하와 뮌헨 그리고 베를린까지도 야간 열차로 이동이 가능하다. 서유럽 국가에서는 국경 통과시 별도의 여권 검사는 없지만 부다페스트의 경우 국경 통과 시 여권 검사를 한다. 국제선 노선의 경우에는 부다페스트 동역Keleti pu을 주로 사용한다.

88 블레드:
블레드 호수 Blejsko Jezero

● 옥빛의 호수 가운데에 매혹적인 섬이 그림같이 떠 있는 블레드Bled는 알프스의 눈동자라고 불린다. 절벽 위의 하얀 성과 에메랄드빛 호수 한가운데 자리 잡고 있는 섬의 조화는 동화 속의 풍경이다. 어디선가 본 것 같은, 언젠가 보고 싶은 바로 그 모습을 블레드는 간직하고 있다. 버스에서 내려 호수가 보이는 길을 따라 내려가면 작은 마을이 한눈에 들어온다. 블레드의 관광은 게으르고 한가하다. 결코 지루하지 않은 여유를 부리며 호숫가를 산책하다 보면 발걸음은 자연스럽게 절벽 위 블레드 성으로 향한다.

블레드 성Blejski Grad은 11세기 초부터 짓기 시작하여 현재의 모습으로 완성된 것은 16세기로, 약 800년 동안은 남부 티롤의 브릭셴Brixen의 주교들이 관리하였다.

유고슬라비아 왕족의 여름 별장이었던 이곳에 세르비아 왕족과 유고

| 블레드 성
절벽 위의 블레드 성 위에 올라가면 블레드 섬의 풍경을 한눈에 볼 수 있다. 블레드 섬에 가기 위해서는 전통 나룻배인 블레트나를 타야 한다.

연방 티토 대통령이 별장을 지어 유명세를 타기 시작했다. 티토와 김일성이 이곳 별장에서 정상회담을 가졌으며, 아름다운 자연 경치에 반하여 김일성이 회담 후 2주간이나 머물다 갔다. 현재 이곳은 호텔 빌라 블레드로 사용되고 있다.

성 위에 올라가면 블레드 섬의 풍경이 눈앞으로 펼쳐진다. 호수가 보이는 성 위 식당에서 평생에 한두 번 경험할 수 있는 황홀한 점심을 곁들인다면 평생 잊을 수 없는 추억이 된다.

블레드 호수 위에 떠 있는 섬에 가기 위해서는 전통 나룻배인 블레트나Pletna를 타야 한다. 햇볕을 가려주는 차양이 있는 소박한 블레트나에 오르면 친절한 뱃사공의 웃음으로 마음이 따뜻해진다. 오직 이 지역 남자에게만 자격이 부여되는 블레트나 뱃사공은 자부심이 몸에 배여 있다. 배가 나아가자 호수의 푸른 침묵과 우뚝 선 블레드 성의 자태가 신비

| 블레드 섬
배를 타고 섬에 도착하여 하얀 계단을 올라가면 성모 마리아 승천 성당이 있다.

로운 모습을 나타낸다.

섬에 도착하자 하얀 계단 위로 성모 마리아 승천 성당이 그 단아한 자태를 드러낸다.

6세기 슬라브인들이 지바 여신을 모신 신전 자리에 세운 성당은 단순하면서 소박하지만 슬로베니아 인들에게 가장 인기 있는 결혼식장이다.

사랑하는 남편이 죽자 슬픔에 잠긴 한 여인이 남편의 넋을 달래기 위해 성당에 종을 달기를 소망했다. 하지만 받아들여지지 않자 그녀는 수녀가 되고 이 소식을 전해들은 교황은 그 여인을 위해 종을 기증했다. '행복의 종'이라 불리는 이 종을 치면 소원이나 사랑이 이루어진다고 한다. 그래서 결혼식을 마치면 신랑이 신부를 안고 성당 앞으로 펼쳐진 순백의 99계단을 오르고, 성당 안으로 들어간 신부는 종을 치며 행복을 소망한다.

성당에 들어서면 바로 앞에 종을 치는 굵은 밧줄이 있다. 이곳에 들어선 사람들은 하나같이 자신의 소원을 기원하면서 밧줄을 힘껏 당긴다. 청아하면서 은은한 종소리가 블레드의 호수에 깊고 크게 울려 퍼지면 여행자는 감사와 평화로 안식을 갖는다.

 **플러스 α**

블레드는 슬로베니아의 수도 류블랴나Ljubljana에서 당일치기 여행지로 인기가 있지만 자연 경관이 수려하고 휴양지로도 개발되어 있어 1박 이상 머무는 것도 좋다.

 찾아가는 길

류블랴나 중앙역 앞에 있는 버스터미널에서 보히니Bohinj행 버스를 타면 된다. 30분 간격으로 운행하고 있으며, 1시간 20분 정도 소요된다. 블레드에는 2개의 터미널이 있다. 호수에서 떨어진 블레드 유니언Union 역을 지나 블레드 믈리노Mlino에서 하차하면 된다.

89 **두브로브니크:**
두브로브니크 구시가 Dubrovnik

● "두브로브니크를 보지 않고 천국을 논하지 말라!" 영국의 극작가 버나드 쇼의 말이다.

아드리아 해에 신기루처럼 떠 있는 성채 도시 두브로브니크Dubrovnik는 코발트빛 바다를 배경으로 펼쳐지고, 온통 붉은 지붕으로 뒤덮여 있다. 성 안으로 들어가면 여행자들의 발길에 닳고닳은 플라차 대로가 보석처럼 반짝인다. 구시가를 둘러싸며 25m 높이에 약 2km 뻗어 있는 성벽 길은 여행의 하이라이트이다.

두브로브니크를 제대로 보기 위해서는 5번을 보아야 한다. 먼저 케이블카를 타고 도시 위로 솟아 있는 산에 올라 한 번 보고, 유람선을 타고 바다로 나가 다시 보고, 구시가 전체를 감싸는 성벽에서 세 번째로 보고, 도시로 돌아와 도심 한가운데를 가로지르며 낮에 한 번, 밤에 한 번 보아야 한다. 몇 번을 보아도 볼 때마다 새로운 두브로브니크는 도시 자체가

| 플라차 대로
반질반질한 석회암 도로는 걸으면 발걸음 소리가 들리지 않을 정도이다.

하나의 예술 작품이다.

　아침 일찍 일어나 필레Pile 문을 지나면 플라차 대로Placa Stadun가 나오고, 그 길 끝에서 412m의 스르지Srđ 산으로 향하면 케이블카 타는 곳이 나온다. 케이블카가 2대밖에 없어 항상 사람들이 줄지어 서 있다. 오전에 일찍 서둘러 가면 좀 더 한산한 편이다. 표를 구입해 산에 오르면 두브로브니크의 멋진 전경이 펼쳐진다.

　도시로 내려와 좁은 골목을 지나면 성벽을 오르는 입구가 보인다. 13세기부터 16세기까지 걸쳐 지어진 두브로브니크 성벽은 도시를 방어하기 위한 목적으로 건축되었으나 최근에는 바다로 둘러싼 도시를 감상하기

| 두브로브니크 성벽
성벽 길은 높이 25m에 약 2km 길이로 도시 방어의 목적으로 지어졌다.

구시가 전망
스르지 산 정상까지 케이블카를 타고 올라가서 내려다보면 구시가의 멋진 풍경을 볼 수 있다.

위해 몰려드는 여행자들로 북적인다. 끊임없이 시원한 바람이 부는 성벽 위를 걸으면 성 안으로는 붉은빛의 지붕과 하얀 건물이 파노라마처럼 펼쳐지고 성 밖으로는 푸른 아드리아 해가 경쟁하듯이 아름다움을 과시한다. 1시간이 넘게 걸리는 성벽 투어가 지루할 새 없이 지나가고 나면 아쉬운 마음에 성벽을 내려온다.

두브로브니크 구시가는 끝에서 끝까지 걷는 데 15분도 걸리지 않는다. 반질반질한 석회암으로 되어 있는 플라차 대로는 구시가를 가로지르는 길로, 누군가가 이야기한 것처럼 발걸음 소리가 들리지 않는 세상에서 하나뿐인 거리임을 실감한다. 원래 이 도로는 바다였으나 바다를 메워 약 300m의 직선로를 만들었다고 한다. 도시 전체가 유네스코 세계문화유산으로 선정되어 있는 구시가는 거리가 너무 짧아 천천히 걸으며 아껴 봐야 한다.

플라차 대로에 늘어선 분수와 성당 그리고 궁전은 건축물 자체가 가지는 역사적 의미보다는 고딕, 르네상스, 그리고 바로크에 이르기까지 시대의 흐름에 따라 변화한 건축 양식들을 고스란히 보여준다.

플라차 대로의 감상을 마치고 나면 플라차 대로 좌우에 있는 골목길을 돌아보자. 구시가의 매력 중 하나는 몇 번을 돌아도 또 가고 싶은 골목길이다. 이곳에서 계획은 무의미하다. 길은 어디서나 나타나기 때문에 머리보다 발이 이끄는 대로 움직여야 한다. 어디를 가나 사람 사는 곳은 똑같다. 잘 마른 빨래가 여기저기 눈에 띄며, 나이 드신 어른들은 골목길에 앉아 망중한을 즐긴다. 그들의 소박한 일상이 그 자체로 아름답다.

해가 질 무렵이 되면 구 항구에 있는 유람선을 타고 바다로 가 보자. 20분 정도 바다로 나가면 아드리아 해의 매혹적인 일몰이 구름과 바다를 층층이 물들이며 아드리아 해의 진주라는 말에 걸맞게 핑크빛으로 반짝인다. 두브로브니크는 뉴욕타임스에서 죽기 전에 꼭 한 번 가 보아야 할 장소로 선정되었다.

플러스 α

지중해 요리의 진수를 맛보고 싶다면 구 항구에 있는 유일한 해산물 전문 식당 로칸다Lokanda Peskarija에서 해산물 모듬 요리를 맛보자. 메뉴 넘버 101번이다. 2인 기준 요리여서 비싸지만 제대로 된 싱싱한 해산물을 맛볼 수 있다. 만약 혼자라면 새우 그릴 요리를 추천한다. 싱싱한 새우는 까다로운 여행자의 입맛도 만족시킨다. 식당을 쉽게 찾아가는 방법은 렉터 궁전에서 바다로 나가면 하나뿐인 식당이 보인다. 해산물을 싫어한다면 대성당에서 내려와 첫 번째 골목에 있는 올리바 피자 식당Oliva Pizzeria을 추천한다. 피자가 저렴하면서 맛있다.

찾아가는 길

자그레브Zagreb와 스플리트Split, 자다르Zadar, 리예카Rijeka 등지에서 매일 버스가 운행된다. 수도인 자그레브에서는 버스가 매일 10회 정도 운행하며, 야간 버스도 운행한다. 많은 여행자들이 이 야간 버스를 이용해서 두브로브니크로 이동한다. 야간 버스는 인기가 많기 때문에 성수기 때는 미리 표를 구입해 두는 것이 좋다. 자그레브-두브로브니크는 9~11시간 소요된다. 스플리트-두브로브니크는 매일 12차례 운행하며, 4~5시간 30분이 걸린다. 자다르-두브로브니크도 매일 7회 정도 버스가 운행한다. 성수기 때 두브로브니크에서 자그레브로 가는 야간 버스나 두브로브니크-스플리트 구간의 버스 표는 구입하기가 만만치 않으니 미리 예약을 해 두는 것이 좋다.
자그레브 버스터미널 www.akz.hr
스플리트 버스터미널 www.ak-split.hr/EN

90 스플리트:
디오클레티아누스 궁전 Diocletianus Palace

● 아드리아 해 연안에 자리 잡은 스플리트Split는 쾌적한 지중해성 기후에 이탈리아와 마주하고 있어 고대 로마 황제들의 도시로 자리 잡았다. 디오클레티아누스Diocletianus 황제 역시 이곳에 궁전을 건설했는데 건물의 웅장한 규모를 보면 그가 얼마나 오랫동안 퇴위를 계획해 왔는지 짐작할 수 있다. 그에게 스플리트는 건강에도 좋고 정치를 떠나 풍요로운 생활을 영위하기에 더할 수 없이 적합한 곳이었다.

서쪽으로는 아드리아 해를 따라 비옥한 해안 지대가 펼쳐지고, 바다에는 수많은 섬들이 흩어져 마치 커다란 호수처럼 보인다. 북쪽에는 만이 있어 오래된 도시 살로나 까지 뻗어 있으며, 도시 너머로는 넓은 평야가 남쪽과 동쪽으로 뻗은 아드리아 해와 대조를 이루고 있다. 북쪽을 바라보면 우뚝 솟은 높은 산의 불규칙한 봉우리들이 배경을 이루고 그 산에 이르기까지 숲과 포도밭이 뒤덮고 있다.

| 디오클레티아누스 궁
건물 전체는 인근 채석장에서 나오는 석회석과 이탈리아와 그리스에서 가져온 대리석으로 지었다.

　295년부터 짓기 시작한 디오클레티아누스 궁전은 그가 퇴위한 305년에 완성되어 316년 황제가 죽을 때까지 살았다. 궁전의 규모는 동서 215m, 남북 181m이고 궁전을 둘러싼 성벽의 높이는 25m이다. 건물 전체는 인근 채석장에서 나오는 석회석과 이탈리아와 그리스에서 가져온 대리석으로 지었다. 모양은 정방형에 가까우며 동서남북으로 예술적 가치가 뛰어난 문이 서 있는데 로마 시대에 귀했던 금속의 이름을 따 은문, 철문, 청동문, 황금문으로 지었다. 직각으로 교차되는 네 개의 도로가 궁전 내부를 나누고, 바다 쪽(남쪽)은 황제가 살고 나머지 부분은 군인과 신하들이 살았다. 이후 주민들이 살고 있는 공간까지 보존하고 있는데 지금은 대부분 가정집이나 기념품 가게, 레스토랑이다.
　로마에서 온 배는 바다 쪽 청동문을 통해 물건을 들여보냈는데, 지금도 이곳은 웅장한 기둥과 아치들이 건물을 위엄 있게 한다. 이곳은 황제의 아파트 아래층으로 물건과 와인을 보관했던 창고와 황제의 연회장으로 사용되었다.

바닥은 바닷물이 들어오지 못하도록 경사져 있고, 이곳을 오르면 황제의 공회장이 나온다. 중요한 행사나 회의를 하던 공회장 한쪽에 있는 종탑 옆 건물은 황제의 무덤이었다. 황제가 죽고 기독교인들이 들어와 기독교를 박해한 황제의 시신을 없애고 그 자리에 대성당을 지었다.

황제가 사는 아파트 입구 옆에는 황제 알현을 위한 대기실이 있다. 이곳은 천장이 돔으로 되어 있어 울림이 좋아 민속 음악을 하는 사람들이 항상 노래를 들려 준다.

북쪽으로 가면 화려한 황금의 문이 있다. 이곳을 나서면 거대한 청동상과 마주하는데 그레고리우스 주교이다. 그는 라틴어로 진행하던 예배를 자국어인 크로아티아어로도 할 수 있게 만들었던 인물로 자국어 예배가 늘어나면서 문맹자가 급격히 줄어들고 크로아티아가 살아남을 수 있게 만들었다. 청동상 엄지발가락이 반질거리는데 누구든 이곳을 문지르면서 소원을 빌면 이루어진다는 전설이 있다.

귀족의 노예라는 비천한 신분에서 황제의 자리까지 올랐던 디오클레티아누스는 비운의 황제 누메리아누스의 경호 대장이었다. 294년 페르

｜구시가
왼쪽_황제가 회의나 행사 등을 주제하는 열주 광장 **가운데**_성벽 안쪽에 있는 나드로디 광장
오른쪽_스플리트 해안 지대

시아를 정복하고 돌아오던 중 누메리아누스 황제가 새 아버지에게 암살당하자 디오클레티아누스가 황제의 자리에 오른다. 그는 나라를 동서로 나눈 후 2명의 황제와 2명의 부황제를 뽑아 분할 통치하는 사두정치를 확립하였고 군제, 세제, 화폐 제도의 국사를 돌보면서 로마 제국의 새로운 평화를 가져왔다. 이후 여러 차례 전쟁을 치르면서 통치자로서 허약해진 디오클레티아누스는 재위 21년에 황제직을 사임하면서 세계에서 최초로 황제 직을 사임하는 선례를 남긴다.

퇴임한 그는 어머니의 고향 살로나로 돌아와 생애의 마지막 9년 동안은 평범한 시민으로 보냈다. 그의 은거 생활은 만족스러웠으며 그에게서 소유권을 물려받은 군주들의 존경을 받았다. 오랫동안 일에 매달렸던 사람들은 혼자서 지내기가 힘들며, 권력을 상실한 후 할 일이 없는 것을 슬퍼하기 마련이다. 하지만 디오클레티아누스는 고독한 생활이지만 소일거리가 되는 독서나 신앙 생활로 편안하게 지냈다.

하지만 그동안 중책을 맡았던 사람에게 안락한 은둔 생활은 그다지 오래 허용되지 않았다. 함께 퇴임한 막시미아누스로부터 통치권과 황제의 자리를 다시 장악하자는 유혹을 받은 것이다. 그러나 그는 자신이 살로나에서 직접 재배한 양배추를 그에게 보여주며 지금의 생활에 만족한다며 유혹을 뿌리친다. 권력에 눈이 먼 막시미아누스는 그의 딸과 아내를 납치해 디오클레티아누스에게 인간적으로 씻을 수 없는 깊은 상처를 안겼다. 디오클레티아누스는 그들의 권력에서 멀어지기 위해서 자살을 선택한다. 그 후 그의 딸과 아내 역시 그로부터 황제 자리를 물려받은 리키우스에게 살해된다.

플러스 α

스플리트에서 꼭 해야 하는 것으로 대성당 종탑에서 시내 전경 감상하기와 은문 밖에서 맛있고 저렴한 과일(특히 체리) 사먹기이다. 이곳을 지나면 과일 파는 곳이 흔하지 않다.

 찾아가는 길

스플리트는 달마티아 지방의 교통 요지라서 크로아티아 각지로 버스가 잘 연결된다. 가장 많은 노선이 연결되는 곳은 수도인 자그레브와 두브로브니크, 자다르 등이다. 버스는 같은 구간이더라도 출발 시간에 따라 요금과 소요 시간이 모두 다르니 미리 잘 체크해야 한다. 자그레브에서는 거의 매 30분 간격으로 출발하며 6~9시간 걸린다. 두브로브니크에서는 매일 14회 정도 운행하며, 4~5시간이 걸린다. 스플리트에서 두브로브니크 방향으로 갈 때는 버스 오른쪽에 앉아야 아드리아 해의 아름다운 풍경을 감상할 수 있다. 반대로 두브로브니크에서 스플리트 방향으로 갈 때는 왼쪽에 앉아야 한다. 스플리트-자다르는 3시간이 소요되며, 한 시간 간격으로 운행한다. 보스니아 헤르체고비나의 모스타르까지는 매일 4회 운행하며 2~4시간 걸린다.
스플리트 버스터미널 사이트 www.ak-split.hr/EN

91 플리트비체:
플리트비체 Plitvice 국립 공원

● 2년 동안 세계 일주를 한 여행자가 여행 당시 빠뜨리고 미처 보지 못해 책상 앞에 붙여 두고 1년 내내 꼭 가 보리라고 다짐하다가 마침내 방문하여 탄성을 질렀다는 곳이다.

1979년 유네스코 세계 문화유산으로 등재되어 있어 죽기 전에 꼭 보아야 하는 천혜의 비경으로 꼽히는 플리트비체Plitvice 국립 공원이다.

플리트비체 국립 공원은 아드리아 해에서 55km 떨어져 있어 바다에서 올라오는 따뜻한 공기와 차가운 산 공기가 만나면서 생긴 많은 비로 밀림 같은 숲을 만들었다. 태고적 자연의 모습을 간직한 이곳에 여름이면 수천 마리의 반딧불이 반짝이며 매혹적인 밤의 향연을 펼치고, 가을이면 원색의 단풍과 수백 갈래로 떨어지는 폭포들이 옥색의 호수를 신비롭게 한다.

플리트비체는 이틀 일정으로 상류와 하류 코스로 나누어 여유 있게

| 플리트비체 호수
상류와 하류 코스를 오전과 오후에 나누어 돌면 하루 일정으로 감상할 수 있다.

트래킹을 하기에 좋은 코스이다. 시간이 없는 여행자라면 오전 10시부터 오후 5시에 걸쳐 두 코스를 모두 둘러볼 수 있다. 공원 내에는 곳곳에 표지판이 있어 누구나 쉽게 트래킹을 즐길 수 있다. 물론 중앙에서 상류 코스와 하류 코스를 잇기 위해 배로 이동해야 하지만 오히려 색다른 재미를 가져다준다.

다양하면서 복잡한 자연을 감상할 수 있는 상류 트래킹 코스는 백운석으로 만들어진 호수들이 울창한 숲과 어우러져 장관을 연출한다. 호젓한 호숫가에서 깊은 산속이 되었다가 순식간에 원시의 밀림으로 변하는 자연 앞에 여행자는 살아 있는 행복감을 느낀다. 이곳에서 가장 흔하게 볼 수 있는 것은 송어 떼이다. 바다까지 훤히 보이는 호수에 송어들은 이미 사람들과 친해져 사람들이 지나가면 길 위로 몰려나와 인사를 나눈다. 자연을 보호하기 위해 흙길 이외에는 나무로 만든 산책길은 발걸음을 옮길 때마다 삐걱거리지만 걸으면 걸을수록 고단함은 사라지고 상쾌함이 넘친다. 숲속 폭포들이 큰 소리로 노래하고 조그만 시냇물이 장단을 맞추어 화음

| 호수에서 자주 마주치는 송어 떼

을 넣지만 푸른 호수 속 고목들은 꿈쩍도 하지 않고 드러누워 있는 상류 트래킹은 약 2시간이 소요된다.

하류의 다양한 호수들은 상류에서 흘러내려 온 물의 압력으로 땅 속 동굴이 무너지면서 생성된 것으로 단순하면서도 물살이 세다. 옥색 호수 사이를 다니는 하류 트래킹 길은 약 2시간 30분이 소요된다. 시작부터 타게 되는 유람선은 호수 위를 떠돌며 맑은 투명 물감 사이로 나아가는 느낌이 들게 한다. 배에서 내려 호숫가를 걷다가 전망대가 보이는 바윗길을 오르면 사진에서 봤던 플리트비체 하이라이트 장면이 펼쳐진다.

칼처럼 뾰족한 암벽과 푸른 숲 사이로 2개의 층을 가진 거대한 산호 빛 호수가 여러 갈래로 떨어지는 폭포와 어우러져 장관을 연출한다.

전망대에서 다시 내려가 호수 한가운데에 놓인 다리를 건너 길을 따라가면 전기자동차가 기다린다. 공원 내 움직이는 배나 버스는 환경을 보존하기 위해서 모두 전기를 사용한다. 전기차에 올라타

자 숲을 뚫고 얼마 지나지 않아 처음 출발점으로 돌아온다.

 플러스 α

플리트비체 국립 공원의 하이라이트는 흔히 엽서에서 보는 장면으로, 푸른 2개의 폭포가 호수 아래로 쏟아지는 광경이다. 이곳을 보기 위해서는 뷰 포인트로 올라가서 오른쪽으로 가야 한다. 게시판이 적혀 있는 왼쪽으로 가서는 결코 볼 수 없다. 뷰 포인트가 있는 계단 밑에서 바라보면 오른쪽 위로 전망대가 보인다. 그런데 계단을 오르고 나면 모든 게시판은 왼쪽을 가리킨다. 무시하고 오른쪽으로 가서 밑에서 보았던 전망대로 가야 한다. 플리트피체 국립 공원을 전체를 돌아보기 위해서는 하루 종일이 소요된다. 공원 내 식당 음식은 비싸고 부실하니 미리 도시락과 음료를 준비해 가는 것이 좋다.

 찾아가는 길

자그레브에서 플리트비체로 가는 버스는 아침 일찍부터 있고 오후까지 돌아오는 버스가 있다. 편도 2시간 30분이 소요된다. 만약 자그레브에서 플리트비체를 갔다가 스플리트로 갈 경우 5시간 이상 소요되니 오후 2시 이전에 스플리트 행 버스를 타야 한다.
버스 시간과 가격 정보 www.croatiabus.hr

유럽,
아는 만큼
보인다

Europe

92 유럽:
유럽의 자유 여행 성공법

● 해마다 4개월 이상 유럽 현지에서 단체 여행을 인솔하면서 많은 여행객을 만난다. 여행객 중 일부는 철저한 사전 준비를 하여 여행을 신나게 즐기지만 대부분은 아무런 준비 없이 떠나 사진만 남긴 채 끝내는 경우가 많다. 물론 아무런 준비 없이 여행을 하더라도 예상치 못한 새로운 경험을 많이 할 수도 있지만, 상대적으로 빨리 지치고 무미건조해질 가능성도 크다.

자유 여행은 패키지의 반대 개념으로 모든 일정과 숙식, 이동 수단을 스스로 해결해야 하는 여행이다. 따라서 여행 가기 전에 핵심 정보를 얼마나 준비하느냐에 따라 여행의 성공과 실패가 갈린다. 아는 만큼 보이고 보이는 만큼 감동 받는다는 말처럼 사전에 여행 준비를 충분히 한다면 보다 풍요롭고 즐거운 여행을 할 수 있다.

여행 준비에서 가장 어려운 것은 인터넷이나 정보 책자 등 넘처나는 정보 중 어떤 것이 자신에게 필요한 핵심 정보인지 선별하는 것이다. 이를 위해 두 가지가 선행되어야 한다.

첫째, 분명한 여행 목표를 정하고 목표에 따라 정보를 수집해야 한다.

유럽 여행에서 박물관, 미술관 감상이 목표라면 그 목표에 따라 정보를 수집해야 한다. 먼저 유럽의 주요 박물관과 미술관을 조사하여 자신

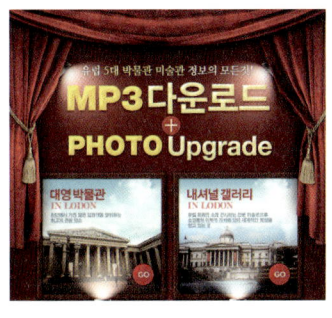

| 박물관 MP3 다운로드

투어야닷컴에서 여러 가지 정보를 다운 받을 수 있다.

이 관심 있는 박물관, 미술관을 선정한다. 다음으로 각 박물관, 미술관에 따라 특징을 파악하고 반드시 보아야 할 작품 등을 선정하고 주요 작품을 감상하기 위한 해설 정보를 모아야 한다.

아무런 목표와 준비 없이 박물관과 미술관에 간다고 생각해 보라. 얼마나 무미건조하고 따분한 곳이 될지 금방 상상이 간다. 현지에서 박물관, 미술관에서 나누어 주는 지도 한 장 달랑 들고 어리둥절해하면서 헤매는 여행객들을 볼 때마다 사전 준비의 필요성을 절감한다.

박물관과 미술관에 대한 사전 준비를 해 온 여행자와 그렇지 않은 여행자가 느끼는 박물관, 미술관에 대한 감동은 하늘과 땅 차이이다. 이 감동은 결코 몇 개 작품만 나열해 놓은 여행 정보 책자가 해결해 줄 수 있는 것이 아니다.

마찬가지로 만약 음식 기행이라면 국가별 전통 음식과 식당 정보, 주문 방법, 가격 등을 구체적으로 정리해서 간다면 감동적인 맛 기행을 할 수 있다. 최소한 거의 매일 맥도널드에서 햄버거를 먹는 최악의 상황은 피할 수 있다. 이외의 목표로 뮤지컬, 오페라를 감상하는 여행, 래프팅, 패러글라이딩 등을 하는 레포츠 여행 등이 있다.

둘째, 항목별로 정보를 수집해야 한다.

닥치는 대로 정보를 수집하면 겹치기도 하고 무엇이 부족한지 모르는 경우가 대부분이다. 자신이 방문하고자 하는 도시를 먼저 선정하고 그 도시별로 볼거리, 먹거리, 즐길 거리, 숙박 등 네 가지로 틀을 정한 후 정보를 모으는 것이 효과적이다. 예를 들어 파리라면 파리의 방문지를 먼저 선정한다. 그 다음으로 방문지 중 꼭 보아야 할 곳을 다시 선정하고 그것에 관련된 정보를 모아야 한다.

| 여행 전문 블로그
자신의 여행 스타일과 맞는 다양한 블로거들의 정보를 참고하여 계획을 세운다.

방문지 선정이 끝났으면 도시 지도를 이용해 효과적인 이동 동선을 정하자. 이런 준비를 하고 파리를 방문하면 시간 및 경비를 아낄 뿐더러 훨씬 깊고 풍부한 여행을 할 수 있다. 동선을 정하는 것은 미리 할 필요는 없고, 유럽 현지에 도착하여 도시 방문 전에 정보 책자를 보면서 준비해도 된다. 그러나 방문지에 대한 깊고 풍부한 정보는 반드시 여행 출발 전 우리나라에서 준비를 해야 효과적이다.

마지막으로 즐거운 여행을 위해서 수집된 정보를 바탕으로 여행 예산표를 작성하자.

우리는 평소 돈을 쓰는 방법에 대해서 배우지 못했다. 대부분의 여행자는 낯선 땅에서 불안하니까 어쨌든 아끼려고만 한다. 매일 맥도널드에서 식사를 하고 뮤지컬, 오페라, 레포츠 등은 돈이 아까워서 하지 않는다. 하지만 여행이 끝날 무렵 경비를 살펴보면 절반 이상이 남는 경우가

허다하다. 풍성하고 즐거운 자유 여행을 하려면 반드시 사전에 예산표를 작성해야 한다. 예산표는 숙박비와 점심, 저녁 그리고 시내 교통비로 일일 경비를 책정하고, 이와 별도로 야간 열차 예약비와 런던 뮤지컬과 스위스 래프팅 등 즐길 거리 그리고 스위스 퐁뒤와 프랑스 달팽이 요리 등 먹거리에 사용되는 경비 등으로 구체적으로 잡아야 한다.

여행을 하면서 이런 계획에 따라 매일 지출을 기록한다면, 틀림없이 비용은 적게 들면서 풍부한 경험을 하는 여행을 할 수 있다.

 플러스 α

유럽 여행 총 경비는 여행 일정과 형태에 따라 매우 다르게 나타난다. 여행 형태와 일수에 따라 현지 교통비와 숙박비가 달라지고 숙박지에 따른 예산 역시 천차만별이다. 하지만 경비 내역을 크게 분류하면 항공권, 유레일(구간)패스, 숙박비, 현지 경비로 나눌 수 있다. 각 부분에 대한 예산들은 인터넷이나 정보 책자 그리고 여행사에 문의하면 알 수 있다. 만약 여행사의 상품을 이용한다면 상품 가격과 현지 경비만 더하면 된다. 예산을 잡을 때 차이가 많이 나는 것은 항공권으로 미리 예약해 두면 저렴하게 여행할 수 있다.

93 유럽:
유럽과 기독교

● 　유럽 여행을 하면 수많은 성당과 기독교에 관련된 유물 그리고 작품들을 만난다.

　유럽 사람들이 5세기부터 15세기까지 1000년을 기독교가 지배하는 세상을 살았으니 유럽의 역사에서 기독교를 빼고는 말할 수 없을 정도로 기독교와 유럽은 밀접한 관계가 있다.

　유럽을 깊고 풍성하게 여행하기 위해서는 기독교의 역사를 아는 것이 필수적이다. 유럽 여행 중 만나는 작품을 통해서 기독교의 역사를 알아보자.

　로마 바티칸 State della citta del vaticano을 방문하면 미켈란젤로의 〈천지창조〉가 있다. 이 작품은 성서에 바탕을 둔 기독교 역사의 시작을 알리는 장면으로 가득하다. 하느님이 세상과 사람을 만든다. 그 최초의 사람이 아담과 이브이다. 아담과 이브는 지상의 낙원인 에덴동산에서 잘 살고 있다가 뱀의 꼬임에 빠져 하느님이 금지한 선악과를 먹게 되고 에덴동산에서 쫓겨나 세상으로 나온다. 그들은 세상에 나와 속죄의 마음으로 열심히 살지만 그의 아들인 카인과 아벨에 의해서 인간의 죄는 다시 이어진다. 카인은 하느님이 자신보다 동생인 아벨을 좋아하는 것을 질투하여 들판에서 동생을 몽둥이로 쳐서 죽인다. 하느님이 너의 동생 아벨

| 천지창조

이 어디 있느냐고 물어보자 피 묻은 몽둥이를 든 채로 모른다고 거짓말을 하여 저주를 받는다. 카인과 아벨에 관련된 작품은 르네상스의 시작을 알리는 피렌체 〈천국의 문〉에 조각되어 있다.

세상이 죄악으로 넘치자 하느님은 악을 없애기 위해 대홍수를 일으킨다. 이때 선택받은 노아와 가족들 그리고 몇 쌍의 동물들만 살아남으며 노아의 세 아들로부터 인류가 번성하여 온 세상으로 퍼진다. 노아의 홍수와 그 후 하느님에게 감사의 번제 의식을 올리는 장면 역시 바티칸 시스티나 성당의 〈천지창조〉에 그려져 있다.

400년의 시간이 흘러 노아의 12대 손으로 아브라함이 태어난다. 그는 이집트 땅에서 하느님의 명령으로 지금의 중동 지방인 가나안 땅으로 이주한다. 아브라함과 관련된 가장 유명한 사건은, 하느님이 그의 믿음을 시험하기 위해 아들 이삭을 제물로 바치라고 한 것이다. 아브라함은 오랜 고뇌 끝에 이삭을 제물로 바치려 하자 천사가 나타나 아들은 살아나고 아브라함의 믿음도 인정받게 된다. 25년마다 문이 열려 그 문을 통과하는 사람은 죄 사함을 받는다는 성 베드로 성당의 〈희년의 문〉과 피렌체의 〈천국의 문〉에 관련 내용이 조각되어 있다. 아브라함의 아들 이삭이 하느님을 모시는 족장의 지위를 받고 다시 이삭의 아들 야곱이 그 역사를 계승한다. 야곱의 아들 중 열한 번

| 천국의 문

째 아들로 태어난 요셉은 아버지의 사랑을 독차지해 형들의 질투를 받아 이집트로 팔려 간다. 요셉은 이집트 왕인 파라오의 꿈속에 나타난 소 일곱 마리에 대한 해몽으로 7년의 흉년을 예견하고 이것에 대비한 곡식 저장을 제안하여 이집트의 총리가 된다. 그는 가나안에서 가난하게 살고 있는 가족들을 용서하고 이집트로 불러서 평화롭게 함께 산다. 런던 내셔널 갤러리The National Gallery에 있는 폰토르모의 작품 〈이집트에 있는 야곱과 요셉〉에서 확인할 수 있다.

기원전 1200년 경 독재자 람세스 2세가 이집트의 파라오가 되면서 그는 이집트의 신을 믿지 않는 기독교인을 탄압하고 노예로 만든다. 고난을 받던 기독교 민족은 시나이 산에서 하느님의 사명을 받은 모세의 주도로 이집트를 탈출하게 된다. 탈출하는 과정에서 모세는 홍해를 갈라 이집트 병사를 따돌리며 탈출에 성공한다. 바티칸 시스티나 성당의 〈모세의 일생〉 벽화 중 〈홍해를 통과하는 모세〉 작품에서 당시의 상황을 생생하게 느낄 수 있다.

모세는 40년의 방랑 끝에 약속의 땅 가나안에 도착하지만, 신에게 딱

한 번 불충한 죄(므리바 물 사건으로 흥분하여 하느님의 명을 잊은 죄)를 지은 탓에 자신은 그 땅에 들어가지 못하고 인근의 느보 산에서 장엄한 생을 마친다. 그런데도 하느님에 대한 원망보다는 민족의 비전에 온몸을 던진 모세의 모습에 후대의 많은 사람들은 감동을 받는다. 그래서 유럽 미술에서 모세만큼 인기 있는 성인은 찾아보기 힘들다. 로마 산 피에트로 인 빈콜리 성당Basilica di San Pietro in Vincoli에 있는 수염을 기른 당당한 풍모의 모세가 십계명 석판을 들고 있는 모세 상은 미켈란젤로의 대표작이다.

가나안 땅에 도착한 이스라엘 백성들은 다른 나라들처럼 왕을 세워 달라고 제사장인 사무엘에게 이야기하였고, 사무엘은 하느님의 뜻에 따라 사울을 이스라엘의 초대 왕으로 정한다. 왕이 된 사울은 백성을 괴롭히는 적들과 싸워 승리를 거두기도 하지만, 권세가 강해지자 하느님의 말씀을 거역하기 시작한다. 이때 돌팔매로 골리앗 정수리를 명중하여 쓰러뜨리고 블레셋 군을 대파하는 다윗이 나타나 백성들 사이에 인기가 점점 높아진다. 사울은 다윗을 죽이려고 여러 번 시도했으나 실패하고 결국 길보아 대전투에서 자결함으로써 다윗의 세상이 열린다. 자신을 믿고 모든 두려움을 이겨내는 인간 〈다비드(다윗) 상〉은 피렌체 아카데미 미술관에 있다.

역사에서 가장 유명한 간통 사건은 이스라엘 왕 다윗이 저지른다. 그는 아내와 후궁을 몇 명이나 거느렸지만, 어느 날 밧세바의 목욕 장면을 보며 사랑에 빠지게 된다. 밧세바는 다윗의 용맹스런 부하인 우리아의 아내였다. 그렇지만 감정을 이기지 못한 다윗은 그녀에게 접근해 사랑을 나누고 밧세바는 임신을 한다. 사실을 은폐하기 위해 다윗은 우리아를 전선에서 불러 '사랑의 휴가'를 주지만 충성스러운 우리아는 부하 병사들과 야영을 하며 아내와의 잠자리를 거부한다. 다윗은 결국 우리아를 격렬한 전투가 벌어지는 곳으로 보내 전사하게 하고 밧세바와 결혼을 한다. 이후 하느님의 노여움으로 임신한 아들은 죽고 계속된 반란이 발생하는 과정에서 다윗은 진심으로 회개한다. 루브르 박물관의 렘브란트 방에 가면 명작 〈목욕하는 밧세바〉를 감상할 수 있다.

다윗과 밧세바가 회개한 후에 낳은 아들이 솔로몬이다. 유대인의 지혜서라는 〈미드라시〉를 보면 다윗 왕이 어느 날 궁중의 보석 세공사를 불러 전쟁에 승리해도 우쭐해하지 않고, 견디기 힘든 절망에 빠졌을 때도 용기를 주는 글귀를 새긴 반지를 만들라고 명령한다. 세공사는 최선을 다해 최고의 반지를 만들었지만 어떤 글귀를 새겨야 할지 고민하다가 지혜로운 솔로몬에게 조언을 구한다. 한참을 생각하던 솔로몬은 '이것 또한 지나가리라'라고 말한다.

94 유럽:
유럽의 건축사

● 여행 안내 책자에 보면 노트르담 대성당에 대해 "'성모 마리아'라는 뜻의 이 사원은 고딕 건축 양식의 최고 걸작으로 나폴레옹의 대관식 및 귀족들의 결혼식이 주로 거행되던 곳이다. 1163년 개축 공사를 시작으로 약 170년 만인 1330년에 지금의 모습으로 완성되었다. 프랑스 최대의 파이프 오르간과 '장미의 창'이라 불리는 환상적인 스테인드글라스가 압권이다."라고 설명하고 있다.

그런데 왜 성당을 '사원'이라고 할까? 또 '고딕 건축 양식'은 무엇을 말하며, 어째서 이 성당이 '최고 걸작'이라고 하는 것일까? 그리고 '장미의 창'은 도대체 무엇을 의미하는지 궁금해하면서 이 성당을 본다면 훨씬 유익한 유럽 여행을 할 수 있다.

우리가 유럽으로 여행 가서 체험하는 많은 부분을 건축물이 차지한다. 그런데 정말 어렵고 힘들게 가서 보는 것인데도 봤다는 사실에만 만족하며 기념사진 몇 장으로 대신하고 돌아오는 것이 현실이다. 그러나 노트르담 사원이 일반적으로 신전이나 절을 일컫는 사원이 아닌 중세 유럽의 정신을 지배했던 가톨릭의 성당이며, 그 가운데 주교가 집전하는 곳이어서 성당이라 하지 않고 대성당이라 부르는 곳이고, 그리스도교가 유럽의 정신적 지주로 완전히 자리 잡은 중세 때의 건축이며, 이때 만들

| 고딕 건축 양식
왼쪽_프랑스 파리에 있는 노트르담 대성당
오른쪽_독일 쾰른에 있는 쾰른 대성당

어진 모든 비슷한 건축 형태를 고딕 건축 양식이라 부른다. 또한 노트르담 대성당은 중세의 정신을 건축으로 처음 완전히 드러낸 건축물로 몽매한 신자들을 건축적으로 감동시키기 위해 '장미의 창(장미꽃 모양을 닮았기 때문에 붙여진 이름)'이 만들어졌다는 사실을 알게 되면 이 건물에 대한 이해가 좀 더 깊어질 것이다.

우리는 흔히 건축을 문화라고 한다. 이것은 건축이 문화의 산물인 동시에 문화를 만들어가는 예술임을 뜻한다. 따라서 서양 건축의 역사는 서양 문화의 역사와 그 길을 같이한다.

따라서 서양의 건축은 오늘날 서양을 지탱하게 한 헬레니즘과 헤브라이즘이라는 2개의 커다란 정신을 바탕으로 그 모습을 다양하게 드러냈다.

헬레니즘은 모든 사물을 인간 중심으로 보기 때문에 모든 창작 행위는 인간의 생각을 담고 있다. 지중해의 그리스 문화가 대표적인 것으로 그리스의 신들은 인간의 상상에서 나온 것이다. 다시 말하면, 모든 창작 행위의 주체가 인간인 것이다. 이것이 건축으로 나타날 때 파르테논 신전과 같은 모습이 된다. 엄밀히 말하면 파르테논 신전은 신을 위한 것이 아니라 인간을 위한 것이다. 인간이 가장 갖고 싶은 집을 신의 집으로 투영한 것이다.

한편 사막 문명에서 나온 신 중심의 정신이 로마 시대 때 유럽으로 넘어오면서 신이 주체가 되는, 즉 그리스 때와는 반대로 모든 창작 행위가 신을 위해 존재하고 사람은 그것을 드러내는 도구로 생각하는 헤브라이즘 정신이 점차 유럽을 지배하면서 유럽 문화는 엄청난 변화를 겪기 시작한다. 그 정신의 완전한 승리가 중세 때이며, 이때 만들어진 건축들을 우리는 고딕 건축 양식이라 부른다. 따라서 그리스 건축은 이성적인 것이고, 고딕 건축은 감성적인 요소가 강하다. 이처럼 그리스 건축과 고딕 건축은 정반대의 관점에서 출발했기 때문에 건축물의 생김새도 정반대로 나올 수밖에 없다. 따라서 서양 건축의 역사는 시대적으로 크게 세 부분으로 나눌 수 있다.

첫째는 헬레니즘 정신을 퍼뜨린 지중해 문명의 그리스 건축과 로마 건축인 고대 건축 시대이고, 둘째는 헤브라이즘 정신과 유럽 대륙 문명이 이끄는 그리스도교 건축인 로마네스크 건축과 고딕 건축의 중세 건축 시대, 셋째는 다시 헬레니즘 정신을 되찾기 위한 르네상스 건축을 시작으로 위의 두 정신을 통합 발전시키는 바로크 건축과 로코코 건축 시대이다.

이후 건축은 프랑스 혁명의 자유 정신과 산업 혁명의 기계화 시대로 나타난 신고전주의 건축과 낭만주의 건축 그리고 철과 콘크리트를 사용한 산업 건축이 있는 근대 건축 시대로 나아간다.

플러스 α

그리스 로마 헬레니즘 건축 양식

그리스 사람들은 모든 사물을 인간 중심으로 보며 누구든지 인정할 수 있는 객관적이고 보편적인 완전함을 추구했다. 따라서 그들은 완전함을 이해할 수 있는 절대 기준이 필요했고, 이것을 자연에서 찾았다. 여기에서 나온 것이 비례, 대칭, 조화, 황금 분할 같은 절대 기준들이다. 이러한 기준에 맞는 가장 완전한 인간의 모습을 인체의 8등신에서 찾았는데, 미로의 〈비너스〉 같은 작품이 대표적이다. 건축에서 완전한 조화를 갖는 것이 파르테논 신전이다. 로마는 그리스 건축의 정신을 제대로 이어받지 못했다. 대신 유럽을 지배하고 다스리는 제국답게 도로나 다리처럼 토목 교량 구조물 그리고 제국의 위용을 드러내기 위한 웅장하고 규모가 큰 기념비적 건축물이 발달했다. 포로 로마노, 콜로세움, 판테온이 대표적이다.

| 포로 로마노

로마네스크 고딕 헤브라이즘 건축 양식

로마네스크 건축은 유럽에서 헬레니즘 정신이 사라지고 헤브라이즘 정신이 완전히 자리 잡는 과정에서 나타나는 순수 유럽 대륙 정신으로 만들어진 건축이다. 고딕 건축에 비해 그 모양이 투박하고 무거운 느낌을 주는 것이 로마 건축을 닮았다고 해서 붙여진 이름이다.

이 시대는 혼란했던 유럽이 그리스도교를 중심으로 점차 안정되던 시기라 다른 어느 시대보다 신앙심이 깊은 건축물을 만들었다. 고딕 건축처럼 세속화하여 화려함으로 사람의 마음을 움직이는 것보다 투박하지만 소박한 모습으로 사람의 마음 깊은 곳에서 감동을 불러일으키는 형태가 많다. 물론 여기에는 아직까지 구조 기술이 완전하게 발전하지 못한 탓도 있다. 대표적인 것이 순례자 성당이다.

유럽이 안정을 되찾자 상업이 번창하고 도시가 발달하면서 자연스럽게 고딕 양식의 도시 성당이 주요 건축으로 자리 잡게 된다. 로마네스크 건축에서 높이나 폭을 자유롭게 조절할 수 있는 첨두 아치와 무거운 천장을 지탱하기 위해 리브볼트 그리고 지붕의 무게 압력을 분산시키는 밖으로 난 기둥인 플라잉 버트레스가 하나로 결합된다. 이제 성당의 둔하고 무겁던 벽은 가볍고 얇아져 로마네스크 건축보다 훨씬 높고 넓은 창을 만들 수 있었으며 내부는 풍부한 빛으로 훨씬 밝고 경쾌해져 묵상적인 신앙심을 요구했던 로마네스크의 무겁고 어두운 공간을 활기차게 만들었다. 성당도 둔탁한 덩어리에서 점차 가볍고 경쾌한 볼륨으로 바뀌었고 하느님에 대한 믿음을 드러내기 위해 하늘을 향한 수직성이 강조되는데, 외부는 물론 내부도 바닥에서 천장까지 쭉 이어지게 만들었다.

르네상스 건축 양식

십자군 원정의 계속된 실패로 교황의 권위와 유럽을 지탱해 왔던 믿음이 흔들리기 시작하면서 점차 신 중심에서 인간 중심의 세계로 바뀌기 시작한다. 이때, 무역으로 부를 축적한 피렌체에서 브루넬레스키라는 건축가가 지금까지 경험으로 쌓아 왔던 건축 기술과 방법을 버리고 자신의 논리적이고 과학적인 생각으로 새로운 건축 기술과 방법을 개발한다. 그는 도저히 올릴 수 없을 것만 같던 거대한 돔을 자신이 생각한 방법으로 산타 마리아 델 피오레 대성당 위에 올렸다. 이제 인간의 합리적인 생각을 믿고 따르기 시작했다. 이것은 모든 것이 신의 뜻에 따른다는 고딕 건축 시대에는 생각조차 할 수 없는 일이었다. 또한 건축의 아름다움에 대한 기준을 신이 아니라 인간의 눈으로 되돌려놓았다. 당시 원근법을 발명했는데, 인간의 눈을 통해 모든 것을 바라보았던 그리스의 정신이 여기서 다시 나타난 것이다. 이러한 이성적 사고방식으로 만든 대표적인 건축물 가운데 하나가 미켈란젤로가 설계한 로마의 캄피돌리오 광장이다.

| 캄피돌리오 광장

바로크 건축 양식

바로크는 르네상스 시대부터 익숙했던 그리스 고전주의 경향과 다르게 낯설고 사치스러우며 왜곡된 건물 형태를 띤 데서 붙여진 이름이다. 그러나 바로크 시대에는 빛과 그림자의 효과와 투시 도법을 이용한 착시 현상과 환각 효과가 건축 기법과 결합되면서 전혀 새로운 건축 공간이 만들어진다. 베르니니의 다비드 상과 미켈란젤로의 다비드 상을 비교해 보면 그 차이점을 쉽게 알 수 있다. 미켈란젤로의 다비드 상은 그리스적인 조각 수법으로 차분하고 균형이 잡힌 정적인 분위기를 나타내는 이상 세계의 청년 모습이지만, 베르니니의 다비드 상은 매우 동적이고 팽팽한 긴장감이 감도는 현실 세계의 청년 모습이다. 이처럼 보는 사람의 감정에 호소하는 양식이 나타난 근본 이유는 반종교개혁으로 힘이 약화된 가톨릭이 더 이상 옛날처럼 무조건적인 믿음이나 이성에 호소할 수 없었기 때문이다. 따라서 정신적인 것보다 시각적 감각을 통해 사람의 마음을 움직일 수 있는 새로운 건축 장치가 필요했다.

95 유럽:
유럽의 미술사

그리스 로마의 헬레니즘 (BC 323~AD 3세기)

- 기원전 480~323년 사이에 그리스 미술의 전성기인 고전적 양식이 성숙했다. 플라톤은 그의 저서 〈공화국〉에서 예술과 자연에 의해 아름답게 만들어진 사물만이 인간을 즐겁게 하고 인간의 정신 속에 들어가 감화시켜 인간의 성품을 선하고 아름답게 한다고 믿었다.

  그리스인들은 현실과 이상이 조화를 이룰 때 비로소 완전한 아름다움과 절대적인 황금 비율이 탄생한다고 생각했다. 파르테논 신전은 고대 그리스인들의 이상과 소망을 실현한 작품으로 오늘날 서구 세계의 정부와 금융 건물의 규범이 되는 안전성과 권위, 영속성을 상징하는 건축의 기본 양식을 제공했다.

  그러나 로마인은 그리스인들과 달리 인간을 지나치게 이상화하지 않고 현실을 사실적으로 묘사했다.

  그리스와 로마의 차이는 그리스의 문명을 로마가 받아들여 전 유럽의 줄기 역할을 하면서 로마 방식의 건축 양식을 발전시켰다는 점이다. 그리스인이 조각의 거장이라면 로마인들은 위대한 엔지니어이자 뛰어난 건축가였다. 대표적인 작품으로 콜로세움이 있다.

기독교의 헤브라이즘 (AD 4~16세기)

● 313년 콘스탄티누스 황제의 기독교 공인은 이후 1000년간 유럽의 미술을 인간 중심에서 신 중심으로 바꾸어 놓으며 미술은 하느님의 말씀을 전하는 도구로 사용되었다. 이 시기 보이지 않는 성경 속의 이야기들을 그림으로 표현하고자 갖가지 상징적인 장치들을 사용하였는데 예를 들면 성인의 머리 뒤로 후광을 그리고 베드로는 언제나 열쇠를 쥐고 있게 그렸다.

르네상스 (16세기)

● 16세기 유럽의 왕들과 교회의 우두머리인 교황과의 세력 다툼에서 교황이 왕들에게 눌려 교회의 간섭이 조금 수그러지자 상업 도시인 피렌체, 베네치아를 중심으로 기존의 신 중심의 예술에서 인간 중심의 예술이 크게 번지기 시작했다. 그들은 원근법과 명암법을 이용해 인간의 시선에 맞는 아름다운 사람을 그리고 조각했다.

이것은 이미 그리스 로마 시대에 꽃피웠던 인간 중심의 헬레니즘이 1000년간이나 사람들을 억누르던 신 중심의 헤브라이즘을 뚫고 고개를 든 것을 의미한다.

르네상스는 이탈리어로 '다시 태어나다'라는 의미이다.

| 모나리자

대표작으로는 파리 루브르 박물관에 있는 레오나르도 다빈치의 〈모나리자〉와 로마 시스티나 성당에 있는 미켈란젤로의 〈천지창조〉와 〈최후의 심판〉 등이 있다.

바로크 시대 (17세기)

● 17세기에 들어서면서 사람의 감정이 지나칠 정도로 과장되게 그려지기 시작했다. 이때 프랑스를 비롯한 유럽의 여러 나라들은 어수선한 나라의 형편을 정리하고 왕이 모든 권력의 절대자로 등장하자 국민들을 정신적으로 지배하던 교회를 자기 편으로 끌어들일 필요가 있었다.

사람의 감정을 그리던 시대에서 왕의 권위와 명예를 높이는 데 예술이 총동원되었는데 이때를 바로크 시대라 한다. 건축가들은 웅장하고 화려한 왕궁을 지어 왕의 위엄을 높이고 엄숙하고 경건한 교회를 지어 사람들의 하느님에 대한 믿음을 강하게 했다. 바로크 시대는 왕과 교회 중심이었다.

로코코 시대 (18~19세기)

● 왕이 절대적인 권력을 손에 쥐고 나라를 다스리면 그 밑의 신하들이 많이 있게 마련이다. 귀족들은 명목상 왕을 섬기지만, 실질적인 권력과 부는 차츰 그들의 몫이 된다. 더욱이 귀족의 수도 늘고 세력이 커지자 왕 중심의 문화가 차츰 귀족 중심으로 꽃피우게 되었다. 귀족은 왕에 비해 장엄한 궁전은 없지만 대신 화려하면서도 자신들의 취미가 깃들인 섬세한 문화를 즐겼다. 이렇듯 화려하고 섬세한 18~19세기의 귀족 중심 문화를 로코코 양식이라고 한다.

신고전주의

● 프랑스 혁명이 도화선이 되어 귀족과 왕들의 사치스러운 문화 양식은 점차 사라지고 단정하고 깨끗한 작품이 선호됨에 따라 그리스 로마 시대의 고전으로 돌아가자는 운동이 일어났다. 이를 신고전주의 시대

라고 한다. 신고전주의 작품은 대개 거작들인데, 주요 소재로 그리스 로마의 신화나 영웅들의 이야기 또는 성경 이야기나 나폴레옹 같은 영웅들의 전기를 즐겨 그렸고, 건축도 그리스 로마풍으로 되돌아갔다. 대표적인 작품으로는 루브르 박물관에 있는 다비드의 〈나폴레옹 황제 대관식〉이 있다.

| 나폴레옹 황제의 대관식

낭만주의

● 신고전주의와 함께 지금까지의 예술의 흐름에 노골적으로 반대의 깃발을 들고 나온 것이 낭만주의다. 이제까지 영웅을 그리던 방식에서 벗어나 화가 자신의 세계를 그리면서 자신의 감정을 그림에 반영하는 풍조가 대두되었다. 서양 미술사에서 낭만주의는 중요한 의미를 가진다. 이제까지 수천 년 동안 신, 왕, 영웅 등을 그리면서 작가의 감정은 전혀 개입되지 않았으나 고야의 작품에 접어들면서 작가 자신의 느낌이나 감정이 작품의 주제로 등장하기 시작했다. 대표적인 작품으로 프라도 미술관에 있는 고야의 〈1808년 5월 3일〉과 파리 루브르 박물관에 있는 테오도르 제리코의 〈메듀사 호의 뗏목〉이 있다.

사실주의

● 코로, 쿠르베와 같은 화가들은 낭만주의가 헛된 꿈만 양산한다며 반대하여 실생활을 사진처럼 사실 그대로 작가의 감정 개입 없이 자세히 그렸다. 다큐멘터리 같은 이러한 움직임을 사실주의라고 한다.

| 이삭 줍기

대표적인 작품으로 오르세 미술관에 있는 밀레의 〈이삭 줍기〉, 쿠르베의 〈화가의 아틀리에〉가 있다.

인상파

사진기와 휴대 가능한 물감이 발명되면서 회화는 역사적인 전환기를 맞는다. 화가들은 실내를 벗어나 밖으로 나와 변화무쌍한 빛을 그리기 시작했다.

그때까지 빛과 그림자의 변화무쌍함을 이용해 모든 배경까지 빼놓지 않고 자세히 그리던 방법을 무시하고, 배경은 적당히 그리고 어두운 배경에 눈이 부시도록 강한 햇빛을 받은 한 여자가 눈에 확 들어오게 하는 식으로 그렸다. 대표적인 작품으로 파리 오르세 미술관에 있는 마네의 〈양산을 쓴 여인〉이 있다.

이후 시간이 지나면서 인상파에 속하거나 또는 그 영향을 받았으면서도 차츰 그 영향에서 벗어나 개성적인 방향을 모색함으로써 내부에서 인상주의를 수정하려고 한 사람들이 나타나는데 이들을 후기 인상파라고 한다.

일반적으로 후기 인상파로는 세잔, 고흐, 고갱 등과 동시대인인 로트레크, 드가, 르누아르 등을 포함시키기도 한다. 그러나 물체의 실재감을 추구한 세잔, 강렬한 색과 붓 끝으로 내적 생명을 표출한 고흐 또는 원시성과 신비감을 상징적 색채로 나타낸 고갱 등, 이 화가들의 작풍은 어디까지나 개별적이고 집단으로서의 공통성은 없었으며, 오히려 인상파 이후의 현대 미술을 향한 다채롭고 중요한 한 단계로 보아야 한다. 대표적인 작품으로 파리 오르세 미술관에 있는 고흐의 〈자화상〉과 르느와르의 〈피아노 앞의 소녀들〉, 파리 오랑주리 미술관에 있는 모네의 〈수련〉이 있다.

인상파를 계기로 근대를 지난 미술사는 원색으로 자신의 강렬한 감정을 표현하는 야수파(대표작가 마티스)와 3차원적인 입체를 그리는 입체파(대표작가 피카소)를 지나 눈에 보이지 않는 아름다움을 그리는 추상파나(대표작가 칸딘스키) 화가 자신의 상상의 세계를 그리는 초현실주의(대표작가 살바도르 달리)로 나아갔다.

96 유럽:
유럽의 음악사

• 서양 음악(클래식)의 기원은 고대부터 시작하지만 고대 이집트와 그리스 시대의 음악들이 독특한 문자로 적힌 악보 몇 곡만이 전해져 고전의 부활이라고 하는 르네상스 시대에도 유독 음악만은 부진했다. 당연히 모범으로 삼아야 했던 고대의 음악을 알지 못했기 때문에 음악은 문학이나 미술과는 달리 그리스 로마라는 위대한 고전 없이 스스로의 역사와 감성에 바탕을 둔 음악의 기초를 쌓아 갔는데 그것이 서양 음악사의 시작이다.

중세 음악 (4-16세기)

• 고대 음악의 전승 없이 시작한 서양 음악은 기독교가 지배하는 중세 시대 교회 속에서 시작한다. 그레고리 1세 교황은 성가를 집대성하였으며 오르간이 발달하고 종이 위에 음표를 기록함으로써 근대적인 작곡법이 발달했다.

한편 교회 음악과 더불어 세속 음악도 발달하여 12세기 무렵 기사들 사이에 음유 시인이 생겨났으며 15세기에 시민 계급이 급성장하면서 연극이나 연주회를 일반 시민에게 공개하였다. 이때 바이올린과 피아노의 전신이 만들어졌다.

바로크 음악 (17-18세기 중기)

● 흔히 음악의 아버지와 음악의 어머니로 불리는 바흐와 헨델이 주역인 바로크 음악은 성악에서 처음으로 기악이 독립된 시기이다. 바로크 시대에는 비발디의 〈사계〉에서 나타나듯이 언제나 저음부의 악기가 연주되면서 나머지는 연주자의 즉흥 선율에 맡기는 모노디의 음

| 헨델

악이 주류를 이룬다. 이는 기존 음악과는 달리 스스로의 표현 능력을 가지고 있어 극적인 표현을 가능하게 하여 오페라가 탄생되었다. 대표곡으로 바흐의 〈G선상의 아리아〉, 〈마태 수난곡〉, 〈브란덴부르크 협주곡〉과 헨델의 〈메시아〉, 〈수상 음악〉 등이 있다.

고전파 음악 (18세기)

● 18세기 음악은 살롱과 궁전으로 옮겨갔다. 프랑스 절대주의의 상징인 베르사유는 그 화려함으로 각국 군주의 동경의 대상이었다. 궁전에는 궁정 관현악단이 설치되고 궁정 음악사가 고용되어 왕후를 위한 작곡이나 연주를 맡았다.

이 시기는 음악의 형식을 중요시하였으며, 소나타 형식을 완성하여 피아노 소나타, 교향곡, 실내악곡 등이 발전하였다. 대표적인 음악가로 빈 고전파로 유명한 모차르트, 베토벤, 하이든이 있다. 오스트리아 음악의 신

| 모차르트와 베토벤

동 모차르트(756-1791)는 이탈리아의 명랑함과 독일의 정돈된 화성을 바탕으로 〈피가로의 결혼〉, 〈돈 조반니〉 등을 남겼으며, 고전파 음악의 최고봉인 베토벤(1770-1827)은 영감과 열정으로 교향곡 〈영웅〉, 〈전원〉, 〈합창〉 등 9곡과 피아노 소나타 〈비창〉, 〈열정〉, 〈월광〉 등 32곡을 남기며 19세기 낭만파 음악에 많은 영향을 끼쳤다. 또한 오스트리아 교황 곡의 아버지 하이든(1732-1809)은 소나타 형식과 교향곡 형식, 실내악 등 고전음악을 확립하며 교향곡 〈놀람〉, 〈고별〉, 〈시계〉 등을 남겼다.

낭만파 음악 (19세기-20세기 초)

| 쇼팽

슈베르트 이후 19세기 전반의 음악을 낭만주의 음악이라고 한다. 이 시기 유럽은 이성 만능의 계몽주의로부터 탈피하여 낭만주의 사상이 나타나게 되는데 음악은 다른 예술, 특히 문학과 밀접하게 결부되어 문학적, 시적 혹은 회화적 감정의 내용을 음악으로 표현하였다. 대표적인 작가로 베버와 슈베르트, 쇼팽, 슈만, 리스트 등이 있다.

낭만파 음악의 개척자이자 독일 가극의 아버지 베버(1786-1826)는 가극 〈마탄의 사수〉를 남겼으며 낭만파 음악의 최고봉인 슈베르트(1797-1828)는 〈아름다운 물방앗간의 아가씨〉, 〈겨울 나그네〉 등을 대표작으로 남겼다. 또한 피아노의 시인 쇼팽(1810-1849)은 폴란드의 민속 음악을 피아노곡으로 작곡하여 음악의 새로운 경지를 개척하였는데 대표작으로 〈야상곡〉, 〈즉흥 환상곡〉 등이 있다.

낭만파의 음악은 후기로 갈수록 작품의 개성이 더욱 뚜렷해지고 주관

적인 경향이 강하게 나타났으며, 전기의 소규모 악곡
이 후기에는 대규모의 악곡으로 변모하였다. 대표적인
작곡가로 바그너, 브람스, 차이코프스키 등이 있다.

| 차이코프스키

독일 악극의 창시자 바그너(1813-1883)는 〈트리스탄과 이졸데〉, 〈니벨룽겐의 반지〉, 〈탄호이저〉, 〈로엔그린〉 등을 남겼으며, 신고전파 브람스(1833-1897)는 낭만파 음악이 왕성한 때에 고전파의 작품을 존중하여 고전적인 작품을 많이 남겼는데 대표적인 작품으로 〈대학 축전 서곡〉이 있다. 또한 러시아 낭만파 음악가 차이코프스키(840-1893)는 러시아의 음악과 유럽 음악을 절충하여 아름다우면서도 애수를 띤 작품을 남기며 국민주의 음악에 크게 영향을 주었다. 대표작으로 〈백조의 호수〉, 〈호두까기 인형〉 등이 있다.

국민악파

● 프랑스 혁명으로 유럽 각 나라는 민족의식이 대두되면서 근대적 통일 국가의 기틀을 마련하였다. 이러한 시대에 민족적인 음악의 소재를 발전시켜 민족주의적 음악 이념과 양식을 시도한 음악이 국민악파 음악이다.

| 베르디

바그너의 음악으로부터 독립하여 프랑스의 독자적인 음악을 시도한 프랑크와 바그너로부터 많이 배웠지만 국민주의 극작법과 리얼리티를 형성한 이탈리아의 베르디가 여기에 속한다.

근현대 음악

● 　1890년 반 낭만파 운동이 일어나 제1차 세계 대전이 끝나는 1918년 사이의 음악을 근대 음악이라 한다. 이 시기 신화적 역사적 배경을 없애고 감상적인 면만을 드러낸 인상주의 음악이 드뷔시에 의하여 창시되고 여기에 반발하여 여러 가지 감정을 자신이 생각한 대로 표현하는 표현주의 음악이 쇤베르크에 의하여 시작되었다. 그리고 1918년 이후 지금까지의 음악을 현대 음악이라 한다. 이 시기 우연성의 음악으로 1954년 존 케이지는 그의 피아노곡 〈4분 33초〉에서 연주자는 피아노 앞에서 곡명의 시간만큼 앉아 있다가 퇴장하는데, 이 사이에 청중들에게 들린 모든 소리가 음악이라고 하였다.

97 유럽:
유럽의 역사

• 세계 문명은 티그리스와 유프라테스 강 중심의 메소포타미아 문명, 인더스·갠지스 강 중심의 인더스 문명, 황하 강 주변의 황하 문명, 나일 강 주변의 이집트 문명으로 나누어진다.

이는 다시 이집트 문명과 메소포타미아 문명의 옥시덴트, 인더스와 황하 문명의 오리엔트로 세분된다. 유럽의 문명은 옥시덴트 문명에 기초한 것으로 그리스의 작은 섬 크레타 섬에서 출발한다. 당시 크레타는 통상과 무역이 주업종인 덕분에 오리엔트의 선진 문명을 유럽에서 가장 빨리 도입했다.

크레타의 선진 문명은 그리스로 유입되면서 자신들의 독자적인 방식으로 문명을 발전시켰다.

예를 들어, 자연 숭배를 사람으로 의인화하면서 사람 중심의 문화를 발전시켰다. 우리는 이를 헬레니즘이라 부른다. 이와 대조적으로 313년 로마 콘스탄티누스 왕에 의해 기독교가 공인되면서 기독교 문화가 신을 중심으로 널리 퍼지는데, 이를 헤브라이즘이라고 한다.

그리스의 문명은 다시 로마로 유입되면서 자신의 독특한 문명을 가미해 새로운 서양 역사를 꽃피운다. 로마는 원로원이 중심이 되는 공화정을 유지하다가 기원전 44년 카이사르가 암살된 후부터 제정 시대를 맞이한다. 그 후 313년 크리스트교를 인정한 콘스탄티누스 황제가 이탈리아의 수도를 콘스탄티노플로 옮겨 로마는 동로마와 서로마로 나누어진다. 이후 훈족이 게르만족을 덮치자 게르만족은 할 수 없이 로마 지역으로 이동했으며 게르만족의 우상인 오도아케르에 의해서 476년 서로마 제국이 멸망한다.

서기 465년 라인 강 주변의 프랑크 왕국이 갈리아 전체를 통합하면서 메로빙거 왕조(465~511) 시대를 열어 약 400년간 유럽을 지배했다. 클로비스 1세는 486년에 수많은 부족들을 정복하여 최초로 갈리아를 통일하고 프랑크족을 로마 가톨릭으로 개종하였다.

700년경 스페인을 통해 들어오는 이슬람 세력을 제압한 당시 재상 칼 마르텔의 아들 피핀은 동로마 제국에 눌려 있는 서로마 제국의 교황과 손잡고 메로빙거 왕조를 몰아내고 카롤링거 왕조 시대를 연다. 이후 우상 숭배 문제로 동서 교황이 혈전을 벌일 때 피핀이 서로마 교황의 편에

| 프랑크 왕국 3분열 지도

서 동로마 제국의 침략을 막아 주고 로마 주변의 바티칸시국을 교황령으로 선물했다. 이를 계기로 크리스트교는 서로마의 가톨릭, 동로마의 그리스정교로 나누어진다. 피핀의 뒤를 이은 샤를 마뉴 왕은 800년경 라틴족과 게르만족을 통틀어 유럽에서 가장 강한 제국으로 성장하였지만, 칼 대제가 죽자 형제끼리의 싸움으로 프랑크 왕국은 870년에 3분열이 된다. 이때부터 프랑스, 독일, 이탈리아의 역사가 시작된다.

이러한 가운데 프랑크 왕국은 차츰 세력을 잃었고 스페인 땅에 이슬람의 침입이 계속되었다. 또한 지금의 노르웨이, 스웨덴, 덴마크 지방에 살던 바이킹족의 일파인 노르만은 지금의 영국 땅에 침입하는가 하면 오늘날의 프랑스 센 강 남쪽 땅에 정착하기도 했다. 여기에서 유래해 이 지방을 노르망디라고 부른다. 서기 900년에 지금의 독일 땅인 동프랑크에서 오토 1세가 등장해 교회와 손잡고 강력한 왕권을 확립하고 교황으로부터 인정받은 뒤 신성 로마 제국의 황제가 되었다. 그러나 신성 로마 제국은 곧 300여 나라로 갈라져 서로 싸우는 상태가 1806년 나폴레옹에게 멸망당하기까지 844년 동안 계속되었다. 이후 여러 민족으로 이루어졌으나 라틴 문화로 융합된 통일된 프랑스와 신성 로마 제국이란 이름 아래 뭉친 독일, 오스트리아 등의 게르만 세력, 해양 민족인 영국이 유럽의 패권을 놓고 다툼을 벌였다.

콜럼버스가 아메리카 신대륙을 발견한 다음 부강해진 스페인이 한때 유럽의 최강자로 등장해 네덜란드, 벨기에 등을 식민지화하기도 했으나 1588년 드레이크가 이끄는 영국-네덜란드 연합 함대에 무참히 격파되었다. 이후 유럽은 다시 영국, 프랑스, 독일의 세력 다툼으로 재정비되었다.

| 콜럼버스

| 십자군전쟁

동로마 제국의 이슬람 세력에 대한 공격으로 시작된 십자군 전쟁(11~13세기)이 끝나자 영국이 대륙에 영토를 갖고 싶은 욕심으로 프랑스를 공격(백년전쟁 1337~1453)했으나 실패했다. 이때부터 영국과 프랑스는 앙숙이 되었다. 1770년경 미국이 영국을 상대로 독립전쟁을 일으키자 프랑스는 미국을 돕기도 했다. 이때 너무 무리해 나라의 재산을 탕진한 나머지 프랑스 혁명의 원인이 되기도 했다.

1789년 프랑스에서 혁명이 일어나자 영국은 유럽 여러 나라들과 동맹을 맺고 프랑스의 혁명을 협박했다. 프랑스 혁명군은 여러 나라를 상대로 전쟁을 벌였다. 이때 나폴레옹이 나타나 프랑스의 정치를 안정시키고 영국과 동맹을 맺은 나라를 굴복시키며 숙명의 적 영국과 한판 승부를 겨룬다. 1850년에 대함대를 파견한 프랑스는 트라팔가 해전에서 대패한다. 결국 영국 동맹군은 1813년 라이프치히 대전과 워털루 전투에서 나폴레옹 군대를 무찔러 루이 18세를 왕에 복귀시켰다.

| 프랑스 혁명

그러나 1870년 이후 독일을 통일한 프로이센이 유럽에서 기세가 등등해지자 마침내 영국과 프랑스가 연합한다. 프로이센이 통일된 독일을 바탕으로 제1차 세계 대전(1914~1918), 제2차 세계 대전(1939~1945)을

일으키자 영국과 프랑스는 연합군이 되어 전쟁을 승리로 이끈다.

유럽 역사를 요약하면 그리스 로마 시대의 인간 본위의 역사가 중세의 신 중심의 운명적인 역사로 갔다가 16세기 르네상스를 거치면서 다시 인간 중심의 역사관이 진행되었으며, 이는 계몽 사상과 산업 혁명으로 이루어진 근대의 혁명 과정을 겪으면서 민주주의에 기반한 자유 평등의 역사로 진행해 왔다. 하지만 제1차, 제2차 세계 대전을 겪으면서 역사는 제국주의의 시대로 접어들어 오늘날에 이르고 있다.

98 **유럽:**
유럽의 쇼핑 즐기기

● 유럽 여행을 하면서 쇼핑을 즐기는 방법 중 가장 효과적인 것은 출발 전 우리나라 면세점이나 공항에서 물품을 구입하는 것이다. 이 경우 가격은 저렴하나 구입한 물품을 여행 내내 가지고 다녀야 한다는 단점이 있어 화장품같이 부피가 작은 것을 구입하는 것이 좋다.

두 번째 효과적인 쇼핑 방법은 귀국하는 공항에서 쇼핑하는 것이다. 많은 여행자들이 도시에 도착하면 선물 고민으로 여행을 제대로 못하는 경우가 많다. 특히 여름이나 겨울은 세일 기간이라 유럽 여행자들의 마음을 설레게 한다. 여기에 TAX FREE까지 받으니 여행자의 마음이 여행보다 쇼핑으로 쏠리게 마련이다. 하지만 세일 가격과 TAX FREE를 동시에 받은 가격으로 구입한 물

| Tax Free

| 유럽 쇼핑 목록
왼쪽부터 눅스 오일, 르네휘테르 샴푸, 산타마리아 노벨라의 이드라리아, 엠브리올리스, 달팡 수분크림, 빅토리아눅스

건이 공항 면세점에서 더 저렴한 경우가 많으니 같은 물건이라면 공항에서 구입하는 것이 좋다. 단 공항 면세점은 물품이 다양하지 않다는 단점이 있다.

공항 면세점에서 구입하는 것 중 가장 많은 것은 술이다. 그런데 그중 와인은 종류가 다양해 구입하기가 어렵다. 공항 면세점에서 와인을 구입한다면 다음 두 가지를 유의하자.

면세점에서 파는 와인은 대부분 검증된 것이니 품질을 따지기보다는 자신이 구입할 수 있는 가격을 정하고 그 가격 선에서 와인을 선택하면 좋다. 먼저 선물을 받을 사람이 술을 잘 마시는 사람이라면 드라이DRY 한 것을, 술을 잘 못 마시는 사람이라면 스위트SWEET 한 것을 추천한다. 와인이 드라이한지 스위트한지에 대한 표시는 가격 옆에 표시되어 있다. 모르면 판매원에게 물어보자. 가능한 상표나 출산지에 대한 신경을 쓰지 않는 것이 좋다. 아무리 명품 출산지 와인이라도 만든 해에 따라 맛이 엄청나게 차이가 난다.

공항 면세점에서 취급하지 않는 가벼운 선물을 추천한다면 스위스 빅토리아눅스Victoria Nux를 추천한다. 우리에게 맥가이버 칼로 잘 알려진 이 칼은 가격도 저렴하지만 평생 부러지거나 녹슬지 않아 대부분의 사람들이 좋아한다. 더욱이 코르크 마개를 딸 수 있는 오프너는 해외 여행 시 포도주를 먹을 때 매우 유용하게 사용된다. 가벼운 여성 선물로는 파리 몽쥬 약국에서 파는 립밤이나 핸드 크림이 좋다. 품질이 우수하고 한국에서 파는 가격과 비교해 보면 매우 저렴한 편이다.

가방이나 신발 등 브랜드를 구입하고 싶다면 프랑스 제품은 프랑스에서, 이탈리아 제품은 이탈리아에서 구입하는 것이 저렴하다. 브랜드 상품 중 두 나라 제품이 아니라면 물가가 낮은 로마나 프라하에서 구입하는 것이 현명하다. 트렌디한 것이 아니라도 상관없으면 조금 불편하더라도 파리나 피렌체 근교에 있는 아울렛 매장을 이용하자.

마지막으로 여행자들이 까다롭게 생각하는 TAX REFUND에 대해서 알아보자.

해외의 유명 쇼핑가 상점에는 TAX FREE FOR SHOPPING 표시가 있다. 이런 가게에서 물건을 구입하면 면세 적용을 받을 수 있으니 영수증과 보증서 그리고 TAX REFUND 전표를 받아 출국 공항에서 면세를 받으면 된다.

TAX REFUND 방법은 출국 공항에서 구입 물품이 들어 있는 가방을 항공편으로 부치기 전에 세관 CUSTOM으로 가서 전표와 물건을 보여주고, 확인 도장을 받은 후 짐을 부쳐야 한다. 유럽 내 EU국가인 경우엔 마지막으로 떠나는 국가에서 수속을 밟으면 된다.

세관 검사를 받은 후 공항 내의 CASH REFUND에서 전표를 보여주고 구입한 물품의 부가가치세 총액을 현금 또는 카드로 돌려받으면 된다. 런던이나 프라하에서 출국할 때는 세관에 물건은 보여줄 필요 없고 서류만 보여주면 확인 도장을 찍어 준다.

주의할 점은 텍스 환불을 받기 위해서는 공항에 출발 3시간 이전에 가는 것이 좋다. 워낙 많은 사람이 환불을 받기 위해 줄을 서 있어 시간에 쫓기면 환불을 못 받는 경우가 생긴다.

 플러스 α

로마에서 귀국하는 경우 항공 수하물 이동 중 값비싼 물건들을 분실하는 사고가 발생할 수 있다. 사고를 예방하기 위해서 가방을 비닐로 봉하는 유료 서비스를 받든가 물품을 비행기에 들고 타는 것이 좋다. 다음은 최근 유행하는 약국 쇼핑과 아울렛을 찾아가는 방법이다.

파리 몽쥬 약국 Monge Parmacia
프랑스는 천연 화장품의 천국이다. 우리가 흔히 들어본 천연 화장품 (비쉬, 아벤느, 유리아주) 대부분 프랑스 제품이다. 몽쥬 약국에서는 한국 대비 저렴한 가격에 천연 화장품들을 구입할 수 있다. 최근 많은 여행자들이 구입하는 구매 목록은 녹스 오일, 유리아주 립밤, 바이오더마 립밤, 르네휘테르 샴푸, 꼬달리 핸드크림, 엠브리올리스 크림, 달팡 수분크림 등이다. 몽쥬 약국은 176유로 이상 구매 시 그 자리에서 바로 텍스 리펀을 해주는 것이 특징이다.
찾아가는 법: 지하철 7호선 몽쥬 광장Place de monge 역 하차 1번 출구

로마 산타마리아 노벨라 약국 Santa Maria Novella Parmacia
산타마리아 노벨라 약국 본점은 피렌체에 중앙역 근처에 있으며 로마는 나보나 광장과 스페인 계단 근처에 있다. 1600년부터 피렌체의 수도사들이 천연 재료를 가지고 만들어 쓴 화장품을 판매하는 곳으로 한국에서는 현지 가격보다 거의 2배 이상 비싼 가격으로 판매한다. 이 약국의 가장 유명한 제품은 벨루티나라는 비누와 이드라리아라는 수분크림이다. 두 제품 모두 피부가 건조한 사람에게 탁월한 효과를 발휘한다. 그 외에 아쿠아 로즈라는 장미스킨과 아몬드 비누, 재생크림, 각질 제거제 같은 뛰어난 상품이 많다. 구매할 것들을 미리 조사해가면 좋으나, 그냥 방문해도 한국어 상품 리스트가 있어 편리하게 쇼핑할 수 있다. 155유로 이상 구매 시 세금 환급이 가능하다.

파리 라발레 빌라쥬 La Vallee Village
파리 북역에서 국철 RER A4선 마른 라발레Marne-la-Vallee 행을 타고 종점인 유로 디즈니랜드 한 정거장 전인 발드유럽Val d'Europe 역에서 내리면 오른쪽에 있다. 아름다운 전통 프랑스풍 스타일의 매장으로 우리에게 잘 알려진 명품 의류와 액세서리, 인테리어 소품 등이 있다.
개장 시간: 월~토 10:00~20:00 / 일요일 11:00~19:00
휴일: 연중무휴
www.lavalleevillage.com

피렌체 더 몰 아울렛 센터 The Mall Outlet Center
피렌체 중앙역을 나와 오른쪽으로 가면 'SITA' 라는 표시의 건물이 보이고, 그 안이 버스 터미널이다. 종합 터미널과 같은 곳에 피렌체 더몰로 가는 버스가 있으

며, 왕복 요금은 10유로
이다. 운행 시간은 08:50
부터 대략 30분 간격으로
18시까지 운행한다. 소요 시간
은 약 1시간이 걸리며, 되도록
아침 시간대에 가야 좋은 물건
을 구매할 수 있다.
개장 시간: 월~일 10:00~19:00

99 유럽:
유럽의 맥주

- 유럽은 각 나라별로 맛있는 맥주를 손쉽게 접할 수 있어 맥주 없이 유럽 여행을 한다는 것은 거품 없는 맥주를 마시는 것과 같다. 신이 인간에게 내린 사랑의 증거라고 불리는 나라별 맥주는 다음과 같다.

영국

- 영국의 대표적인 맥주로 기네스, 스타우트, 칼링, 포스터 등이 있다. 특히 기네스는 한국에서 많이 알려져 있는데 한국에서 먹는 맛과 영국에서 먹는 맛은 차이가 많다. 런던 펍에서 먹는 기네스는 향이 진하고 거품이 오랫동안 남아 있으며 부드럽게 넘어가는 것이 진한 커피를 마시는 기분이 든다. 그렇지만 역시 알코올이라는 걸 잊지 말아야 한다.

| 기네스

독일

- 독일의 물은 석회 성분이 많아 독일 사람들은 물 대신 맥주를 즐겨 마시는데 바이에른 지방을 중심으로 맥주 산업이 발달하였다. 맥주

하면 떠오르는 독일은 매년 10월 맥주 축제인 옥토버페스티벌을 여는데 이때 관광객 500만 명 이상이 방문하며 소시지 20만 개 이상, 맥주 500만 리터 이상을 소비한다고 한다. 대표적인 맥주로는 벡스, 레벤브로이, 에딩거 등이 있다.

독일에서 가장 수출량이 많은 벡스Becks는 홉의 쌉쌀함과 천연 맥아의 구수함이 어우러져 있고 깔끔한 뒷맛으로 산뜻하게 마무리된다. 맥주 본연의 상쾌하고 깨끗한 맛과 부드러우면 짙은 맥주 향이 매력이다. 우유보다 칼로리가 낮아 다이어트에도 제격이다.

| 벡스

네덜란드

● 네덜란드의 대표적인 맥주는 하이네켄Heineken으로 현재 맥주 업계에서 1위를 차지하고 있다. 하이네켄 공장을 견학하면 맥주 제조 과정과 맛있는 맥주를 맛볼 수 있다.

| 하이네켄

벨기에

● 벨기에에 가서 꼭 마셔 봐야 할 맥주 브랜드는 쥬피러Jupiler 맥주가 있다. 벨기에 프로 축구 리그의 명칭이 쥬피러 리그일 만큼 벨기에에서 대중적으로 인기 있는 맥주이다. 그밖에 전 세계로 수출되

| 벨기에 맥주

는 벨기에의 대표 맥주 스텔라Stella Artois와 최근 우리나라에서 선풍적인 인기를 끌고 있는 달고 신맛이 함께 느껴지는 호가든Hoegaarden이 있다.

체코

● 모든 성인이 하루 평균 1리터의 맥주를 마실 정도로 1인당 평균 맥주 소비량이 독일을 능가하는 세계 1위의 맥주 소비국이다. 대표적인 맥주로는 필스너 우르켈Pilsner Urquell, 부드바Budvar, 코젤Kozel gambrinus 등이 있다. 특히 부드바는 미국 맥주 버드와이저와 이름이 똑같아 상권 분쟁에 휩싸여 있었는데 승소하였다. 천사의 키스라고 불리는 체코의 대표 맥주 필스너 우르켈은 1842년 체코 필젠에서 하면 발효법을 고안해 전 세계 최초로 황금빛으로 만든 최초 맥주로 그 맛이 일품이다. 수준급의 흑맥주를 좋아한다면 푸르크미스트르Purkmistr를 권한다.

| 필스너 우르켈

프랑스

● 프랑스의 술은 와인을 먼저 연상하게 되는데 와인 이외에도 유명한 프리미엄 맥주 크로넨보르그Kronenbourg 1664가 있다. 독일 국경에 인접한 알자스 지방을 거점으로 하고 있는 크로넨보르그는 프랑스 맥주 시장의 40%를 장악하여 판매량 1위이고, 서유럽 맥주 판매량 2위의 프랑스를 대표하는 슈퍼 프리미엄 맥주이다. 크로넨보르그는 첫 맛은 가볍지만 탄산도 적고 적당한 산도를 유지하여 목 넘김도 매우 부드럽다. 또한 거품은 적은 편으로, 부드러운 크림처럼 미세한 거품이 나며 끝맛은 약간 묵직한 편이지만 특유의 과일 향이 입에서 감돈다.

오스트리아

- 맛과 향에 있어서 유럽 어느 나라 맥주에 뒤지지 않는 오스트리아 맥주는 한국에서 흔히 접할 수 없으므로 현지에서 꼭 즐겨야 할 맥주 중에 하나다. 대표적인 맥주로 깨끗하고 청정한 알프스의 맑은 물로 만들어진 지퍼Zipper와 톡 쏘는 맛이 일품인 오타크링거Ottakringer가 있다.

| 오스트리아 맥주

플러스 α

맥주는 오래 많이 마실 수 있는데 물은 그렇지 못하다. 그 이유는 맥주는 위장에서부터 흡수가 되지만, 물은 위장, 소장을 지나 대장에 도달해서야 겨우 흡수되고 맥주의 탄산 등 여러 성분이 소화를 돕는 역할을 하기 때문이다.

100 유럽: 유럽의 와인

많은 여행자가 식당이나 숙소에서 한 잔의 와인을 원하지만 막상 와인을 마시려고 하면 와인의 종류가 너무 많아서 당황한다. 와인은 크게 레드 와인과 화이트 와인으로 나누어진다. 레드 와인은 적 포도로 양조하며 고기 요리처럼 품미가 깊고 무게감 있는 음식과 어울린다. 화이트 와인은 청포도로 양조하며 가볍고 산뜻하며 청량감이 뛰어나 주로 식전주로 이용하며 생선이나 해산물 요리와 어울린다. 차갑게 마시면 더욱 좋다.

식당에서 와인 선택이 어렵다면 어느 음식이나 어울리는 레드와인을 주문하고 이때 술을 좋아하는 사람이라면 드라이한 것을, 술을 즐기지 않는 사람이라면 스위트한 것이 좋다.

| 유럽의 여러 가지 와인
왼쪽부터 루이라또 샤르도네, 무똥까데, 샤또르꾸뉴, 카바 클라시코, 페폴리 키안티 클라시코

물론 식당에 하우스 와인이 있다면 간단하다. 하우스 와인은 레드 또는 화이트만 선택하면 된다. 하우스 와인은 싸구려라고 말하는 사람도

있지만 반드시 그렇지는 않다. 대개의 호텔이나 식당에서 하우스 와인을 구입할 때 통으로 사들여서 손님에게 잔으로 판매하는데 구입 시 와인을 충분히 음미하고 값에 비해 품질이 좋은 것을 구입하기 때문이다. 하우스 와인의 질이 나쁘면 그

| 와인 잔
잔의 줄기를 잡아야 와인의 색깔을 제대로 감상할 수 있으며 와인을 잔 안에서 돌리기가 편하다.

집의 평판이 나빠지고 자연히 손님이 줄기 때문이다.

프랑스 여행 중에 저렴하면서 편안하게 즐길 수 있는 와인으로 샤또 르꾸뉴Chateau Reccugne 2009년이나 2007년산을 추천한다. 프랑스 보르도 지방에서 만들어진 샤또 르꾸뉴는 레드 와인으로 저렴하면서 여러 산지의 포도를 섞어서 양조하였는데 뚜렷하면서 조화로운 맛이 뛰어나다. 특히 부드러운 탄닌의 수렴성과 싱싱한 과일과 오크의 뉘앙스가 풍부함으로 기대 이상의 균형 감각과 섬세한 맛을 느낄 수 있다. 닭 가슴살이나 튀김 요리와 함께하면 좋다.

술을 즐기지 않는 여행자라면 루이라또 샤르도네Louis Latour Chardonnay를 권한다. 부르고뉴 최고 산지의 포도와 부르고뉴 최고의 화이트 와인 생산자 루이라뜨의 기술력으로 만들어진 와인으로 상큼하면서 단아한 느낌의 맛에 레몬, 아몬드, 프렌치 오크, 바닐라 향이 겹쳐져 맛있고 편안하게 마실 수 있다.

와인은 줄기가 있는 와인 글라스에 따라 마시는 것이 좋다. 흔히 와인의 온도가 올라갈까봐 줄기를 잡아야 한다고 말하는데 근거 없는 이야기이다. 줄기를 잡아야 와인의 색깔을 제대로 감상할 수 있으며 와인을

잔 안에서 돌리기가 편하다. 또한 건배할 때 경쾌한 소리를 낼 수 있다. 와인은 잔의 3분의 2만 따르는데 그 이유는 나머지는 공기와 향이 어우러져 더 깊어진 향을 즐길 수 있기 때문이다. 와인을 마시는 방법은 와인 잔의 줄기를 잡고 가볍게 흔든 다음 마시기 전에 코를 잔에 가까이 대고 향을 음미한다. 그리고 한 모금을 마신 후 입 안에 굴려 맛을 느낀 다음 천천히 넘긴다. 여러 종류의 와인을 마실 때는 화이트 와인에서 레드 와인으로, 씁쓸한 맛의 드라이부터 달콤한 스위트 순으로 마신다. 처음부터 강한 맛을 보면 혀의 감각이 둔해져 제 맛을 느낄 수 없다.

와인의 재료인 질 좋은 포도는 비옥한 태양과 적절한 햇볕처럼 좋은 환경이 구비되어 있는 땅에서 나오는 것이 아니다. 좋은 환경에 놓인 포도나무는 잎과 줄기의 번식에 집중해 열매를 맺는데 관심을 두지 않기 때문이다. 포도나무는 악조건 속에서는 양분을 얻기 위해 뿌리를 더 깊게 내리고 더 좋은 열매를 맺으려 노력한다.

우리들 눈앞에 와 있는 한 잔의 와인이 이처럼 메마른 땅에서 하늘, 바람, 구름의 조화로운 자연의 요소를 품고 자라나 오랜 시간 오크통에서 인내의 과정을 거친 긴 여행의 결과물이라는 걸 알고 마시면 와인 한잔 속에 우리의 인생이 담겨 있는 듯이 느껴진다.

 플러스 α

여행 중 저렴하고 편안하게 맛 볼 수 있는 추천 와인

프랑스
- 카스티요 데 몰리나 리제르바 카베르네 소비뇽 Molina Reserva C/S, 2006
매일 마셔도 편안한 맛으로, 오픈해서 바로 마셔도 좋다. 탄닌은 부드럽고, 산도 또한 적당해 누가 마셔도 부담 없이 마실 수 있으며, 30유로 정도의 가격대에서 최고의 맛이다.

- 무똥 까데 레드 Mouton Cadet Red

전 세계적으로 연간 1200만 병이 팔릴 정도로 인기인 이 와인의 첫맛은 텁텁하다. 하지만 시간이 지나면서 부드러워지고, 보르도 특유의 스파이시한 향이 느껴진다. 가격은 20유로 대이다.

이탈리아

- 빌라 안티노리 비앙코 Villa Antinori Bianco, 2007

이탈리아 토스카나 지역에서 부담 없이 마실 수 있는 대표적인 화이트 와인으로 잘 익은 열대 과일 향의 신선한 느낌이 좋으며 맛도 아주 경쾌하다.

- 페폴리 키안티 클라시코 Peppoli Chianti Classico

매끈한 탄닌과 미디엄 바디의 액체는 기분 좋게 목젖을 때리는 산미로 답한다. 무엇보다 프랑스 와인처럼 열리기까지 기다리지 않아도 되고, 오픈해서 바로 마셔도 맛있다.

스페인

- 카바 클라시코 Cava Clasico

밝은 노란빛의 클라시코는 처음에는 달지 않지만 깊숙한 곳에선 살짝 단맛이 나며 상쾌해진다. 파릇파릇한 새싹이 돋아나듯 봄과 같은 맛이 난다.

- 카스틸로 드 아모르 틴토 둘체 Castillo de Armour Tinto Dulce

과일 향이 풍부하게 느껴지며, 경쾌하고 스위트한 맛이 산도와 잘 조화되고, 가벼운 탄닌감이 균형감을 주는 와인이다. 무엇보다 10유로 정도에 즐길 수 있다.

101 유럽:
유럽의 카페

● 한가롭게 노천 카페에 앉아 사람들과 주변 풍경을 즐기는 것은 유럽 여행 중 빼놓을 수 없는 작은 즐거움이다. 특히 진하면서 향기로운 한 잔의 커피나 차는 여행의 피로를 풀어 줄 뿐만 아니라 여행의 맛을 풍부하게 한다.

파란 하늘에 넘치는 햇살과 선선한 바람 그리고 이국적인 전경을 바라보며 커피 한잔의 여유를 즐기기에는 파리가 최고이다. 파리에는 카페에서 커피나 음료를 마시는 것이 하나의 문화로 여겨진다. 작고 낡은 테이블에 앉아 긴 대화를 하거나 책이나 신문을 읽으며 혼자만의 시간을 여유롭게 즐기는 곳이 바로 파리의 카페이다.

당대를 대표하는 철학자, 예술가들이 때론 혼자 사색하고, 때론 어울려 격론을 벌이는 공간으로 카페가 사용되면서 프랑스의 카페는 자랑스러운 하나의 문화가 되었다.

| 레되마고

파리의 정통 카페 문화를 경험하고 싶다면 레되마고Les Deux Magots를 추천한다. '2개의 중국 인형'이란 뜻의 이 카페는 에밀 졸라, 오스카 와일드 등 문인들

과 실존주의 철학자들이 자주 찾았던 곳으로 유명하다. 수염을 기르고 나비넥타이에 앞치마를 두른 갸흐쏭(웨이터)의 서비스를 받으며 세계적인 커피 맛을 즐길 수 있다.

프랑스와는 달리 영국의 카페는 실내에서 차를 즐기는 문화이다. 영국에서는 18세기까지만 해도 귀족층만이 홍차를 즐길 수 있었다. 당시 귀족들은 아침을 정찬을 차려서 먹었기 때문에 점심은 간단히 하고, 저녁은 9시나 되어서야 먹었다. 그래서 점심과 저녁 식사 사이에 늘 배가 고팠던 후작부인 안나Anna가 오후 4시쯤에 배고픔을 달래기 위해 따뜻한 홍차에 샌드위치, 케이크, 스콘 등을 곁들여 즐기기 시작한 것이 애프터눈 티Afternoon Tea의 유래이다.

| 애프터눈 티

오후 4시쯤에 배고픔을 달래기 위해 따뜻한 홍차에 샌드위치, 케이크, 스콘 등을 곁들여 즐기기 시작한 것이 애프터눈 티의 유래이다.

런던을 찾는 많은 여행자들에게 사랑을 받고 있는 애프터눈 티를 즐기고 싶다면 포트넘 앤 메이슨Fortnum & Mason 매장에 있는 세인트 제임스 레스토랑The St. James's Restaurant을 추천한다. 왕실에 식료품을 제공하는 곳으로 다른 곳에 비해 비싼 편이지만 과거 귀족처럼 3단 트레이드가 놓인 고풍스러운 테이블에 앉아 전통적인 방식으로 즐길 수 있다.

애프터눈 티를 주문하면 3단 접시에 샌드위치, 타르트, 케이크(6가지 중 2가지 선택)가 나온다. 이곳은 항상 만원이니 방문 전 인터넷 예약은 필수이며 1층 매장에서 다양하고 고급스러운 차를 저렴하게 구입할 수 있다.

 플러스 α

파리 추천 카페 – 카페 드 플뢰르 CAFE de Flore
레되마고와 함께 20세기 초 파리 카페 문화를 이끌었던 카페 드 플뢰르는 실존주의 철학자 샤르트르와 그의 연인 시몬느 보바리가 자주 만나던 곳으로도 유명하다. 당대의 내로라하는 문학가와 예술가들이 애용하였다. 레되마고 옆 거리에 있다.

런던 추천 카페 – 리츠 호텔 팜 코트 Palm Court
최고급 호텔서 영국 귀족처럼 즐길 수 있는 곳이다. 이곳을 방문하면 커다란 샹들리에가 있는 화려한 홀에서 3단 접시와 은식기를 앞에 두고 턱시도 입은 웨이터에게 귀족처럼 대우받으면서 최상의 애프터 눈 티를 즐길 수 있다. 남자는 재킷과 타이 착용이 필수이고, 언제나 한 달 전에는 예약을 해야 안전하다.